RUDOLF STEINER STUDIEN

Band XII

Günter Herrmann

Recht und Gerechtigkeit

Geisteswissenschaftliche Impulse

für ein gerechtes und menschliches

Zusammenleben

RUDOLF STEINER VERLAG

© 2007 by Rudolf Steiner Verlag, Dornach

Alle Rechte, auch die des auszugsweisen Nachdrucks, der
fotomechanischen und elektronischen Wiedergabe, vorbehalten.

Einbandgestaltung: bb communication, Aesch
Satz: Verlag
Druck: Druckhaus Nomos, Sinzheim
Printed in Germany

ISBN 978-3-7274-5332-8

Inhalt

Zum Auftakt

Dieses Buch soll in das Gespräch über das traditionsreiche Thema «Recht und Gerechtigkeit» neue Aspekte und geisteswissenschaftliche Impulse einbringen. Der Begründer der Geisteswissenschaft Anthroposophie, Dr. Rudolf Steiner (1861–1925), hat in seinem gewaltigen Gesamtwerk eine Fülle von Anregungen für die Entwicklung eines menschlich-lebendigen Rechts hin zur Gerechtigkeit gegeben, die noch wahrzunehmen und für die Zukunft fruchtbar zu machen sind.

Diese Arbeit ist für jeden Menschen gedacht, dem das Recht begegnet und der dem Recht begegnet – das sind wir alle. Wir alle gestalten unser Rechtsleben. Und so sollen sich in diesem Buch auch Nicht-Juristen ein Bild über Grundgedanken der Gerechtigkeit und des Rechtslebens machen und Antworten auf ihre Fragen finden können. Vielleicht wird dabei auch vermittelt, dass Rechtsleben und Jurisprudenz durchaus lebendig sein können. Jede Leserin, jeder Leser kann auf den folgenden Seiten viel Neues und Interessantes erwarten – so wie der Verfasser in den letzten Jahren im Gesamtwerk von Rudolf Steiner eine faszinierende Entdeckungsreise erleben durfte. Und es wäre schön, wenn möglichst viele Menschen diese Impulse spüren, aufnehmen und umsetzen würden.

Das hier vorgelegte Buch ist das erste seiner Art. Auch nach der jahrelangen Arbeit ist es nicht vollkommen «fertig». Manche Gedanken können hier nur als Anregung oder als Frage gegeben werden. Da sich diese Arbeit sowohl an Juristen und Nicht-Juristen ohne Anthroposophie-Erfahrung als auch an Anthroposophie-erfahrene Leser wendet, war es manchmal auch nicht einfach, das richtige Maß zwischen zu viel und zu wenig Erläuterung in der einen oder in der anderen Richtung zu finden. Der Verfasser bittet die Leser um Verständnis.

Für diese Arbeit hat sich folgende Gliederung herausgebildet: Nach einem einführenden Überblick über Lage und Entwicklung des Rechts (Teil A) bringt

Teil B einige Überlegungen zu dem Verhältnis zwischen Anthroposophie und Recht. Teil C soll in einer konzentrierten Zusammenfassung systematisch und kommentiert aufscheinen lassen, was Steiner zu Recht und Gerechtigkeit erklärt hat. In dem für die Praxis besonders wichtigen Teil D werden dann konkrete Folgerungen und Gedanken für die einzelnen aktuellen Rechtsgebiete entwickelt: Welche Folgerungen ergeben sich aus den Äußerungen von Steiner für das Staatsleben mit Gesetzgebung, Verwaltung und Rechtsprechung, für das Geistesleben mit Kunst, Religion und Wissenschaft, Schulen und Massenkommunikation, für Zivilrecht, Strafrecht, Wirtschaftsrecht, für Rechtswissenschaft und Rechtsausbildung? Auch wenn dabei – neben Europa- und Völkerrecht – das deutsche Recht im Vordergrund steht, werden diese Ausführungen sicher auch für die Entwicklung anderer Rechtsordnungen fruchtbar sein. Teil E beschließt die Arbeit mit der Frage: Was bedeutet die von Steiner erwähnte «Mathesis der Jurisprudenz»?

Den einzelnen Gedankenschritten dieses Buches sind Randnummern (Rn) zugeordnet, die auch die Verweisungen erleichtern sollen. «D.22» ist Rn 22 in Teil «D. Folgerungen und Gedanken für die einzelnen Rechtsgebiete».

Verweise auf den Sammelband «Quellen für ein neues Rechtsleben und für eine menschliche Gesellschaft aus dem Werk von Rudolf Steiner, Anthroposophie und Jurisprudenz» (Dornach 2000), den Sie für ein fruchtbares Studium bitte zur Hand haben sollten, werden mit QR bezeichnet: QR 45.1 bedeutet dort «Quelle 45, Randnummer 1». – «GA» ist die übliche Abkürzung für die Rudolf-Steiner-Gesamtausgabe mit Band und Seite.

Einen herzlichen Dank sage ich *Rudolf F. Gädeke*, München, der meine Bemühungen stetig mit anthroposophischer Sachkenntnis, aufmerksamer Wachheit und Kritik begleitet hat.

Buching/Allgäu, Michaeli 2007   *Günter Herrmann*

A. Zur Lage und zur Entwicklung des Rechts

1. DEFIZITE DES RECHTSLEBENS HEUTE

A.1 Allgemein werden heute Defizite und Mängel des Rechtslebens beklagt: Die Politik mache häufig einen amateurhaften Eindruck. Die Gesetzgebung produziere viel zu viele und auch handwerklich schlechte Gesetze. Mancher Gerichtsprozess schleppe sich über Jahre hin und verhindere dadurch einen effektiven Rechtsschutz. Auch im Geistesleben herrschen zu oft Streitsucht und Prinzipienreiterei, und im Wirtschaftsleben toben zu viele unmenschliche Konkurrenzen.

Eine Ursache für diese Mängel ist wohl, dass den Recht-schöpfenden und den Recht-anwendenden Menschen eine Orientierung am Urphänomen «Gerechtigkeit» und ein Streben nach Menschlichkeit weithin fehlen. Aus einem ähnlichen Grunde haben wohl auch viele Menschen ein unterschiedliches Rechtsbewusstsein, je nachdem, ob es um die eigenen Interessen oder um Interessen eines Mitmenschen geht.

A.2 Diese Lage im Rechtsleben spiegelt weitgehend die allgemeine Lage. Viele Menschen der Gegenwart leben dem egoistischen Materialismus, ohne Wissen um geistige Wahrheiten und Erkenntnisse. Viele empfinden Zweit- und Drittauto und -fernseher, Flugreisen in die Karibik, teure Schlankheitskuren aktuell dringender als das Stillen eines körperlichen oder geistigen Hungers. Dieselben Menschen klagen über die Sinnlosigkeit des Lebens. Gar mancher will hundert Jahre alt werden, weiß aber mit einem verregneten Sonntagmorgen nichts anzufangen.

Rudolf Steiner sprach schon für seine Zeitgenossen von einer «furchtbaren Unbefriedigtheit auf allen Gebieten» (GA 93,284). Der Mensch habe aber «heute noch Zeit zur Umkehr» (GA 104,225) – im Jahre 1908 ausgesprochen! Und im Jahre 1919 bemerkte Steiner zu der egozentrischen Sicht:

«[...] der gegenwärtige Mensch [...] lässt es sich leicht gefallen, wenn man davon spricht, dass Einrichtungen verbessert werden sollen, [...] aber er empfindet es wie ein Antasten seiner Menschenwürde, wenn man davon zu sprechen genötigt ist, dass er selber in seiner Seelenverfassung, in seinem Lebensverhalten sich einer Umwandlung unterziehen soll.»[1]

Nachdenken, geschweige denn Vorausdenken, brüderlich-zwischenmenschliche Rücksichtnahme auf den Mitmenschen sind heute weithin Fremdwörter geworden. Zu oft begegnen auch im Alltag Egoismus, Arroganz, Materialismus, Diesseitigkeit, Dekadenz, Dogmatismus, Nihilismus, Fanatismus und andere schreckliche «-ismen». All diese «-ismen» werden beflissen und kritisch konstatiert, registriert, auch analysiert – und wenig ändert sich. Die «-ismen» sind zumeist Übertreibungen an sich vernünftiger Elemente (und als Schatten ihrer Grundbegriffe wohl auch Nahrung für den Doppelgänger): etwa von «mater» = «Mutter» und «Mutter Erde» über «Materie» als Lebenselement bis hin zum «Materialismus» in seiner modern-extremen Spielart: «Geld regiert die Welt!»[2]

Ebenso regiert die Zahl, die Nummer. Quantität geht vor Qualität in allen Erscheinungsformen: Die rein numerischen Einschaltquoten beim Fernsehen und die sprunghaft changierenden Zahlen der Aktienkurse werden wichtiger genommen als die Qualität des Programms und das innere Wohlbefinden der Menschen. Gleichzeitig herrscht Tempo um des Tempos willen. Mit dem Auto wird gerast. Musik wird zu schnell (und zu laut) gespielt. Gesprochen wird oft so schnell, dass der Inhalt gar nicht bewusst wahrgenommen werden kann. Aus einer wohldurchdachten Rede von einer Stunde Dauer wird hektisch ein einziger Satz aus dem Zusammenhang herausgerissen und zum Gegenstand einer hysterisch-öffentlichen Debatte gemacht. Und zu einer durch E-Mail übersandten 30-Seiten-Klageschrift mit 17 Anlagen erwartet der Mandant wie selbstverständlich eine – natürlich fundierte – anwaltliche Stellungnahme binnen zwei Stunden.[3]

So ist im allgemeinen Leben und im Rechtsleben eine allgemeine egozentrische Materialisierung mit Überhitzung und Übereilung zu beobachten – und damit im Gefolge eine allgemeine Nervosität, die wiederum Menschlichkeit, Denken und Hinhören, auch ein Hineinhören in die geistige Welt hindert. Kritische Stimmen zur allgemeinen Lage der jeweiligen Gegenwart gab und gibt es zahlreich – nur müssten sie mehr beachtet werden.[4]

A.3   Rudolf Steiner erkannte und benannte vor 80 Jahren *drei große Erkenntnisfeinde der Gegenwart:*

- *Die Furcht vor dem Geist:* In der Gegenwart werde gegen die Geist-Erkenntnis ständig dies oder jenes eingewendet, oft in törichte, logische Regeln gekleidet;
- *die Lust, über das geistige Wesen zu spotten:* Dieser Spott trete aus den meisten Literaturwerken der Gegenwart, aus den meisten sonstigen Kunstwerken an uns heran, in der Schule treibe er sein Unwesen, und
- *die Schlaffheit, die Bequemlichkeit des Denkens:* Der Mensch wolle alles wie im Kino vor sich «abrollen lassen».

Gegen diese Erkenntnisfeinde der Gegenwart könnten nur «Erkenntnismut, Erkenntnisfeuer und Erkenntnisschaffen» helfen.[5]

Diese Worte von Steiner können wir heute nur mit großer Erschütterung lesen. Denn

- *die Furcht vor dem Geist* realisiert sich in unserer Gegenwart zu Beginn des 21. Jahrhunderts global in der weitreichenden Hingabe an die Materie, an Automaten, Fließbänder, Roboter, Computer, an kalten Intellekt. Kreativität wird – auch im Rechtsleben – zu oft ersetzt durch «törichte, logische» Regelungen, die zur Freude Ahrimans, des satanischen Widersachers, alles «gerichtsfest» zurren sollen.
- *Spott, Überheblichkeit, Frechheit* beherrschen heute auf erschreckende Weise flächendeckend große Teile der Massen-Publikationen, weite Bereiche des öffentlichen sowie des privaten Lebens in der sog. «Spaßgesellschaft» und verschütten Menschlichkeit im Zusammenleben.
- Die *Bequemlichkeit und Schlaffheit des Denkens,* die «aus der ganzen Welt ein Kino machen möchte», ist durch den täglichen Missbrauch des Fernsehens mit stundenlangem Massenkonsum von Verbrechensbildern zu einer erschütternden Signatur unserer Gegenwart geworden.

Deshalb sind heute hochaktuell mehr denn je *Erkenntnismut, Erkenntnisfeuer und Erkenntnisschaffen* gefordert.

A.4   Ein gerüttelt Maß Schuld an dieser Lage haben viele Akteure der Massenmedien. Das Fernsehen mit einer durchschnittlichen Erwachsenen-Sehdauer von täglich über dreieinhalb Stunden (!) dient oft dem «Zeit-Vertreib», d.h. dem Vertreiben der wertvollen, unwiederbringlichen (Frei-)Zeit. Der Fernsehkonsum von Verbrechen und anderer «Unterhaltung» dient weithin der «Zer-Streuung», obwohl doch tatsächlich Ich-bewusste Konzentration und Entwicklung zu einem «aus Erkenntnis handelnden Menschen» angesagt sind.

Die «geistige Umweltverschmutzung» unserer Tage ist eine bewusste – oder ebenso schlimm: unbewusste – Zerstörung menschlicher Qualitäten wie logischer Strukturen, des Empfindens von Entwicklungen und des Ich-Denkens, auch eine nachhaltige Störung der Verbindung zur geistigen Welt, mit schlimmen Folgen auch für das Rechtsleben. Uns kann heute nur als erschreckende Vision erscheinen und zugleich sehr betroffen machen, was Rudolf Steiner kurz vor dem Ende des Ersten Weltkrieges erklärte (GA 182,151 – QR 111.19).

A.5 Ein wesentlicher Grund für diese Fehl-Entwicklungen im allgemeinen Leben und im Rechtsleben ist wohl: Es fehlt weithin das Wissen um die geistige Welt, um Spiritualität, Entelechie, Unsterblichkeit der Individualität und Reinkarnation. Deshalb will jeder *alles* in *diesem einen* Leben «erreichen»: «Ich will mehr!»

Rudolf Steiner:

«Die Seele, welche verlangt, haftet am Körperlich-Sinnlichen.»
«Verwirrung und Verwüstung wird herrschen, wenn das Jahr 2000 herannaht.»[6]

A.6 Deshalb tut Not, dass im 21. Jahrhundert das geisteswissenschaftliche Wissen um Wiederverkörperung und Karma sowie eine Spiritualisierung stärker die Menschen befruchten und dass eine bewusstere Wahrnehmung der Wesenheit «Gerechtigkeit» auch die geistesmenschliche Entwicklung des Rechtslebens fördert. Tatsächlich fühlen ja viele Menschen, dass in ihrer Lage nur Geistiges weiterhelfen könne – sie finden oft nur nicht den richtigen Weg (dazu GA 93,208). Dem früheren französischen Kultus- und Außenminister André Malraux wird allgemein der Satz zugeschrieben: «Das 21. Jahrhundert wird entweder ein spirituelles Jahrhundert werden [oder: religiös sein] – oder es wird es gar nicht geben.» Dieser Wortlaut ist nicht gesichert. Malraux hat aber wohl geäußert, dass die wechselseitige Beziehung zwischen Mensch und Gott zu Beginn des folgenden Jahrhunderts eine «erneute Bedeutung des Religiösen im menschlichen Denken» hervorbringen werde (www.cafebabel.com).

2. LAGE ZUR ZEIT VON RUDOLF STEINER

A.7 Man kann wohl sagen: Die Lage war zu Zeiten Steiners in vielem ähnlich wie heute – in manchem war sie noch schlimmer, in manchem noch nicht ganz so schlimm. Das Gesamtwerk von Steiner ist ein beredtes Zeugnis der Zustände und der Zeitläufte am Ende des 19. und im ersten Quartal des 20. Jahrhunderts. Steiner war es ja, der wahrhaftig und offen das Negative im Zeitgeschehen und seine Ursachen anprangerte – dies bereits als Redakteur und Journalist in seiner frühen publizistischen Phase. Später plädierte und argumentierte er als Geisteswissenschaftler und als Propagandist im besten Sinne in hunderten oft öffentlichen Vorträgen mit bisweilen mehr als tausend Zuhörern für eine bessere soziale Entwicklung. Er legte den Finger auf die Wunden der Zeit, er erklärte am 14.4.1914, dass ein «Kulturkarzinom» entstehen werde, wenn nicht der Materialismus mit der Produktion ohne Rücksicht auf den Bedarf überwunden werde.[7]

A.8 Rudolf Steiner kämpfte unermüdlich für eine Lösung der sozialen Frage – auch die Zitate dieser Arbeit werden dies anschaulich machen:

«[...] das soziale Problem ist letzten Endes ein geistiges.»

«Die anthroposophisch orientierte Geisteswissenschaft führt zu einem sozialen Leben, das auf der menschlichen Gegenseitigkeit beruht, die gegründet ist auf das Vertrauen, welches die eine Persönlichkeit in die andere setzt.»[8]

Steiner plädierte auch wiederholt für eine «Neuschöpfung» des Geisteslebens und des Rechtslebens, gerade weil er in der «Rechtsinstitution [...] das Herz des sozialen Organismus» sah.[9]

A.9 Und dass sich die Jurisprudenz gemäß der Geisteswissenschaft weiterentwickele, werde bisher nur durch Bequemlichkeit gehindert. Mehrfach spricht Rudolf Steiner von «Rechtsimpulsen», von «Impulsen des Rechts».[10] Ihnen wollen wir in dieser Arbeit nachgehen!

Einen eigenen «Rechtskurs» hat Rudolf Steiner nicht gehalten. Auf eine konkrete Anfrage des Anthroposophen und Juristen *Dr. Bruno Krüger* nach einem rechtswissenschaftlichen Kurs hat Steiner im Sommer 1923 zunächst abwehrend reagiert. Nach der Bemerkung: «Aber lieber Herr Doktor, die Rechtswissenschaft ist doch eine sehr bedeutende», hat Steiner dann erklärt:

«Gewiss, sogar die bedeutendste, aber was haben die Menschen daraus gemacht!»[11]

Die Rechtswissenschaft würde, so sagte Rudolf Steiner einmal, eine formale Wissenschaft sein können, wenn sie sachgemäß betrieben und lebendig auf die Beziehungen zwischen den Menschen angewendet würde. Er forderte als erste Voraussetzung für die Rechtsausbildung und für jeden Juristen: Menschenerfahrung und Lebenskenntnis (dazu weiter unten D.207ff.).

In diesem Zusammenhang sei erwähnt, dass Rudolf Steiner während seines Studiums an der Technischen Hochschule Wien neben Mathematik, Physik, Botanik, Zoologie, Chemie, Philosophie auch juristische Vorlesungen gehört hat. Dokumentiert ist z. B. seine Teilnahme an einer Staatsrechtsvorlesung von *Prof. Hugo Franz Brachelli* und an einer Prüfung am 5. 7. 1880 mit der Note «vorzüglich». Offenbar hat Steiner auch an der Universität Wien bei dem bekannten Rechtslehrer *Prof. Rudolf von Jhering* gehört (GA 53,449 – QR 45.5). Seine Hochschulstudien hat er 1891 mit seiner Promotion zum Dr. phil. an der Universität Rostock bei *Prof. Dr. Heinrich von Stein* abgeschlossen.[12]

3. ENTWICKLUNGEN DES RECHTS SEIT DER ZEIT VON RUDOLF STEINER

A.10 Ehe wir uns der Frage zuwenden, wie die Anthroposophie für die weitere Zukunft des Rechts und des Rechtslebens fruchtbar werden kann, soll versucht werden, einige Entwicklungsströme der letzten hundert Jahre nachzuzeichnen.

Neben den evidenten, schrecklichen Geschehnissen der beiden Weltkriege und der unzähligen Regionalkriege, neben globalem Terrorismus und weltweiter chemischer sowie geistiger Umweltzerstörung mit seinen verheerenden Folgen für das äußere und für das geistige Klima hat es in Gesellschaft und Recht zahllose positive Entwicklungen seit der Zeit Steiners gegeben, der ja lange Jahre unter Kaiser Wilhelm II. gelebt hat. Bei uns schlagen die Lehrer ihre Schüler nicht mehr, auch die meisten Väter nicht mehr ihre Kinder. Der Soldat wird nicht mehr so gedrillt, «Kadavergehorsam» ist vorüber – und wenn Übergriffe bekannt werden, werden sie in der Regel juristisch verfolgt. Arbeiter müssen nicht mehr 15 Stunden täglich arbeiten, Frauen nicht halbnackt unter Tage schuften. Kinderarbeit (GA 330,67 – QR 164.4) ist – jedenfalls bei uns – verboten. Extreme Armut wird hierzulande durch den

Sozialstaat verhindert: Trotz aller Vorbehalte gegenüber dem gegenwärtigen Sachstand muss dies gesagt werden.

A.11 Nach der Katastrophe des Ersten Weltkrieges wurde im Deutschen Reich eine demokratische Ordnung geschaffen. Steiner hat dies noch einige Jahre bis zu seinem Tod Ende März 1925 erlebt und begrüßt (unten D.27). Ab dem 11. 8. 1919 galt die sog. *Weimarer Reichsverfassung (WRV)* mit einer Gewährleistung von Grundrechten.[13]

Anfang der Dreißiger Jahre des 20. Jahrhunderts folgten der Niedergang der Weimarer Republik und die Perversion des Rechts in der NS-Zeit 1933–1945: «Du bist nichts, dein Volk ist alles!» – selbstverständlich mit dem Verbot der Anthroposophischen Gesellschaft und der Christengemeinschaft.[14]

A.12 Nach dem Zusammenbruch des NS-Regimes am 8.5.1945 wurden in den westlichen Besatzungszonen relativ rasch demokratische Ordnungen geschaffen. Im August 1948 wurde auf Herrenchiemsee eine Verfassung für die Bundesrepublik Deutschland entworfen, die wegen der Zeitverhältnisse bescheiden «Grundgesetz» genannt wurde und für jeden aufmerksamen Betrachter ein großer Wurf war. Das Grundgesetz vom 23.5.1949 beginnt – einzigartig für eine Staatsverfassung – mit dem Grund-Satz:

«Die Würde des Menschen ist unantastbar.»

Damit bringt Art. 1 Abs. 1 GG an herausragender Stelle zum Ausdruck, dass in der Bundesrepublik Deutschland der Staat und das Recht um des Menschen willen da sind.

Anthroposophisch können wir unter der «Würde des Menschen» wohl sein höheres Ich, seine unsterbliche Individualität verstehen: Die ist tatsächlich unantastbar! Und wie auch die weiteren Grundrechtsartikel erweisen: Ihre irdische Inkarnation *darf* nicht verletzt werden. (Zu dieser geisteswissenschaftlichen Interpretation unten D.36ff.)

Die Qualität dieser Staatsverfassung für die Bundesrepublik Deutschland ist den meisten Menschen bewusst geworden. Dass die zu oft als selbstverständlich empfundenen Segnungen des Grundgesetzes den 17 Millionen Deutschen in Mitteldeutschland, die weitere 45 Jahre in einer Diktatur leben mussten, erst seit 1990 zugute kommen, ist eine Tragik der deutschen Geschichte.

In Rechtswissenschaft und Rechtsprechung herrscht heute im Lichte des Grundgesetzes von 1949 weithin nicht mechanische Subsumtion unter «tote Paragraphen». Maßgebliche Rechtswissenschaftler vermitteln in ihren Werken eine dem Menschen mit seiner Würde und der Gerechtigkeit zugewandte Grundhaltung – einige Beispiele im Anhang.[15]

Und gute Richter gestalten heute weithin eine modern-menschengemäße Rechtsprechung. Sie versuchen täglich, den zur Entscheidung stehenden Lebenssachverhalt auch menschlich und gerecht zu beurteilen.[16]

Insgesamt: Wir können heute – anders als vor hundert Jahren – in Deutschland, in Mitteleuropa und auch weltweit in anderen Staaten mit Fug und Recht von «Rechtsstaat» sprechen. Dass er Menschenwerk ist und verbesserungswürdig, sollte diese insgesamt positive Feststellung nicht hindern. Eine fruchtbare Weiterentwicklung ist ja Thema dieser Arbeit.

An manchen Fehlentwicklungen sind übrigens nicht nur die Juristen, sondern die normalen Bürger «schuld». So ist z. B. auf die verbreitete Prozesslust zu weisen, die ihrerseits wieder eine Überlastung der Gerichte verursacht. Diese luziferische Prozesslust wird vielleicht auch gefördert durch den materialistischen Egoismus unserer Tage, praktisch-konkret gestützt durch den massenhaften Abschluss von Rechtsschutzversicherungen. Die Folge ist: Auch wenn wenig Aussicht auf Erfolg besteht, wird der Prozess gestartet – die Rechtsschutzversicherung bezahlt ja (meist), und der andere wird erst mal ordentlich geärgert. Nicht wenige Menschen schaffen sich «ihr Recht» selbst: Ladendiebstähle, Schwarzfahren, Steuerhinterziehungen, Korruption, Untreue sind fast «normal» oder «Kavaliersdelikt» geworden: «Die anderen machen es ja auch!» – «Auch die da oben lügen, bereichern sich, veruntreuen Firmengelder – man sieht das doch jeden Tag im Fernsehen ...».
Klaus Lüderssen formuliert in seiner lesenswerten Studie «Schiller und das Recht» (S. 45): «Die gegenwärtige Rechtsgesellschaft ist durch ein merkwürdiges Nebeneinander von gleichzeitig wachsender Rechtsferne und Verrechtlichung geprägt.» Das ist das moderne Zusammenspiel der beiden Widersacher Luzifer und Ahriman: Der eine will möglichst keine Vorschriften, der andere möglichst viele.

In der Gegenwart herrschen auch zu viel

- Prinzipienreiterei: «Ich mache das ja nur (!) aus Prinzip!» oder: «Mir geht es ja nicht um die 1000 Euro, sondern nur (!) um das Recht»: Da spricht Ahriman, und

- Streitsucht mit astraler Prozessfreudigkeit (da spricht Luzifer): «Ich habe doch Recht!» «Die sollen mal sehen, mit wem sie es zu tun haben!»

Klassisch: Der hundertjährige Faust will dem alten Paar *Philemon* und *Baucis* «ohne Rücksicht auf Verluste» wegen des Glöckchen-Gebimmels den Lindenplatz mit dem morschen Kirchlein wegnehmen: «Die wenigen Bäume, nicht mein eigen, / Verderben mir den Weltbesitz.»[17]

A.14 Global und europaweit gibt es – trotz mancher Mängel der Praxis – ebenfalls positive Rechtsentwicklungen. Als Beispiele seien genannt die weltweite *Deklaration der Menschenrechte der Vereinten Nationen (UNO)* vom 10.12.1948 und die *Europäische Menschenrechtskonvention (EMRK)* vom 4.11.1950. Auch die Europäische Union (EU) geht stärker als frühere Strukturen (EWG) von demokratischen Staatsformen mit zulänglicher Grundrechtsgewährleistung für alle Menschen aus und fordert sie für Beitrittskandidaten (Weiteres unten D.73).

4. Sind in dieser Entwicklung Wirkungen des Erzengels Michael zu erkennen?

A.15 Bei diesem Blick auf die letzten gut hundert Jahre mag sich mancher Leser fragen, ob in dieser Entwicklung zu erkennen ist, dass wir in einem Zeitalter des Erzengels Michael leben, in einem *michaelischen Zeitalter*. Rudolf Steiner hat ja erklärt, dass jeweils einer der sieben Erzengel die Regentschaft für eine Periode von je 365 Jahren übernimmt. Und seit November 1879 hat wieder der Erzengel Michael die Führung.[18]

A.16 Zu diesem tragenden Thema sei auf die bewegende Vortragssammlung von *Emil Bock*, «Michaelisches Zeitalter», hingewiesen, die eine Fülle auch heute höchst aktueller Aussagen und Aufrufe enthält. *Emil Bock* nennt als eines der drei Kennzeichen eines michaelischen Zeitalters das Vorhandensein einer Fülle von erleuchteten geistigen Führern. Für die vorvergangene Michael-Periode (etwa 600–200 vor Chr.) gehören dazu wohl die großen griechischen Dramatiker von *Aischylos* bis *Euripides*, außerdem *Solon, Heraklit, Pythagoras, Sokrates, Platon, Aristoteles*, dann *Thukydides, Phidias* und *Alexander der Große* (GA 240,228, 297), außerdem aus einem anderen Kulturbereich *Buddha, Zarathustra* u. a. Damals, so *Emil Bock* weiter, habe Michael das Gedankenfeuer von oben gespendet, in der jetzigen Regentschaft von innen (Michael, S. 53).

Welche Antwort findet heute, gute 125 Jahre nach Beginn des gegenwärtigen Michael-Zeitalters, die Frage, ob es seit 1879 solche Köpfe gegeben hat und gibt? Verständnis wird wohl die Aussage finden, dass als effektiver Jünger Michaels an erster Stelle der Begründer der Anthroposophie und der Michael-Schule, *Rudolf Steiner*, erscheint. Auch hat sich in der Folge von Steiner eine ganze Reihe von Persönlichkeiten entwickelt, die als «aus Erkenntnis handelnde Menschen» die Entwicklung der Menschheit vorwärts zu bringen versuchen. Außerdem mögen weitere herausragende Menschen zu nennen sein, etwa *Albert Schweitzer, Mahatma Gandhi, Rabindranath Tagore,* vielleicht auch *Martin Luther King, Andrei Sacharow, Dag Hammarskjöld?*[19]

Wenn nun *Emil Bock* als drittes Kennzeichen eines Michael-Zeitalters einen bestimmten *Morgenröte-Glanz* erwähnt, dann kann man für die gegenwärtige Michael-Periode bis heute wesentlich die Geisteswissenschaft Anthroposophie mit ihrem Begründer Rudolf Steiner nennen. Deshalb widmen wir unsere Arbeit der künftigen Befruchtung des Rechts durch die Geisteswissenschaft Anthroposophie.

5. Wie kann es mit dem Recht in Zukunft weitergehen?

A.17 Ein allgemeines Klagen über ein «totes Paragraphen-Recht» oder über einen Mangel an Gerechtigkeit allein hilft nicht weiter. Schon die bisherigen Zitate haben aber wohl evident werden lassen, dass Steiner und die Anthroposophie für eine geistesmenschliche Entwicklung des Rechts tatsächlich fruchtbar werden können (auch GA 184,256).

> «Anthroposophie ist in allen Einzelheiten ein Streben nach der Durchchristung der Welt.»[20]

A.18 Eine geisteswissenschaftliche Durchdringung oder gar eine Durchchristung des Rechtslebens ist in der Gegenwart nicht einfach, da die Gesetzgebungsmaschinerien in den Nationalstaaten und in Europa auf Hochtouren laufen und zu einer auch für den Fachmann schwer überschaubaren Flut von Regeln führen, die manche menschliche Aktivität und den Ablauf vieler unterschiedlicher Prozesse bis ins Detail einengen und die Gerechtigkeit unter sich zu begraben drohen. Mancher mag den Eindruck haben, dass wir bei

der gängigen Unterdrückung des Menschlichen durch Unmengen von Vor-
schriftenkomplexen und Verwaltungsakten de facto in einer menschenfeind-
lichen Sondersituation leben. Die gegenwärtige Regulierungs-Hypertrophie
und die geistige Umweltverschmutzung schreien doch nach einer Umkehr
im Denken, im Fühlen und im Wollen. Eine Umkehr, besser: ein reformato-
rischer Evolutionsschritt und eine «Neue Reformation» sind hierzu mindestens ebenso notwendig wie im Steuerrecht, für das der Staatsrechtslehrer-
Kollege *Paul Kirchhof* eine radikale Reform angefordert und dafür Wege
gezeigt hat.[21]

Die «geistige Umweltverschmutzung» unserer Tage, besonders signifikant durch die Erscheinung mancher Presseprodukte, Fernsehdarbietungen,
Internet-Seiten, DVD-Titel und Computerspiele, ist doch für die Entwicklung der Menschheit noch viel schlimmer und gefährlicher: eine Umweltverschmutzung des geistigen Lebens, die besonders verheerend ist für die
Kinder, für die Jugendlichen, für die Erwachsenen von morgen – auch
im Bereich des Rechts und des Rechtsbewusstseins (Weiteres unten C.53;
D.100ff.).

Wir haben doch schon eine positive Erfahrung: Die – am Anfang auch
erst keimhafte – Bewegung gegen die «chemische Umweltverschmutzung»
hat seit einigen Jahrzehnten zu einem allgemein stärkeren Umwelt-Bewusst-
sein geführt.[22]

Ansätze für eine positive, wertorientierte Entwicklung des Rechts mag
man auch in einer Reihe rechtswissenschaftlicher, insbesondere rechts-
philosophischer Werke sehen. Dort wird nicht selten betont, dass für eine
gute Rechtsordnung bestimmte Grundwerte Voraussetzung sind und nicht
zur Disposition stehen. *Bernd Rüthers* zitiert zustimmend *Gerhard Leibholz:*
«Ohne ein Mindestmaß an gemeinsamen, notwendig ‹metaphysisch› begrün-
deten Wertüberzeugungen ist im Übrigen kein Staat, keine Rechtsordnung
dauerhaft zu begründen und zu erhalten.»[23]

B. Anthroposophie und Recht

1. DIE ANTHROPOSOPHIE KANN DIE JURISPRUDENZ UND DAS RECHT BEFRUCHTEN

B.1   Die Jurisprudenz ist eine Geisteswissenschaft im herkömmlichen Sinne der Universitätsdisziplinen. Die Anthroposophie ist eine spirituelle Geisteswissenschaft: Sie ist ein Erkenntnisweg, der das Geistige im Menschenwesen zum Geistigen im Weltenall führen möchte.[24]

Die Anthroposophie ist ein *Weg* – und es ist dazuzusetzen: ein anstrengender Weg, der ernsthaftes Studien-Bemühen jedes einzelnen Menschen verlangt. *Bastiaan Baan* gibt dafür ein plastisches Bild: Der Schüler muss das von oben heruntergelassene Seil selbst ergreifen und sich an ihm aus eigener Kraft hochziehen.[25]

Diese beiden Wissenschaften können als zwei sich schneidende Kreise erscheinen. Die gemeinsame Schnittmenge ist beachtlich: Das zentrale Objekt der Anthroposophie ist, wie schon der Name sagt, der *Anthropos*, der Mensch – und ebenso soll der Mensch zentrales Objekt des Rechts sein. Und wenn es um das Zusammenleben von Menschen dieser Welt und um dessen verbindliche Ordnung geht *(Recht)*, mag sich dies oft in der Geisteswissenschaft Anthroposophie spiegeln: Dies wird diese Arbeit wohl zeigen.[26]

B.2   Allem Anschein nach tut wechselseitige Befruchtung Not. Es geht ja hier nicht um Besserwissen, gar Bekämpfen, sondern es geht um eine Erweiterung der Gesichtspunkte – wie bisher schon bei den so erfolgreichen und immer mehr anerkannten Erweiterungen der Heilkunst, der Pharmazie, der Landwirtschaft, der Schauspielkunst, des Schulwesens und vieler anderer Lebensgebiete durch die Geisteswissenschaft Anthroposophie. Beispielgebend ist der Titel des von *Karl-Martin Dietz* und *Barbara Messmer* herausgegebenen, wertvollen Bandes: «Grenzen erweitern – Wirklichkeit erfahren. Perspektiven anthroposophischer Forschung».[27]

2. Zur Anthroposophie

B.3   Auch wenn sich immer mehr Menschen mit WALA- und Weleda-Medikamenten behandeln (lassen), sich mit Weleda-, WalaVita- oder Dr. Hauschka-Kosmetik-Produkten pflegen oder mit Demeter-Früchten aus der biologisch-dynamischen Landwirtschaft ernähren, ihre Kinder auf die Waldorfschule schicken, den Kultus der Christengemeinschaft kennen, die vollständigen Aufführungen von Goethes Faust I und II in Dornach genießen – so bleibt doch wahr: Die Anthroposophie, die «Mutter» all dieser positiven Erscheinungen, erfreut sich nicht des gleichen allgemeinen Bekanntheitsgrades wie das «Recht». Das Gesamtwerk von Rudolf Steiner ist heute, über 80 Jahre nach seinem Tod, immer noch nicht in seiner Fülle und Bedeutung voll wahrgenommen und allgemein in unser Leben umgesetzt. Rund 40 Bücher, mehrere tausend Vorträge, zahllose Zeichnungen, Aquarelle u. v. a. m. harren der voll-fruchtbaren Ausschöpfung. Für das Themengebiet «Recht und Gerechtigkeit» soll diese Arbeit einen Beitrag leisten.

B.4   Der anthroposophische Leitsatz 1 lautet:

«Anthroposophie ist ein Erkenntnisweg, der das Geistige im Menschenwesen zum Geistigen im Weltenall führen möchte.»[28]

Diese Verbindung zwischen Mikrokosmos (Mensch) und Makrokosmos (Weltall) mag auch das konkrete Ziel unserer Gedanken über Recht und Gerechtigkeit sein: Wir sollen und wollen das irdische Recht mit der geistigen Wesenheit Gerechtigkeit zu verbinden suchen und das irdische Recht durch die geistige Wesenheit Gerechtigkeit befruchtet sehen.[29]

Auf die Frage, ob er Anthroposophie in drei Worten erklären könne, sagte Rudolf Steiner: «Ja, Anthroposophie ist Pflichterfüllung, Pflichterfüllung, Pflichterfüllung!»[30]

Und im Vortrag vom 11.1.1916: «Unsere Wissenschaft selbst führt uns zu der Überzeugung, dass innerhalb des Sinnesmenschen ein Geistesmensch lebt, ein innerer Mensch, gewissermaßen ein zweiter Mensch.»[31]

Das werden wir im Auge behalten, wenn es um die Frage geht, wo Recht im Menschen entsteht und wo es zu wirken vermag.[32]

B.5   Es kann hier nicht der Ort sein, für anthroposophisch nicht bewanderte Leser eine umfassende Einführung in die Anthroposophie zu geben. Dafür ist das

Gesamtwerk von Rudolf Steiner auch im Umfang zu gewaltig. Im Anhang sind einige hervorragende Einführungen in die Anthroposophie genannt.[33]

Anzumerken ist, dass in den letzten Jahren manche Aussage von Rudolf Steiner durch ein allgemeines Geschehen plötzlich «aktuell» und bekannt wurde. Beispiel: Als vor einigen Jahren die BSE-Rinderseuche in aller Munde war, überraschte viele die Erklärung von Rudolf Steiner aus dem Jahre 1923: «Nun denken Sie sich, [...] der Ochse würde anfangen, Fleisch zu fressen. [...] Statt dass [bei seiner Verdauungstätigkeit] Fleisch erzeugt wird, werden schädliche Stoffe erzeugt. [...] Und die Folge davon würde sein, wenn der Ochse direkt Fleisch fressen würde, dass sich in ihm riesige Mengen von Harnsäuresalzen absondern würden; die würden nach dem Gehirn gehen und der Ochse würde verrückt werden.»[34]

B.6   Der Verfasser hat sich bemüht, in dieser Arbeit anthroposophische Gedankengänge möglichst so zu fassen, dass sie auch für anthroposophisch nicht bewanderte Leser verständlich sind; die gegebenen Quellenhinweise mögen weiterhelfen. All dies ersetzt freilich nicht das notwendige weitere Studium der Geisteswissenschaft durch jeden einzelnen Menschen.

Aus der Fülle der geisteswissenschaftlichen Grundwahrheiten, die Steiner uns vermittelt hat, sei hier auf die grundlegende Erkenntnis hingewiesen, dass der Mensch im irdischen Leben im Wesentlichen *vier Wesensglieder* hat, deren Wahrnehmung und Begreifen auch für unser Thema wichtig ist:

- *Physischer Leib,* der äußerlich-materielle Leib: Ihn hat der Mensch ebenso wie die anderen Lebewesen und die Mineralien. Dieser physische Leib ist Voraussetzung für die Rechtsfähigkeit eines Menschen, und er ist oft Objekt bei juristischen Beurteilungen (Anwesenheit bei bestimmten Terminen, Körperverletzung u. a.).
- *Ätherleib, Lebensleib, Bildekräfteleib:* Einen Ätherleib, der Ernährung und Fortpflanzung umfasst und der auch Fähigkeiten, Gewohnheiten speichert, hat der Mensch ebenso wie andere Lebewesen (Pflanzen, Tiere). Der Ätherleib hat für das Rechtsleben elementare Bedeutung, weil das irdische Recht schon für den Beginn der Rechtsfähigkeit Leben (§ 1 BGB) und für zahlreiche Tatbestände menschliche Bewegung voraussetzt oder bewertet.

- *Astralleib, Seelenleib:* Einen Astralleib, der Begierden, Triebe, Leidenschaften trägt, hat der Mensch ebenso wie das Tier. Aus der Astralität entstehen z. B. Affekthandlungen, die strafrechtlich oft anders zu bewerten sind als überlegtes Tun.

- *Ich, Individualität:* Dieses Wesensglied hat allein der Mensch, es unterscheidet ihn von allen anderen Naturwesen. Dieses Ich, diese Individualität ist unsterblich und inkarniert sich in bestimmten Rhythmen wiederholt in irdische Leiber. Das Ich ist Voraussetzung für ein Rechtsleben mit seinen bewussten Ich-Entscheidungen überhaupt – und im Ich wurzelt das Recht.[35]

B.7 Übrigens: Die «Tugenden» oder «Nebenübungen», die Steiner für den Schulungsweg formuliert hat, sind für jedes ernsthafte Denken und Arbeiten, besonders im Rechtsleben, wichtig. Steiner ruft dazu auf, «sechs Eigenschaften in sich aus[zu]bilden: Kontrolle der Gedankenwelt, Kontrolle der Handlungen, Ertragsamkeit, Unbefangenheit, Vertrauen in die Umwelt und inneres Gleichgewicht.»[36]

3. «RECHT» – EINE ABGRENZUNG

B.8 Jeder glaubt zu wissen, was «Recht» ist – aber eine eindeutige, allumfassende, unstrittige Definition des Rechts gibt es nicht.[37]

Um für die folgenden Gedanken eine gewisse *Ab-Grenzung (de-finitio)* zu gewinnen, soll hier eine Annäherung an ein Feld «Recht» in drei Schritten versucht werden – eine Annäherung, die uns einen gewissen Rahmen für die weiteren Gedankengänge in einem Dreierschritt sichern soll: *Der einzelne Mensch – das soziale Zusammenleben – das Recht.*

Wenn in dieser Arbeit von «Recht» gesprochen wird, ist in der Regel das sog. «objektive Recht» gemeint, die regelmäßig in Gesetze gefasste *Rechtsordnung*. Demgegenüber ist «subjektives Recht» die aus dem objektiven Recht abgeleitete Rechtsposition des Einzelnen: sein Anspruch (z. B. Anspruch auf den Kaufpreis) oder sein absolutes Recht (z. B. Eigentum).

a. Der einzelne Mensch

B.9 «Recht» gibt es nur im Zusammenhang mit Menschen. Und: Recht sollte es nur um der Menschen willen geben. Zum Verständnis des Menschen – dem hier erkannten und angestrebten Zentralpunkt des Rechts – ist die *Menschenkunde* von Steiner essenziell wichtig. Diese Menschenkunde ist bisher vor allem tragend und fruchtbar für die Pädagogik und für die Medizin – und, wie sich hoffentlich zeigen wird, künftig auch für die Rechtswissenschaft und für das Rechtsleben. In der «Philosophie der Freiheit» erscheint «das menschliche Individuum» als «Mittelpunkt alles Erdenlebens».[38]

b. Das soziale Zusammenleben

B.10 Wenn mehrere Menschen zusammenleben, wenn sie einander begegnen mit ihren Wünschen und Interessen, sind sie «socii» (lat.: Genossen, Lebensgenossen) in einer «Sozietät», in einem sozialen Leben.[39]

Dieses Leben der Ich-Menschen in der Gesellschaft, in der Gemeinschaft ist auch Tenor des Grund-Satzes von *Albert Schweitzer:*

«Ich bin Leben, das leben will,
inmitten von Leben, das leben will.»[40]

So entsteht ein *soziales Leben* in unterschiedlichen Bereichen und Größenordnungen: sog. mikro-, meso- und makrosoziale Tatbestände. Und damit entsteht eine «soziale Frage», die uns hier besonders interessiert. Denn nur zwischen mehreren Menschen, in einer *societas* (= Gemeinschaft, Gesellschaft), kann es das Bedürfnis nach «Recht» geben. Bekannter Satz: «Robinson braucht kein Recht.»

B.11 Deshalb ist es für uns so wichtig, all das wahrzunehmen, was Steiner in seinem umfassenden Werk so grundlegend zum sozialen Leben, zur «sozialen Frage» geschrieben und gesagt hat. Fundamental ist sein Ruf nach sozialer und religiöser Erneuerung.[41]

Anmerkung: Man wird Steiner nicht gerecht, wenn man zur sozialen Frage und zu Fragen des Rechts(lebens) bei ihm nur die «Dreigliederung des sozialen Organismus» anschaut. Steiner hat, wie sich im Laufe dieser Darstellung erweist, weit mehr für uns, für unsere soziale Zukunft und für ein menschlich-gerechtes Rechts-Leben getan.

Dazu sein *Motto der Sozialethik:*

«Heilsam ist nur, wenn
Im Spiegel der Menschenseele
Sich bildet die ganze Gemeinschaft;
Und in der Gemeinschaft
Lebet der Einzelseele Kraft.»[42]

Rudolf Steiner entwickelte ein «soziologisches Grundgesetz» (1898) und ein «Soziales Hauptgesetz» (1905/06), die für Erkenntnis und Lösung der sozialen Frage außerordentliche Bedeutung haben können.[43]

B.12 Durch alle Äußerungen von Rudolf Steiner – auch in seinen zahlreichen Vorträgen über die soziale Frage – zieht sich der Grundgedanke, dass es für die Frage, ob etwas sozial oder sozial fruchtbar ist, auf den Menschen ankommt, auf seine, auch religiöse, Gesinnung, nicht auf die juristische Organisation, nicht auf die Institution.[44]

Treffend auch *Antoine de Saint-Exupéry:* «Eine Gemeinschaft ist nicht die Summe von Interessen, sondern die Summe an Hingabe.»[45]

c. Interessengegensätze fordern eine menschengemäße Lösung: ein «Recht»

B.13 Solange mehrere Menschen ein und derselben Meinung sind, solange sie keine Interessengegensätze haben, ist alles gut und friedlich – sie brauchen keine Rechtsordnung, keinen Richter. Wenn aber eine Differenz der Interessen auftaucht: «id quod interest» (= etwas, das unterschiedlich ist), dann gibt es zwei Möglichkeiten:

- entweder Kampf mit Sieg des Stärkeren: so bei Tieren und in Gesellschaften ohne Rechtsordnung oder mit pervertiertem Recht («Der Führer ...» oder «Die Partei hat immer Recht!»),
- oder Befriedung, oft verbunden mit dem Schutz des sozial Schwächeren, ein Ausgleich, der notfalls (meist mit dem Machtmonopol des Staates) erzwungen werden muss: Dafür haben Menschen das *Recht.*

B.14 Im Folgenden wird von «Recht» nur dann gesprochen, wenn es sich um verbindliche Regeln handelt, die ggf. von einem Dritten, von einer bestimmten Instanz für einen bestimmten konkreten Sachverhalt geurteilt und notfalls zwangsweise durchgesetzt werden können. Zu einem so verstandenen Recht gehören also mindestens drei Beteiligte:

- zwei oder mehr Personen mit ihren unterschiedlichen Interessen und
- ein Beurteilender, ein Richtender als Mitte: Und es wäre heilsam, wenn in dieser Mitte stets der Erzengel Michael wirken würde mit der Waage als Wägender. Es mag wohl sein, dass in der Rechtsprechung heute schon Michael tätig mitwirkt, denn es gibt auch heute hervorragende Richter![46]

Wichtig: Recht bezieht sich auf das derzeitige irdische Leben, nicht auf frühere oder spätere Inkarnationen. Fragen des Karma haben bei juristischen, rechtlichen Beurteilungen nichts zu suchen. Dazu hat sich Steiner mehrfach dezidiert geäußert (unten C.21ff.).

Mit «Recht» und «Rechtsleben» bezeichnet man allgemein die Funktionen der staatlichen Gesetzgebung, der sog. vollziehenden Gewalt (Regierung, Behörden) und der Rechtsprechung – die drei Staatsgewalten in der Tradition von *Montesquieu* (D.26). Eine rechtsverbindliche Regelung kann aber auch in einem Beschluss eines nicht-staatlichen Gremiums liegen. Durch einen solchen gemeinsamen Beschluss entsteht eine neue Gemeinschafts-Wesenheit, die dann für die Beteiligten rechtsverbindlich ist. Deren Verletzung wäre dann ein Rechtsbruch und die Zerstörung der vorher gemeinsam geschaffenen ätherischen Hülle (Weiteres unten C.77; D.21, 75, 97).

B.15 Unter *Recht* wird hier, wie allgemein, nicht verstanden:

- Ein gesellschaftlicher Sachverhalt: «Wir treffen uns heute um 18.00 Uhr zum Spazierengehen» oder: «Darf ich Sie zum Abendessen einladen?» – «Ja, gern!» Oder: «Wenn du mir beim Abtrocknen hilfst, dann kriegst du ein Eis!» Wenn die Mutter dieses Versprechen dann nicht einhält, empfindet dies das Kind aufgrund seiner noch vorhandenen Verbindung zur geistigen Welt als elementar «ungerecht» – aber es tritt eben keine irdisch-juristisch zu fassende «Rechtsfolge» ein;
- rein ethische Fragen («Liebe ich meinen Bruder?»);
- rein moralische Fragen.[47]

Im täglichen Leben gibt es Tausende solcher gesellschaftlichen Sachverhalte und Erscheinungen, die nicht juristisch zu werten sind.[48]

In vielen Fällen kann es durchaus schwierig sein, bei der lebendigen Entwicklung eines Sachverhaltes genau den Augenblick zu bestimmen, in dem ein gesellschaftlicher Sachverhalt in Rechtsleben übergeht.

Beispiel: A sieht sich Schaufenster an, geht in ein Geschäft hinein, um sich umzusehen, möglicherweise etwas zu kaufen. Wenn ihm dort eine Kiste auf den Fuß fällt, bevor ein Kaufvertrag geschlossen ist, haftet der Geschäftsinhaber aufgrund einer von der Rechtsprechung entwickelten «culpa in contrahendo» (= Verschulden beim Anbahnen eines Vertrages).[49]

B.16 Dass solche gesellschaftlichen Lebenssachverhalte *juristisch* nicht zu bewerten sind, darf freilich nicht vergessen machen, dass z. B. das Nicht-Einhalten eines Versprechens gewichtige Folgen in der *geistigen* Welt haben kann. Der Bruch eines Versprechens schadet nicht nur dem anderen Menschen, sondern schwächt auch das eigene Ich. Eine Lüge in der irdischen Welt ist ein Mord in der Astralwelt, in der geistigen Welt (weiter dazu unten D.148).

B.17 In dieser Arbeit wird wiederholt die Frage zu eruieren sein, ob und wie das Recht oder die Gerechtigkeit in der geistigen Welt urständet. Vertraut sind ja Ausdrücke aus der Bibel wie göttliche Gebote, göttliches Recht u. ä. Anhand des Werkes von Rudolf Steiner werden wir zu der Einsicht finden können, dass die Gerechtigkeit als geistige Wesenheit in der geistigen Welt lebt und dass das Recht deren irdischer «Abglanz» im Sinne von Goethes «Faust» sein soll und weithin ist (dazu unten C.39, 43, 91ff.).

C. Gerechtigkeit und Recht im Werk von Rudolf Steiner

I. Gerechtigkeit

1. HISTORISCHE QUELLEN UND GEISTESFORSCHUNG

C.1 Rudolf Steiner baute bei seinen Äußerungen über Gerechtigkeit und Recht, die nun in einer gewissen Systematik und mit eigenen Kommentaren dargestellt werden sollen, auch auf früheren Quellen auf. Im Vordergrund standen dabei die Geister des Alten und des Neuen Testaments sowie die Denker des klassischen Griechenland und das Recht im alten Rom. Ihre Krönung finden die Gedanken von Steiner über Gerechtigkeit und Recht, über Karma und über den Erzengel Michael in den Erkenntnissen seiner eigenen Geistesforschung.

2. ZUR GERECHTIGKEIT IM ALTEN TESTAMENT

C.2 Im Zentrum des Interesses stehen hier die *Zehn Gebote* (2 Mose 20.1–17; 5 Mose 5.6–21). Eine bemerkenswerte Interpretation hat Steiner in seinem Vortrag vom 16.11.1908 gegeben. Er erklärte dort: *Mit der allgemeinen Meinung, dass die Zehn Gebote «Gesetzesbestimmungen» seien, so wie von irgend einem modernen Staat Gesetze gegeben würden, werde der eigentliche Lebensnerv verkannt, der in den Zehn Geboten lebe.* Nach einer einfühlsamen Fassung der Zehn Gebote in deutscher Sprache stellte Steiner dar, dass die Zehn Gebote eine Erklärung waren, «die dem jüdischen Volke gegeben wird über die richtige Einlebung des Ichs in die drei Leiber des Menschen» (GA 107,116f., 121). Gut ein Jahr später sprach Steiner in der Vortragsreihe «Der Christus-Impuls und die Entwickelung des Ich-Bewusstseins» erneut über die Zehn Gebote (GA 116,70f.). Und in GA 130,162 heißt es:

«Es gibt in der geistigen Welt ein Urwesen, dem hier auf der Erde entspricht sein Abbild, das Ich, und dieses Urwesen kann sich so in das Ich des Menschen hineinkraften, sich so hineinergießen, dass der Mensch jenen Normen, jenen Gesetzen folgt, die in den Zehn Geboten gegeben sind.»

C.3 Aus den Erklärungen von Rudolf Steiner folgt: Die Zehn Gebote sind ein Grundgesetz der Ich-Entwicklung.[50]

3. DAS KLASSISCHE GRIECHENLAND UND ROM

a. Pythagoras

C.4 Über Pythagoras (ca. 570 – ca. 500 v. Chr.) und die Pythagoreer schrieb Steiner in seinem Werk «Das Christentum als mystische Tatsache»:

«Aristoteles erzählt von ihnen: ‹[...] Da nun in dem Mathematischen die Zahlen von Natur das Erste sind, und sie in den Zahlen viel Ähnliches mit den Dingen und dem Werdenden zu sehen glaubten, [...] so galt ihnen eine Eigenschaft der Zahlen als die Gerechtigkeit [...]›.»[51]

Eine Eigenschaft der Zahlen, also etwas Mathematisches, als Gerechtigkeit? Hier taucht ein Gedanke auf, der unten für die Erörterungen in Abschnitt E fruchtbar sein kann.[52]

b. Sokrates

C.5 Von *Sokrates* (470–399 v. Chr.) bringt Steiner einen Dialog, der dem Schüler klarmachen sollte: Derjenige, der absichtlich lüge oder betrüge, verstehe sich wohl besser auf das Gerechte als der, der dies unabsichtlich tue.[53]

c. Platon

C.6 Mehrfach äußerte sich Rudolf Steiner über Platon (427–347 v. Chr.), den er als «Eingeweihten» bezeichnete.[54] Für Platon war Gerechtigkeit der harmonische Ausgleich der drei Haupttugenden «Weisheit, Starkmut oder Tapferkeit und Mäßigkeit oder Besonnenheit».[55] Und Menschen streben nach Tugend, Gerechtigkeit, Erkenntnis, Kunst (GA 5,38).

C.7   Steiner weist darauf hin, dass unser Wort «Gerechtigkeit» nicht vollständig dem griechischen Wort *dikaiosyne* bei Platon entspreche: Das meine nämlich auch das «Sich-Richtung-Gebende, Sich-Auskennende, Sich-Orientierende im Leben», auch «die Richtung auf das Gute».[56]

C.8   Wichtig: Für Platon entsteht die Gerechtigkeit beim einzelnen Menschen in der Wohlgeordnetheit seiner drei Seelenkräfte. «Das Gerechte ist somit das für die Seele Gesunde.»[57]

d. Aristoteles

C.9   *Aristoteles* (384–322 v. Chr.), zu dem Steiner eine besondere Beziehung hatte, erschien als ein «Höhepunkt des griechischen Denkens» (GA 18,73). Soweit ersichtlich, hat Steiner in seinem Werk die Ausführungen von Aristoteles über die verschiedenen Formen der «Gerechtigkeit» nicht ausdrücklich erörtert. Aristoteles unterscheidet ja bekanntermaßen eine *allgemeine Gerechtigkeit* (später: *iustitia generalis* oder *universalis*) und eine *besondere, spezifische Gerechtigkeit (iustitia particularis),* die ihrerseits zwei große Gruppen umfasst: eine *Gerechtigkeit beim Verteilen (iustitia distributiva* genannt) und eine *ausgleichende Gerechtigkeit* bei Kauf und Verkauf sowie bei unerlaubten Handlungen *(iustitia commutativa* und *iustitia vindicativa).*[58]

C.10   In seinem Vortrag über die Theologische Fakultät am 11.5.1905 rief Rudolf Steiner zur Eigeninitiative, zur Selbsterkenntnis und dazu auf, Aristoteles nicht nur auszulegen: Dadurch könne man nicht fortschreiten, denn «fortschreiten kann man nur, wenn man selbst fortschreitet, wenn man selbst die Sachen einsieht».[59]

Auch angesichts der starken Betonung von Gegensätzen zwischen Platon und Aristoteles und den sogenannten Platonikern und Aristotelikern in der Sekundärliteratur sei erwähnt, dass Steiner im September 1916 angeregt hat, *Platon und Aristoteles zusammenzuführen und die Synthese im «Menschheitsrepräsentanten» zu finden.*[60]

C.11   An dieser Stelle mögen sich dem interessierten Betrachter zwei Fragen stellen, die noch weiterer Gedankenarbeit bedürfen:

1.   Platon bezieht die Gerechtigkeit auf die einzelnen Seelenkräfte des Menschen. Frage für uns heute: Hat dieser Gedanke etwa eine Weiterent-

wicklung in der «Philosophie der Freiheit» oder in anderen Grundwerken von Rudolf Steiner gefunden? (Dazu auch unten E.12ff., 25ff.)

2. Aristoteles sieht die Gerechtigkeit ihrem Wesen nach auf den anderen bezogen. Frage: Führt diese soziale Sicht der Gerechtigkeit zu der Dreigliederung des sozialen Organismus von Rudolf Steiner mit der Erklärung, in allen drei Bereichen des sozialen Lebens solle Gerechtigkeit wirken? (Dazu unten C.44.)

e. Das klassische Rom

C.12 Steiner hat wiederholt das Griechentum und das Römertum nebeneinandergestellt, häufig auch in Bezug auf Recht, Rechtsordnung und Rechtsbegriff. Das klassische Rom ist danach, wie auch nach der allgemeinen Rechtslehre, für große Teile der Welt die Pflanzstätte für die Entwicklung des Rechts geworden, für die Entwicklung des Rechtsbegriffs als Begriff, der Rechtsordnung als Ordnung eines Gemeinwesens, einer Rechtswissenschaft etc. Dagegen stand im klassischen Rom ein Grundverstehen von Gerechtigkeit, wie wir es bei den griechischen Denkern beobachten, gegenüber dem formalen Recht allgemein im Hintergrund.[61]

Bei der späteren Sammlung klassischer Texte im *Corpus Iuris Civilis* wurden allerdings bemerkenswerte, grundlegende Aussagen römischer Juristen über die Gerechtigkeit «entdeckt» (sogleich C.18).

4. «GERECHTIGKEIT» IM NEUEN TESTAMENT

C.13 Entsprechend der zentralen Stellung des Christentums in der Anthroposophie (GA 226,113) sind auch die Äußerungen von Steiner über Gerechtigkeit im Neuen Testament mit besonderer Intensität zu betrachten.[62]

C.14 Mehrfach würdigte Steiner die Bergpredigt (Mt 5.3–11; auch Lk 6.20–23). Für den 4. Vers gab er mehrere deutsche Fassungen und offenbarte damit sein Ringen um das rechte Verstehen.[63] Im Vortrag vom 19.1.1907 erklärte er:

> «‹Selig sind, die da hungern nach der Gerechtigkeit, denn sie werden durch sich selber gesättigt werden.› Hier sagt Christus den Jüngern die ganze Bedeutung der tieferen, innersten Kräfte der menschlichen Seele: Gebt den andern Liebe – nicht: strebt nach Liebe –, dann wird die Liebe allgemein, wenn es jeder selbst tut.»[64]

Gerechtigkeit erscheint hier als geistige Wesenheit, nach der ein Christenmensch streben, «hungern» und «dürsten» mag.

C.15 Eindrucksvoll verbindet eine Aussage im Vortrag vom 2. 12. 1909 Gerechtigkeit und Ich (GA 58,281; GA 116,74 und 89; Weiteres hierzu unten E.20ff.).

C.16 In seinem schönen Weihnachtsvortrag am 25. 12. 1907 sprach Steiner über das Licht der Sonne und dessen Spiegelung durch den Mond (GA 98,60f.).
Frage: Können die dort geäußerten Wendungen «Sonne der Gerechtigkeit», «Licht der Gerechtigkeit» und «abgeschwächt im Gesetz» (d. h. im Gesetz Mose) zu einem Verständnis von Recht als irdischem Abglanz der in der geistigen Welt urständenden Gerechtigkeit führen?[65]

C.17 Auf Karma und objektive Gerechtigkeit wies Steiner hin, als er die Begegnung Jesu Christi mit der Ehebrecherin (Joh 8.1–11) schilderte.[66]

5. RECHT UND GERECHTIGKEIT IM «CORPUS IURIS CIVILIS»

C.18 Oben (C.12) wurde dargestellt, dass im klassischen Rom das formale Recht und das praktische Rechtsleben im Vordergrund standen. Als später, nach der Christianisierung des Römischen Reiches, Kaiser *Justinian I.* (482–565) Grund-Sätze und Aussagen der herausragenden Juristen des klassischen Rom in dem berühmten «Corpus Iuris Civilis» zusammenfassen ließ, wurden auch schöne Sätze der «Alten» über die Gerechtigkeit und über das Recht als Kunst des Guten und des Gerechten gefunden und in die *Digesten = Pandekten* des *Corpus Iuris Civilis* an vorderster Stelle aufgenommen:

> «Ius est ars boni et aequi.» = «Das Recht ist die Kunst, Gerechtigkeit und Billigkeit zu üben.» (*Celsus* in Dig. 1.1.)

Gleich darauf finden wir folgenden Satz über die Gerechtigkeit:

> «Iustitiam colimus et boni et aequi notitiam profitemur.» = «Wir pflegen die Gerechtigkeit und bekennen uns zum Wissen um Recht und Billigkeit.» (*Celsus*, Dig. 1.1.1.)

Grundlegend die klassische Definition der Gerechtigkeit durch den großen römischen Juristen *Ulpianus:*

«Iustitia est constans et perpetua voluntas ius suum cuique tribuendi.» – «Gerechtigkeit ist der ständige und fortdauernde Wille, einem jeden sein Recht zuteil werden zu lassen.»[67]

6. THOMAS VON AQUIN

C.19 Thomas von Aquin (um 1225–1274), mit dem Rudolf Steiner geistig ebenfalls besonders verbunden war, hat eine Gerechtigkeitslehre geschaffen, die in der Steiner-Gesamtausgabe einmal kurz erwähnt wird. *Roman Boos* spricht in Erläuterungen zu Sätzen des Thomas von einer *iustitia originalis,* von *anima rationalis* oder *humana.*[68]

C.20 Rudolf Steiner war mit dem Werk von Thomas von Aquin sehr vertraut. Deshalb darf angenommen werden, dass er auch die Gerechtigkeitslehre des Thomas gekannt hat. Der Band GA 74 enthält drei Vorträge über die Philosophie des Thomas. In der Privatbibliothek von Rudolf Steiner, die sich jetzt im Rudolf Steiner Archiv in Dornach befindet, stehen mehrere Werke des Thomas.

Thomas von Aquin unterscheidet in Anlehnung an Aristoteles *iustitia generalis:* eine allgemeine Gerechtigkeit = Gleichheit, Gleichbehandlung, Willkürmacht binden; *iustitia distributiva:* Der Staat tritt als Regierung, als Verwaltung auf, meist auf Grund von Gesetzen: Verteilung gemeinsamer Güter, öffentlicher Anerkennungen und Ehren, Leistungen und Lasten an die Bürger – modern: Sozialstaat, Wohlfahrtsstaat; *iustitia commutativa:* Der Staat sorgt durch die Rechtsprechung auf Grund von Gesetzen für Ausgleich zwischen den Bürgern: ausgleichende Gerechtigkeit, Tauschgerechtigkeit; *iustitia vindicativa:* Schadensersatz bei Delikten.[69]

7. AUSGLEICHENDE GERECHTIGKEIT – KARMA

C.21 Grundlegend für das Verständnis der Gerechtigkeit bei Steiner sind seine aus seiner Geistesforschung geschöpften Aussagen über eine göttliche, ewige, überirdische, ausgleichende Gerechtigkeit und deren Bezug zu den menschlichen Individualitäten: das Karma. Seine entsprechenden Aussagen geben Fingerzeig und Grundlage für die Erkenntnis, dass er die Gerechtigkeit als Wesenheit sieht, die in hohen Sphären der geistigen Welt angesiedelt ist.

C.22 Grundsätzlich hatte Steiner schon in seinem Vortrag am 21.12.1903 erklärt:

> «Karma ist ein Gesetz, unter dem wir alle leiden. Was wir in einer Verkörperung vollbracht haben, trägt uns seine Früchte in den späteren Verkörperungen. Was uns heute zuteil wird, haben wir verursacht in den früheren Verkörperungen. Aber Karma ist ein Gesetz, das nicht nur Schuld und Sühne, Disharmonie und Harmonie in richtiger Weise verteilt, sondern ein Gesetz, das uns hinaufleitet zum höchsten Gipfel des Menschengeistes. Das große Weltenbuch von Karma wird auf der linken und auf der rechten Seite seinen Ausgleich gefunden haben.»[70]

C.23 Im Vortrag am 2.5.1923 über den individualisierten Logos sagte Steiner nach einem Blick auf die Lehre von den Monaden bei *Gottfried Wilhelm Leibniz* und dem Verwobensein des menschlichen Geistig-Seelischen mit der zweiten Hierarchie:

> «Aber indem man dann verfolgt, wie der Mensch von Erdenleben zu Erdenleben geht, wie eine ausgleichende kosmische Gerechtigkeit, ein Karma wirkt von Erdenleben zu Erdenleben, [...] gelangt man dazu, auch hier wiederum nicht bei der Abstraktion Karma, bei der Abstraktion Weltengerechtigkeit stehenzubleiben [...], sondern man gelangt da auch zu Realitäten.»[71]

Ausgleichende, kosmische Gerechtigkeit als Realität!

C.24 Auf das Wirken der Götter wies Steiner im Karmavortrag am 29.6.1924 hin (GA 236,299).

C.25 Um den Menschen den Zugang und das Verständnis zu erleichtern, erklärte Steiner am 15.12.1924: Wer noch nicht das Verständnis von Reinkarnation und Karma habe, solle folgende goldene Regel befolgen:

> «Lebe so, wie wenn Reinkarnation und Karma Wahrheiten wären; dann werden sie für dich Wahrheiten werden.»[72]

C.26 Einen weiteren tiefen Blick in seine Geistesforschung gewährt Rudolf Steiner mit der Aussage, dass in der devachanischen Welt Gerechtigkeit als Naturgesetz herrscht (GA 143,95). Hieraus darf man wohl ableiten, dass die Gerechtigkeit in der devachanischen Welt urständet (dazu weiter unten C.92, 126).

C.27 Im Vortrag vom 10.9.1923 spricht Steiner vom Verhältnis zwischen Karma und den Planeten. Dort lesen wir, dass «der Saturn die höchste moralische Gerechtigkeit des Universums» habe.[73]

C.28 In einer Glückwunschadresse für *Marie von Ebner-Eschenbach* zu ihrem 70. Geburtstag am 13.9.1900 sieht Steiner ihr Glaubensbekenntnis darin, «dass in der Welt trotz aller Leiden und Entbehrungen eine ausgleichende Gerechtigkeit waltet, eine wohltätige Weltordnung, die zu preisen ist.»[74]

C.29 Wagt man zu diesen und anderen Äußerungen Steiners eine Zusammenfassung für unser Thema, so mag man sagen:

- Karma entfaltet sich und wirkt für die einzelne menschliche Individualität (oder eine Gruppe von Individualitäten), besonders für ihre Beziehungen zu anderen Individualitäten (oder Gruppen); außerdem gibt es ein «Weltenkarma», auch ein «Volkskarma».
- Karma wirkt über die einzelnen Verkörperungen der menschlichen Individualität hinaus und entwickelt sich auch in den Zeiten zwischen Tod und neuer Geburt.
- Karma erscheint damit als ein besonderer Teil, als eine spezifische Emanation der all-waltenden, höheren Gerechtigkeit: eine zwischen Individuen und Gruppen über deren irdische Existenz hinaus ausgleichende Gerechtigkeit, sich stetig entwickelnd, sowohl in den Zeiten zwischen Geburt und Tod als auch zwischen Tod und neuer Geburt.

Beziehungen zwischen Karma und irdischem Recht sind aufgrund der Aussagen von Steiner durchaus differenziert zu betrachten:

- Das Karma eines Menschen ist bei der Rechtsanwendung nicht zu beachten: Das irdische Recht lebt und wirkt in einer anderen Sphäre als das Karma (C.86f.).
- Freilich schafft der Richter mit seinen Entscheidungen Karma (C.88).
- Während eines Strafvollzugs sollten die Menschen über Fragen des Karma aufgeklärt werden (D.178ff.).
- Schafft auch derjenige Karma, der einen anderen Menschen mit einer unbegründeten Klage überzieht oder durch ein Trommelfeuer von Strafanzeigen zermürbt? Wohl ja! Karma bezieht sich zwar vor allem auf die

innere Entwicklung des Menschen, wird aber eben auch durch äußere Taten und Handlungen erfüllt und entwickelt.[75]

8. Erzengel Michael und die Gerechtigkeit

C.30 Der Erzengel Michael ist uns in dieser Arbeit schon einige Male begegnet. Dabei wurde auch dargestellt, dass nach den Erkenntnissen von Steiner der Erzengel Michael im Jahre 1879 wieder die geistige Führung übernommen hat und dass für das gegenwärtige Zeitalter bestimmte Signaturen erkennbar geworden sein können.[76]

C.31 Steiner hat gegen Ende seiner irdischen Wirkenszeit besonders häufig und intensiv über den Erzengel Michael und seine Aufgaben gesprochen und geschrieben. Insbesondere hat er während der Weihnachtstagung 1923/24 die *Freie Hochschule für Geisteswissenschaft* als *Michael-Schule* geschaffen.[77]

C.32 Zwei *Michael-Sätze* von Rudolf Steiner:

«Wir brauchen in der Gegenwart Mut, Mut des Denkens, Mut der Konsequenz; wir haben aber leider nur feige Denker.»

«Im irdischen Rechtsleben soll man das Walten der Erzengel fühlen!»[78]

C.33 Der Erzengel Michael gilt allgemein als *Erzengel der Gerechtigkeit*, als *Erzengel des Gerichts und mit der Waage*, als *Streiter für Gottes Gerechtigkeit, Sieger über das Böse*, als *unerschrockener Kämpfer mit einem tapferen Herzen* – schließlich als *Erzengel der Sonne*.[79]

C.34 Schon in einer alten «gotischen Hymne» auf den Erzengel Michael können wir lesen:

«Als Beherrscher der finsteren dämonischen Scharen
Sollst du als Richter walten
Über den Teufel und seine Engel.»[80]

C.35 In der herrlichen Vortragsreihe «Die Sendung Michaels» (GA 194) erläuterte Rudolf Steiner in der dramatischen Nachkriegszeit November/Dezember 1919 die *Michael-Macht* und die *Michael-Sendung in der Kultur der Gegenwart*. Schon im ersten Vortrag am 21.11.1919 sprach er von der geistigen Macht, die als die Macht des Michael eingreift in das geistige und damit auch in das übrige Geschehen der Erde. Verstehen könne man die Welt eigentlich nur, wenn man sie mit Bezug auf die Dreizahl ins Auge fasse:

> «Es ist dieses menschliche Leben wie ein Waagebalken. [...] Den Waagebalken im Gleichgewicht zu erhalten, das ist das Wesen des Menschen. [...] Wir haben es zu tun im Weltendasein mit dem Luziferischen, das die eine Waagschale, dem Ahrimanischen, das die andere Waagschale darstellt, und dem Gleichgewichtszustande, der uns darstellt den Christus-Impuls.»[81]

C.36 Steiner zeichnete dazu eine Balkenwaage, deren linke Waagschale er «ahrimanisch» und deren rechte Waagschale er «luziferisch» bezeichnete. Damit steht zwischen Ahriman und Luzifer in der Mitte der Waage der Christus-Impuls – und vollendet damit eine Dreizahl.[82]

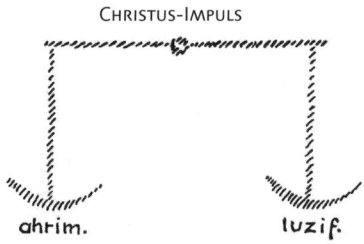

Sieht man weiter den Erzengel Michael als Vorboten und Künder Christi (GA 26,101ff.), so kommt man leicht zu dem bekannten Bild, das in der Kunst über Jahrhunderte begegnet: der Erzengel Michael mit einer Waage, als Ausgleichender, als Gerechtigkeit Bringender – z. B. auf dem herrlichen Gemälde von *Rogier van der Weyden* (1399/1400–1464) im Hôtel-Dieu zu Beaune/Frankreich.[83]

C.37 Im zwölften und letzten Vortrag der eben genannten Reihe «Die Sendung Michaels» spricht Steiner über die Dreigliederung des sozialen Organismus: Dies seien «Gedanken für die Gegenwart und für die nächste Menschheitszukunft». Das war am 15.12.1919 (GA 194,216).

Gute drei Jahre später, am 2.4.1923, musste Steiner freilich über das Schicksal des *Michael-Gedankens* «Dreigliederung des sozialen Organismus» resümieren:

«Nun, die Prüfung hat ein negatives Resultat ergeben. Der Michael-Gedanke ist noch nicht stark genug in auch nur einer kleinen Anzahl von Menschen, um wirklich in seiner ganzen zeitgestaltenden Kraft und Kräftigkeit empfunden zu werden.»[84]

C.38 Wenn *Emil Bock* für das gegenwärtige michaelische Zeitalter eine «Neue Reformation» fordert (Michael, S. 83ff., 87), dann ist eine «Neue Reformation» besonders für das Recht zu fordern, eben mit einer neuen michaelischen Wirksamkeit der geistigen Wesenheit Gerechtigkeit. Das Thema «Recht und Gerechtigkeit» sollten wir im Geiste des Erzengels Michael angehen:

Jede Leserin, jeder Leser ist aufgerufen, selbst mitzudenken, selbst mitzuarbeiten, selbst Gedanken zu entwickeln, weil genau dieses Mittun im gegenwärtigen materialistischen Zeitalter weitgehend erstorben zu sein scheint. Und Michael fordert von jedem von uns Mut zum Denken, Erkenntnismut, Erkenntnisfeuer und Erkenntnisschaffen (oben A.3).

C.39 Dazu mag uns der Erzengel Michael lehren: Das Recht besteht für diese Welt und in dieser Welt. Aber es ist nicht von dieser Welt. Es kommt aus der geistigen Welt. Es ist und sei Ableitung, Abglanz, Schattenbild des geistigen Wesens

«Gerechtigkeit», deren Inspirator, Verwalter und Herr der Erzengel Michael ist. Dies sollte allgemeines Bewusstsein werden.

Die Zerstörungen der letzten hundert Jahre – zwei schreckliche «Welt»-Kriege, unzählige ebenfalls furchtbare «Regional»-Kriege, Entartung ganzer Kulturen, Vernichtung ganzer Völker, eine sehr gegenwärtige Globalisierung eines menschenverachtenden Terrorismus, ein geist-mordender Materialismus und eine weltweite chemische und geistige Umweltvernichtung mit Klimakatastrophe – sollten uns wirklich zu einer «Neuen Reformation», zu einer Rückbesinnung, besser: zu einer evolutorischen Einbürgerung in die Welt des Geistes und der Gerechtigkeit führen. Das erscheint als Sinn des Michael-Geistes auch zum Thema Gerechtigkeit.

C.40 Und konkret mag man als Forderung des Erzengels Michael empfinden:

- Weg von der Überfülle juristischer Dogmen, von den unheimlichen Unmengen von Papieren, Akten, Bibliotheken! Schluss mit der unheimlichen Gesetzesflut, die zur Freude des Widersachers Ahriman die Gerechtigkeit unter sich zu begraben droht!
- Weg auch von luziferischen, himmelhoch-jauchzenden Pseudo-Gerechtigkeits-Gelüsten: «Ich habe Recht!»
- Hin zu einer lebendigen, aus der geistigen Welt empfangenen, von der Mitte, vom Herzen geleiteten Gerechtigkeit: die Waage im Gleichgewicht, geleitet von Michael.

Dies sollte als Leitbild in jedem Herzen leben und zu einem menschenwürdigen Zusammenleben führen.

9. Gerechtigkeit als Tugend und im sozialen Leben

C.41 Steiner zählte wie schon Platon die Gerechtigkeit zu den Tugenden. Er nannte sie sogar an erster Stelle (GA 88,82).

C.42 Im Vortrag am 2.12.1903 erklärte Steiner:

> «Der Mensch muss lernen, Gerechtigkeit bewusst zu üben. Das kann er nur durch Überwinden der astralen Kräfte.»

Steiner nennt die Gerechtigkeit dort auch den «Gegensatz, den entgegengesetzten Pol» zum Kampf ums Dasein (GA 88,85f.).

C.43 Weiter ist festzuhalten und zu folgern:

- Gerechtigkeit lebt im Makrokosmos. Der Saturn hat die höchste moralische Gerechtigkeit des Universums (GA 228,77; auch oben C.27).
- Gerechtigkeit spiegelt sich in der Harmonie des Makrokosmos.[85]
- Der Gang der Weltgeschichte geht nicht nach Gerechtigkeit und Ungerechtigkeit, sondern folgt dem großen Gesetz von Ursache und Wirkung (GA 51,143).
- Gerechtigkeit offenbart sich im Karma der Menschen – Steiner spricht von «Gesetzen» des Karma (GA 34,361).
- Was uns befähigt, Gerechtigkeit und anderes zu erkennen, nehmen wir mit durch die Pforte des Todes (GA 63,176).
- Gerechtigkeit strömt in das irdische Recht der Menschen: Deduktion, Ableitung, Abglanz, Reflex, Widerschein – frei nach Goethes Faust (Zeile 4727), also etwa: «Am Abglanz der Gerechtigkeit haben wir das irdische Rechtsleben.»
- So ist oder sei das irdische Rechtsleben ein fruchtbar-lebendiger Abglanz und Widerschein der Gerechtigkeit!

C.44 Natürlich blieb Steiner nicht bei der Gerechtigkeit als einer Wesenheit der geistigen Welt stehen, sondern sprach mehrfach auch über ihre Wirkungen im sozialen Leben. So wies er wiederholt darauf hin, dass bei der von ihm erklärten Dreigliederung des sozialen Organismus «in allen drei Gliedern Gerechtigkeit, Recht darinnen sein» müsste (GA 329,185). Er sagte auch mehrfach, es werde «in allen drei Gebieten des sozialen Organismus Gerechtigkeit walten, wenn auf dem Rechtsboden, auf dem Boden des emanzipierten Staates die Gerechtigkeit produziert wird.»[86]

C.45 Wenn und da Gerechtigkeit eine geistige Wesenheit ist, die das Rechtsgefühl und das Rechtsbewusstsein und das Ich des Menschen befruchtet, ist sie nicht nur eine Sache der Wissenschaft und Kunst, sondern auch eine Frage der Religion.[87]

C.46 Rudolf Steiner sprach in einem Artikel über die Dreyfus-Affäre von dem Gefühl für eine «einfache, banale Gerechtigkeit», das seinen Zeitgenossen wohl abgehe.[88] «Banale Gerechtigkeit» mag vielleicht als eine Art Zwischenglied zwischen einer höheren Gerechtigkeit als geistiger Wesenheit und irdischem Recht erscheinen – und damit einen natürlichen Übergang zum irdischen «Recht» bilden, das nun anhand der Äußerungen von Steiner zu erörtern ist.

II. Recht

1. DAS RECHT KOMMT AUS JEDER MENSCHENBRUST

C.47 Rudolf Steiner mag manchen, der sich unter «Recht» etwas Formal-Abstrakt-Zementiertes vorstellt, mit der wiederholten Erklärung überraschen, dass das Recht aktuell «aus jeder gesunden Menschenbrust kommt».

Eine solche Überraschung kennzeichnet aber genau das *punctum saliens*, den springenden Punkt: Recht soll eben nichts Statisches sein, sondern Leben, Rhythmus, Dynamik, Herz![89]

C.48 Dazu ein Satz aus dem Jahr 1919:

> «Das Recht ist etwas, was als ein Ursprüngliches, als ein Elementares aus jeder gesunden Menschenbrust kommt.»[90]

C.49 In seinem großen Wiener Vortrag am 11.6.1922, «Die Kernpunkte der sozialen Frage», erklärte Rudolf Steiner:

> «Denn nur das, was aus dem Menschen frei als Individualität quellen kann, gibt ihm ein geistiges Leben, das in der Wahrheit wurzelt; diese Wahrheit kann nur zutage treten, wenn sie aus der Menschenbrust unmittelbar herausfließt. [...] Dann wird das Recht, das unter den Menschen gegründet wird aus einem Verhältnis heraus, wo der Gleiche dem Gleichen gegenübersteht, lebendiges Recht sein.»[91]

C.50 Fruchtbar mag hier auch der Wochenspruch 41 sein (GA 40,43):

> «Der Seele Schaffensmacht
> Sie strebet aus dem Herzensgrunde
> Im Menschenleben Götterkräfte
> Zu rechtem Wirken zu entflammen,
> Sich selber zu gestalten
> In Menschenliebe und im Menschenwerke.»

C.51 Recht kommt aus der Menschenbrust! Daraus ist der Aufruf abzuleiten: Möge das Recht lebendig sein wie das Herz im lebendigen Rhythmus (GA 270 I,60).

Recht aus der Menschenbrust – daraus folgt auch: So wie die Herzaktivität, der Lebensrhythmus mit dem Tod aufhört, so endet mit dem Tod prinzipiell auch die Wirkung der Rechtsordnung. Die Rechtsordnung gilt nur für das irdische Leben, für das Leben zwischen Geburt und Tod.[92]

C.52 Die Lokalisierung des Rechts in der Menschenbrust korrespondiert für den dreigegliederten sozialen Organismus ganz natürlich mit der Zuordnung des Rechtslebens zum rhythmischen, mittleren Glied des sozialen Organismus (D.22; E.27).

2. RECHTSBEWUSSTSEIN

C.53 Steiner spricht häufig von dem Rechtsbewusstsein, das im Menschen lebt:

«Recht, das aus dem Rechtsbewusstsein kommt [...].»
«Dieses Rechtsbewusstsein [...] ist in das Herz eines jeden Menschen gelegt.»
«[...] auf einem ursprünglichen menschlichen Rechtsbewusstsein ruht das Recht.»[93]

C.54 Das Rechtsbewusstsein kann damit als ein wesentlicher, durchaus menschlicher Träger des Rechts erscheinen.[94]

Das natürliche Rechtsbewusstsein eines Menschen wird oft entscheidend bestimmt durch seine Erziehung, durch seine Umwelt, zu der auch die Massenmedien gehören. Besonders aktuell erscheint die Frage nach einer Überlagerung und (Ver-)Formung des Rechtsbewusstseins durch Darbietungen in den öffentlichen Medien, die besonders auf Ätherleib und Astralleib wirken. Ein stundenlanges Darbieten von Verbrechen im Fernsehen und auch die nicht immer der Wirklichkeit entsprechenden Gerichtssendungen formen auch das Rechtsbewusstsein von Millionen Menschen.[95]

3. RECHTSGEFÜHL

C.55 Eine andere Seite der Seele wird durch verschiedene Äußerungen von Steiner über das Rechtsgefühl berührt.

C.56 Für die Entwicklung des Rechtsgefühls ist schon die Erziehung des Kindes wesentlich:

«[...] nur aus dem Autoritätsgefühl des Kindes, das sich während der Schulzeit in verschiedensten Formen auslebt, kann das rechte Rechtsgefühl von Menschengleichheit im späteren Leben erblühen.»[96]

C.57 Im sozialen Leben begegnen sich dann die Menschen mit ihren Rechtsgefühlen (GA 332a,83 – QR 204.12ff.).

C.58   Steiner äußert sich auch zum Gefühl als Begleitung des Rechts:

> «Beim Rechte ist es so, dass das Recht, indem wir es geltend machen, sich sogleich mit Luzifer verbunden zeigt. Sein Recht braucht der Mensch nicht lieben zu lernen, er liebt es, und es ist ganz naturgemäß, dass er sein Recht liebt.»[97]

C.59   Das Rechtsgefühl erscheint bei Steiner auch als Korrektiv. In seinem Flugblatt «Der Weg des ‹dreigliedrigen sozialen Organismus›» (Frühjahr 1919) schrieb er, nur durch die Dreigliederung des sozialen Organismus sei «die wahre Befriedigung echten volkstümlichen Rechtsgefühles [...] möglich» (GA 24,440 – QR 170.9). Tatsächlich kann das Rechtsgefühl der Bevölkerung wirksam Widerstand tragen und zu Umwälzungen führen. Zu erinnern ist an die gewaltfreie mitteldeutsche Revolution 1989 und an die Menschen in der Ukraine, die im Winter 2004/05 mit friedlichen Mitteln eine Despotie überwanden.

C.60   Das Rechtsgefühl der Menschen darf auch nicht dadurch verletzt werden, dass eine Rechtsordnung aus dem Wirtschaftsleben heraus oder mit Rücksicht auf die Wirtschaft gebildet wird (GA 24,235 – QR 223.5).

C.61   Rudolf Steiner spricht auch gelegentlich von einer «Beklemmung in Bezug auf das Rechtsgefühl», bei den Arbeitern wegen des «Sich-Nichtverstehens der modernen Klassen der Menschheit» (GA 330,262 – QR 185.4ff.).

C.62   Auch bei meinem Staatsrechtslehrerkollegen *Reinhold Zippelius* erscheint das Rechtsgefühl als eine Quelle des Rechts – ja, es gibt in der allgemeinen Wissenschaft mehrere Aussagen über das «Rechtsgefühl», oft mit der Frage, inwieweit (persönliches) Rechtsgefühl die Auslegung der sogenannten «unbestimmten Rechtsbegriffe» beeinflusse.[98]

C.63   Die Betonung des Gefühls gegenüber intellektuellen Bemühungen entspricht übrigens neueren Entwicklungen in der allgemeinen Wissenschaft: Danach nämlich entscheidet der Mensch weniger aufgrund intellektuellen Nachdenkens als aufgrund seines Gefühls, «aus dem Bauch heraus».[99]

C.64   In der Gegenwart drängt sich, wie für das Rechtsbewusstsein, die Frage auf: Wie und wodurch wird das Rechtsgefühl in den Menschen geformt? Primär natürlich zunächst durch die Eltern und den häuslichen Umkreis, aber wohl in steigendem Maße durch Einflüsse von außen, auch durch Massenmedien: Manches Kind wird schon im Laufstall vor den «Fernseher» (ab)gestellt, und mancher Erwachsene verbringt später viele Stunden mit Fernsehkonsum. Wie gestaltet diese Formung des Menschen sein Rechtsgefühl? (Dazu D.100ff.)

4. RECHTS-IDEEN

C.65 Mehrere Male sprach Steiner von Rechts-Ideen: «Mit Rechtsideen beschäftigten sich die erleuchtetsten Geister.»[100]

C.66 Hinzuweisen ist hier auch auf die Gedanken des großen Juristen Gustav Radbruch (1878–1949). Für ihn richtet sich der Rechtsbegriff an der «Rechtsidee» aus, «deren erster zentraler Teil die Gerechtigkeit ist».[101]

C.67 Wie so oft weist Steiner auch hier darauf hin, dass nicht innere Ideen ausreichen, sondern dass sich *Rechtsimpulse des Lebens* für das reale Verhältnis zwischen den Menschen bilden und auswirken sollten (GA 192,37, 39).

C.68 Rechts-Ideen entstehen nach dem oben Gesagten aus dem Rechtsgefühl und aus dem Rechtsbewusstsein. Sie wurzeln in der Menschenbrust und werden im Denken, hoffentlich mit Ich-Kraft und «aus Erkenntnis» (weiter-)entwickelt. Die Rechts-Ideen befruchten und impulsieren dann die Rechtswissenschaft und das Rechtsleben. (Zur Notwendigkeit von Inspirationen bei rechtschöpfenden und rechtanwendenden Menschen unten C.115ff.)

Rechts-Ideen, ins Rechtsbewusstsein übergegangene Rechtsgefühle können sich zu Regeln verdichten, zu gesetztem Recht, zu verbindlichen Normen: das, was allgemein als «Recht», als «objektives Recht», verstanden wird – das sind die Gesetze, die verbindlichen Rechts-Normen, die Rechtssatzungen: hier das nächste Thema.

5. RECHTSORDNUNG UND NATURRECHT

a. Staatliche Rechtsordnungen

C.69 Rechtsordnungen gibt es heute in ungezählten Häufungen. Unüberschaubare Komplexe von Verfassungen, Gesetzen, Staatsverträgen und Verordnungen des Bundes und der Bundesländer, Satzungen, Richtlinien, Erwägungen,

Protokollerklärungen im nationalen, im kommunalen, im europarechtlichen und im internationalen Bereich füllen dicke Bände Gesetzesblätter, Loseblatt-sammlungen, Folianten, Internet-Dateien und andere «Konservenbüchsen»[102] des Geistes.

C.70 Rechtsordnung, Rechtssatzung, Gesetz und Rechtsnorm – das sog. objektive Recht – werden auch von Steiner häufig erwähnt: natürlich mit dem Aufruf und Impuls, das Interesse für die Mitmenschen zu erwecken und Fortschritt der Geistespflege anzustreben (GA 24,80, 98).

C.71 Eine Rechtsordnung entsteht – sie besteht – sie gilt – und sie sollte stetig wei-terentwickelt werden: Recht ist nichts Statisches, sondern etwas Dynamisches! Dies entspricht der Erklärung von Steiner, das Recht entstehe in der Men-schenbrust – und das ist ja das Leben: Lebendiges Recht ist das Ziel![103] Daraus folgt: Die Rechtsordnungen müssen regelmäßig durchforstet werden – natür-lich mit entwickelten Fähigkeiten und Tugenden, mit klarem Herz-Denken, Gerechtigkeits- und Gemeinschaftssinn (nicht als politischer Etikettenschwin-del oder Schein- und Ablenkungsmanöver). In der Rechtspolitik, in der Ge-setzgebung ist Vitalisierung angezeigt. In der Rechtspolitik keine Phrasen![104]

C.72 Wiederholt wandte sich Rudolf Steiner gegen die Beherrschung des Rechts und der Rechtsordnung durch die Wirtschaft und plädierte für die Ent-wicklung der Rechtsnormen in unmittelbarer Beziehung zum Geistesleben (GA 24,245). Freilich:

C.73 «Gesetze sind nicht Erkenntnisse. Bei Erkenntnissen müssen wir immer uns der Wirklichkeit gegenüberstellen, und aus der Wirklichkeit heraus müssen wir durch Erkenntnisse den Impuls zu dem bekommen, was wir tun sollen. [...] Bei Gesetzen, wie ist es denn da? Gesetze werden ge-geben, damit das staatlich-politische Leben, das Rechtsleben, bestehen kann. Aber man muss warten, bis einer nötig hat, im Sinne eines Ge-setzes zu handeln, erst dann muss er sich um dieses Gesetz kümmern. Oder man muss warten mit der Anwendung des Gesetzes, bis einer es übertritt. Kurz, es ist immer etwas da, das Gesetz, aber erst für den Fall, der eventuell eintreten kann. Immer ist das Wesen der Eventualität vor-handen, der casus eventualis.»[105]

C.74 «Ahriman möchte überall Gesetze haben [...]. Und wiederum ist das menschliche Gemeinschaftsleben aus dem Hasse des Luzifer gegen die Gesetzmäßigkeit und aus der Sympathie des Ahriman für Gesetzmäßigkeit zusammengewoben [...].»[106]

C.75 Wenn der Widersacher Ahriman viele Gesetze haben will, dann ist an die übergroße Flut von Gesetzesvorschriften zu denken, die seit Jahren über die «zivilisierte» Welt hereinbricht – neben den national-staatlichen Gesetzen seit einigen Jahrzehnten noch hunderte Regulierungs-Vorschriften der EWG/EG. Es besteht die akute Gefahr, dass die Menschen, auch die Fachleute, durch die Masse der Normen die Übersicht verlieren und dass unter dieser Hypertrophie der Gesetzgebung die Gerechtigkeit nicht mehr erkannt werden kann: Wirken von Ahriman?![107]

Dem Musikfreund fällt dazu das störrische Fugenthema «Wir haben ein Gesetz!» ein, das uns in der Johannes-Passion von *Johann Sebastian Bach* entgegenschallt (Nr. 38, Chor).

b. Nicht-staatliche Normen

C.76 Natürlich stehen bei dem Thema Rechtsordnung die *staatlichen* Normen im Vordergrund. Es gibt daneben aus anderen, nicht-staatlichen Quellen weitere hunderte (autonome) Satzungen, Statuten, Richtlinien, Generalanweisungen etc., die für ihre Geltungsbereiche auch «Rechtsordnungen» sind und die in das Leben des einzelnen Menschen oft unmittelbarer eingreifen als Artikel 131 Absatz XXVII eines beliebigen Staatsvertrages. Normgeber sind Industrie- und Handelskammern, Ärzte-, Handwerks- und Rechtsanwaltskammern, Sportvereine, Orchester und Chöre (mit strengen Pünktlichkeitspflichten), Familien und Familienverbände, Adelshäuser, Kirchen, Schulen, Rundfunkanstalten, die sich – oft im Rahmen einer ausdrücklich gewährleisteten Selbstverwaltung – ihre Regeln geben. Auch «Allgemeine Geschäftsbedingungen» sind für die von ihnen erfassten Tatbestände durchaus rechtsverbindliche Ordnungskomplexe. Gewerkschaften und «Arbeitgeber» schaffen eine stringente, nicht-staatliche Rechtsordnung des Tarifrechts.[108] Auch diese Regelwerke sowie darauf gestützte Beschlüsse schaffen täglich tausende rechtlich verbindliche Beziehungen, Rechte und Pflichten.

C.77 So gibt es auch im Geistesleben und im Wirtschaftsleben tausende rechtsverbindliche Normen und Beschlüsse.

Beispiel: In einer Konferenz im Geistesleben sprechen die Kolleginnen und Kollegen in freier Rede über eine bestimmte Frage hin und her, her und hin. Sie kommen schließlich zu einer Entscheidung, zu einem «Beschluss»: Dies ist dann eine neue Kraft, eine neue, auch juristisch relevante Wesenheit. Dies ähnelt – bei aller gebotenen Vorsicht – möglicherweise der «erhöhten Geisteskraft», die bei einem gemeinschaftlichen Gebet entsteht.[109]

Wichtig: Ein solcher Beschluss ist dann für alle rechts-verbindlich und kann auch Sanktionen (Geldbuße, Ausschluss und anderes) nach sich ziehen. Ein solcher Beschluss muss von allen geachtet und ggf. umgesetzt werden.[110]

c. Naturrecht

C.78 Schließlich noch ein Blick auf das sog. «Naturrecht».[111] *Mephisto* in der Maske des Faust spricht vom «Recht, das mit uns geboren ist».[112]

C.79 Steiner hat zum Naturrecht darauf hingewiesen, dass man im Beginne des 19. Jahrhunderts von einem «Naturrecht» gesprochen habe; man sei der Meinung gewesen, der Mensch könne auf seine eigene Wesenheit, seine «Natur», die Aufmerksamkeit lenken, und er müsse dann finden, welche «Rechte» ihm im Leben zukommen.[113]

C.80 Steiner war gegenüber einem Naturrecht kritisch:

> «Ein allgemeines Naturrecht, das für alle Menschen und alle Zeiten gelte, ist ein Unding. Rechtsanschauungen und Sittlichkeitsbegriffe kommen und gehen mit den Völkern, ja sogar mit den Individuen.»[114]

C.81 Dem ist zuzustimmen: Was mit den gelegentlichen Berufungen auf Naturrecht gemeint ist, ist vielleicht eine unbewusste Erinnerung an die geistige Wesenheit Gerechtigkeit. Die freilich soll das Recht formen, sie soll als Impuls fruchtbar sein. Ein «Naturrecht» ist aber keine eigene gültige Rechtsquelle.

6. Rechtsbeziehungen – Rechtsverhältnisse – Rechte und Pflichten

C.82 Aus den Rechtsordnungen und den darauf gestützten Rechtsakten mit ihren entsprechenden Rechtshandlungen oder aus anderen Sachverhalten leiten die Menschen im täglichen Leben tausende Rechtsbeziehungen, Rechtsverhältnisse ab. Es entstehen für die beteiligten Personen subjektive Rechte und Pflichten: den Kaufpreis, den der Verkäufer fordern darf (Recht), hat der Käufer zu leisten (Pflicht); § 433 BGB. Eine alte Rechtsformel besagt: *do ut des* = ich gebe, damit du gibst. Die so entstandenen vielfältigen Beziehungen und Verhältnisse zwischen den Menschen nennt auch Steiner «Rechtsbeziehungen» oder «Rechtsverhältnisse». Beispiel: GA 83,300.

Diese Begriffe sind auch in der allgemeinen Rechtswissenschaft geläufig. Rechtsbeziehungen können auch ohne bewusste Willenserklärungen entstehen, z. B. im Deliktsrecht; dazu unten D.131.

C.83 In der Begriffspaarung «Rechte und Pflichten» wird das Rhythmische des Rechts evident. Steiner äußert dazu wesentliche Gedanken in seinem Vortrag vom 22. 11. 1914, «Die Welt als Ergebnis von Gleichgewichtswirkungen». Dort ist er kritisch auch gegenüber dem allgemeinen, heute noch stärker verbreiteten «Anspruchsdenken» (GA 158,131 – QR 75).

Schon beim Anbahnen eines Vertrages geht es ja oft durchaus rhythmisch «hin und her»: A sucht einen Gegenstand X, findet ihn bei B, spricht mit ihm, in wechselnder Rede, über den Preis, über andere Bedingungen des Geschäfts, bis hin zur Synthese: Einigung mit dem Abschluss des Vertrages. Auch hier ein Dreiklang: Angebot – Annahme – Vertragsschluss.

Übrigens: Auch die «Rechtsbeziehung» zwischen einem Menschen und einer ihm gehörenden Sache (z. B. das Eigentumsrecht an einem Kraftfahrzeug) interessiert nur wegen der (Ausschluss-)Wirkung gegenüber anderen Menschen, also als Rechtsbeziehung zwischen Menschen. Für die «apriorische» Befindlichkeit des Autos an sich ist es nämlich egal, wem es gehört (dazu etwa GA 328,116).

7. Rechtsleben zwischen Geburt und Tod

C.84 Wie erwähnt, spricht Steiner häufig von *Rechtsleben* = Rechts-*Leben,* insbesondere, aber nicht nur für das mittlere Glied des dreigegliederten sozialen Organismus. Signifikant ist, dass Rudolf Steiner mit diesem Ausdruck das «Leben» in den Vordergrund stellt und zu einem Essential des Rechts erklärt: Wir leben im und mit dem Recht, aber auch das Recht soll leben, lebendig sein!

C.85 Recht und Rechtsleben beziehen sich auf das derzeitige irdische Leben, nicht auf frühere oder spätere Inkarnationen. Das Recht gilt ja analog zu einer alten, auf das Detail «Formulare» bezogenen Volksweisheit: «Von der Wiege bis zur Bahre». Ausnahmen bestätigen auch diese Regel: Das Recht kennt den Schutz des *nasciturus* (ungeborene Leibesfrucht) sowie ein Fortwirken des Urheber- und Persönlichkeitsschutzes auf bestimmte Zeiten nach dem Tode.[115]

Anmerkung: Das Geistesleben wird befruchtet aus früheren Leben, das Wirtschaftsleben wirkt in spätere Leben (D.196).

C.86 Fragen des Karma haben deshalb bei juristischen Beurteilungen nichts zu suchen. Dazu hat sich Steiner dezidiert geäußert:

> «Dasjenige, was der Mensch tut, geht zwei Gebiete an: erstens sein Karma. Das richtet schon durch seine Ursächlichkeit von selbst, das geht den anderen Menschen nichts an. [...] Als Zweites geht die menschliche Tat das menschliche Zusammenleben an, und nur von diesem Gesichtspunkte aus ist die Menschentat zu beurteilen. Über den Menschen als solchen zu richten, steht der äußeren gesellschaftlichen Ordnung gar nicht zu.»[116]

C.87 Hieraus folgt klar: Der Richter hat bei seinem irdischen Urteilen die karmischen Verhältnisse der Beteiligten nicht zu berücksichtigen (abgesehen davon, dass er sie mangels Hellsichtigkeit in der Regel nicht kennt). Denn sonst würde es bei einer Mordanklage zu einem Freispruch kommen können, wenn der Richter etwa berücksichtigen würde, dass in einer früheren Inkarnation der Angeklagte vom Opfer getötet worden sei – eine für das irdische Recht absurde Vorstellung. Der Richter hat bei der praktischen Rechtsanwendung nur sicher-irdisch beweisbare Tatsachen dieses Lebens zu beurteilen.

C.88 Freilich: Der Richter kann durch sein Urteil Karma schaffen:

- einmal für die beteiligten Menschen, für den Angeklagten und das Opfer,
- zum anderen etwa für die Beziehungen zwischen einem mehrere Jahre

oder lebenslang Einsitzenden und seiner Familie, seinen Freunden, seiner Nachbarschaft,

- schließlich für sich selbst: Steiner spricht in einem kleinen Artikel vom Juni 1905 über den Schmerz, den man als Richter oder Kritiker anderen zufügt: «Man muss die Sache dann als sein Karma ansehen.»[117]

C.89 Geboten ist dazu ein Blick auf den Strafvollzug und auf andere Erziehungsverhältnisse: Dort nämlich mag versucht werden, auch über Fragen des Karma aufzuklären (unten D.178ff.).

C.90 Einen tragenden Blick in die Zukunft vermittelt Rudolf Steiner:

«Die Beurteilung des Menschen soll nicht dem Richten entsprechen, sondern dem Verständnis; denn zu helfen, und nicht zu richten soll unter allen Umständen die Tendenz sein. Zu helfen, und nicht zu richten!»[118]

III. Zusammenfassende Gedanken

1. GERECHTIGKEIT UND RECHT

C.91 Nimmt man die Äußerungen von Steiner zu Recht und Gerechtigkeit als Gesamtheit wahr, so darf man sagen:

- «Gerechtigkeit» erscheint als eine geistige Wesenheit, und das «Recht» ist von Menschen geschaffene Ordnung für das irdische Leben zwischen Geburt und Tod.
- Diese geistige Wesenheit «Gerechtigkeit» mag das Recht befruchten, sie soll «Quellort» des Rechts sein – und so kann das Recht ein irdischer Abglanz der Gerechtigkeit werden.
- «Stiftung» der Gerechtigkeit und mittelbar auch des Rechts «von oben», «Setzen» des Rechts durch Menschen: *Satzung, Gesetz.*

2. «GERECHTIGKEIT»

C.92 Gerechtigkeit urständet in der devachanischen Welt. Der Erzengel Michael erscheint als geistiger Führer der Gerechtigkeit. Quellen für dieses Verständnis der Gerechtigkeit sind in dieser Arbeit in reichem Maße verzeichnet.

Dazu kann man wohl auch sagen: Die Anerkennung einer Wesenheit «Gerechtigkeit» setzt die in Rechtswissenschaft und Rechtspraxis übliche Normenhierarchie in einer besonderen Art «nach oben» fort: Richtlinie – Verordnung – Gesetz – Staatsverfassung – und darüber die Gerechtigkeit. Nach der allgemeinen juristischen Normenhierarchie hat ja die Verfassung eines Staates höheren Rang und Geltungswert als ein Gesetz, dies wiederum einen höheren Rang als eine Verordnung etc. Deshalb z.B. können Gesetze von einem Verfassungsgericht als «verfassungswidrig» aufgehoben werden, wenn sie sich nicht im Rahmen der Staatsverfassung halten.[119]

C.93 In der Literatur gibt es eine unüberschaubare Fülle von Äußerungen über «Gerechtigkeit». Im Anhang sind einige prägnante Beispiele genannt.[120]

3. WAS VERSTEHT RUDOLF STEINER UNTER «RECHT»?

C.94 Steiner hält von Definitionen, die für Juristen «täglich Brot» sind, nicht viel. Er sagte einmal, man komme dem inneren Wesen einer Sache durch Definitionen meist nicht sehr nahe (GA 152,34). Steiner betont ja auch mehrfach, wie «verworren» das Verständnis von Recht ist (GA 185,132f. – QR 115) – dies immer bezogen auf «seine» Zeit, also auf die letzten Jahrzehnte des 19. und auf das erste Viertel des 20. Jahrhunderts. Niemals sei «eigentlich eine befriedigende Definition des Rechtes herausgekommen» (GA 332a,83 – QR 204.14).

C.95 Des ungeachtet spricht Rudolf Steiner an mehreren Stellen von «Rechtsbegriff», oft im Plural.[121]

C.96 In der Sache kann man feststellen: Bei Steiner erscheint das Recht als ein irdisches, soziales, irdisch-soziales Phänomen, das aus der Menschenbrust und aus dem Rechtsbewusstsein kommt.

Wichtig erscheint der Aufruf Steiners, bei den Gesetzen nicht den irdischen Ursprung zu vergessen: Wer Gesetze als *außermenschliche Gebote, objektive vom Menschlichen unabhängige sittliche Pflichtbegriffe* ansehe, werde bei seinen Handlungen «unfrei» (GA 4,171 – QR 11.46). Das Recht soll von der Gerechtigkeit befruchtet werden, es soll aber nur die äußerlichsten Rechtsverhältnisse ordnen (GA 185,132f. – QR 115). Auf dem «Rechtsgebiet» steht der Mensch dem Menschen gegenüber (GA 199,211f.).

Wenn und da das Recht eine Ausformung der Gerechtigkeit für die Menschen ist, ist dies zugleich ein Aufruf, das Recht menschlich sein und werden zu lassen. Menschliches Recht bedeutet: menschliche Gestaltung und menschliche Anwendung des Rechts! Steiner nennt als Ziel: *Verlebendigung auf dem Gebiet des Rechtswesens!*[122]

C.97 Wichtig: Ziele und Wege für die persönliche, besonders für die innere Entwicklung – «aus Erkenntnis handeln», «Glücklichsein» etc. – gibt nicht die irdische Rechtsordnung vor. Der Mensch soll sie selber in seinem Freiheits- und Entwicklungsstreben formen: *Den letzten Schliff kann nur der Mensch selbst sich geben* (GA 4,170 – QR 11.42). Steiner gibt in der «Philosophie der Freiheit» den Schlüssel für die sonst als Aporie aufscheinenden Fragen der inneren und äußeren Entwicklung des Menschen (dazu C.111; D.151).

C.98 Recht kann und soll Abglanz der Gerechtigkeit sein. Daraus ist zu folgern: Wenn Recht in einem konkreten Fall nicht durch Gerechtigkeit befruchtet wird, gar zu ihr im krassen Gegensatz steht, wird zwar die Rechtsordnung dennoch oft formal als verbindlich behandelt werden und auch in der Praxis zu Urteilen und Verurteilungen führen, sie kann aber dennoch «Unrecht» sein.[123]

Umgekehrt: Eine Handlung kann nach dem formalrechtlichen Gesetzestext als Verbrechen gelten, uns aber nach der höheren Ordnung gerecht erscheinen. Bekannte historische Beispiele sind die Geschehnisse am 20. Juli 1944 (formalgesetzlich: «Mordversuch» an Adolf Hitler und an den ihn Umgebenden) sowie am 9.11.1918 (Ausrufung der Republik als «Hochverrat») – beide Tatkomplexe gelten nach allgemeiner Meinung nicht als «ungerecht», nicht als «Unrecht».[124]

4. Ungerechtigkeit und Unrecht

C.99 Sind «Ungerechtigkeit» und «Unrecht» einfach nur Gegen-Begriffe zu Gerechtigkeit und Recht? Zum «Unrecht» meint Rudolf Steiner, das gehe den gleichen Weg wie das Recht, nur in umgekehrter Richtung:

«Das Unrecht erzeugt ganz bestimmte Vorgänge in der geistigen Welt, Wirkungen, die von uns ausstrahlen, unsichtbar für die äußere Sinnenbeobachtung, aber vorhanden für geistiges Schauen.»[125]

C.100 Der Gedanke an das Ungerechte oder an die Ungerechtigkeit vermag wohl tatsächlich einen ersten, spontanen Eindruck von Gerechtigkeit zu vermitteln. *Martin Kriele* weist zutreffend auf Reaktionen von Kindern hin, die sich «ungerecht» behandelt fühlen (Rechtsphilosophie, S. 13).

In der Tat hat ja das Kind ein sehr gutes Gerechtigkeitsempfinden in seiner kleinen Brust. Das Kind äußert oft sehr klar spontan-richtige Reaktionen auf Ungerechtigkeiten, die die bekannten Grundsätze der *iustitia* verletzen:

- «Der Viktor hat aber mehr gekriegt!» Damit mahnt das Kind an, was wir kunstvoll *iustitia distributiva* nennen.
- «Das hast du mir aber doch versprochen!»: *iustitia commutativa – pacta sunt servanda* (= Verträge sind zu halten)!
- «Der Urban hat die Nina gehaut!» Das spiegelt den Gerechtigkeitsgrundsatz *neminem laedere* (= niemanden verletzen).

... und wie wirkt es auf das Kind, wenn uns nichts Besseres einfällt, als einen Ausbruch seiner Empörung über eine Ungerechtigkeit mit dem Vorwurf abzustrafen: «Du sollst aber nicht petzen!»?

C.101 Und so folgert *Martin Kriele:* «Gerecht ist, Ungerechtigkeiten zu vermeiden, zu überwinden oder wiedergutzumachen.»[126]

Dies führt zu einer Frage zum weiteren Nachdenken: Können wir mit dem irdischen Recht vielleicht gar nicht viel mehr erreichen, als Ungerechtes zu vermeiden, zu überwinden und ggf. wiedergutzumachen? Dies würde ja korrespondieren mit dem Gedanken, dass jeder Mensch seine eigene Entwicklung selbst positiv in die Hand nehmen soll – und das irdische Recht soll ihn nur hindern, äußerlich «vom Wege abzukommen» und anderen zu schaden. Und: «Was du nicht willst, das man dir tu, das füg' auch keinem anderen zu.»[127]

C.102 Unrecht und Ungerechtigkeit in einer historischen, schrecklichen Dimension begegnen uns auch in der Form, die *Fritz von Hippel* in seinem lesenswerten Werk über die Zeit des Nationalsozialismus «Die Perversion von Rechtsordnungen» geschildert hat.[128]

Als «Perversions-Gegenmittel (PGM)» nennt *Fritz von Hippel* «Aufrechterhaltung des Bewusstseins, Brüderlichkeit, Schauen auf Christus, Bereitschaft zu unbestechlichem Denken, Pflege echter Ehrfurcht, Streben nach höherer Erkenntnis, Hilfsbereitschaft, Pflege echter Humanität, Entwicklung und Einsatz echter Jurisprudenz, Anerkennung der Persönlichkeit, Aufrechterhaltung echten unbestechlichen Richtertums, Übung echter Toleranz, Wahrheitsliebe und Wahrheitsmut etc.»

Dieser geisteswissenschaftlich gegründeten Werte bedarf auch unsere Zeit dringend.[129]

C.103 Bevor wir uns der nächsten Frage nach einem *Urphänomen* zuwenden, sei hier eine humorvolle Antwort von Rudolf Steiner auf die Frage zitiert: Was ist der Gegensatz zum «Recht»? Etwa das «Link»? Steiner notierte dazu (NZ 4971): «Eines hohen Parlamentes weises Mitglied / Das richtete an die Regierung / Einen stürmischen Appell: / ‹Wo? Wann? Warum nicht! Weshalb nicht? / Da sitzt einer der klügsten Menschen / Von jeder Universität ganz fern / Der sann nach universitärer Art / Und er – erfand – erfand wirklich / Das Link / Erfand zu dem Recht das Link – / Machet eure Ohren auf, hört!› – / Und die Regierung hörte / Und sie systemisierte / Den Lehrstuhl für Linksphilosophie.»

Dazu aktuell eine (ironische) Frage: Ist etwa auch das heute aus der Computersprache bekannte «Link» (= Verweis auf ein anderes Dokument, besonders im Internet) wegen der bekannten Gefahren des Missbrauchs ungewollt ein Gegenbegriff zum *Recht?*

5. Urphänomen Gerechtigkeit? Urphänomen Recht?

C.104 Steiner spricht in unterschiedlichen Zusammenhängen von einem Urphänomen. Schon in den «Einleitungen zu Goethes naturwissenschaftlichen Schriften» finden wir: «Dieses Urphänomen ist identisch mit dem objektiven Naturgesetz.»[130]

C.105 Der, wenn man so will: goetheanistische Begriff «Urphänomen» tauchte später, 1918, in einem Vortrag der Reihe «Die soziale Grundforderung unserer Zeit» wieder auf. Steiner sprach über die damals gängigen Sozialisierungsbestrebungen, die zuerst in Russland, nun auch in Deutschland aufgetreten seien, aufgebaut auf dem *antisozialsten Instinkt*, dem *Klassenhass*. Verstehen und erklären könne man dies nur durch Geisteswissenschaft (GA 186,175).

C.106 Steiner erklärte dann seinen wohl überraschten Hörern und Lesern, der Mensch schlafe nicht nur, wenn er auf der faulen Haut liege, sondern auch in das sogenannte wache Leben spiele fortwährend die Tendenz des Schlafens hinein. Und so merkten die Menschen auch nicht, dass die sozialistischen Maximen mit dem Versprechen des Paradieses auf Erden «die größten Illusionen» seien.[131]

C.107 Gerechtigkeit erscheint nun bei unseren Erwägungen und Erkenntnissen als ein wirkliches, unabänderliches Phänomen – eben ein Urphänomen, so unerschütterlich wie das von Steiner genannte «objektive Naturgesetz». Dazu gehören ewige Grundelemente der Gerechtigkeit wie Ausgleich, symbolisiert durch die Waage, Gleichberechtigung bei der Beurteilung und bei der Verteilung für alle Menschen, denn jeder ist Gottes Ebenbild (Genesis 1.26ff.). Deshalb ist ein *Urphänomen Gerechtigkeit* zu bejahen.[132]

C.108 Demgegenüber ist das irdische *Recht* unterschiedlich von Volk zu Volk, von Nation zu Nation, von Gemeinde zu Gemeinde usw. Es gibt keine abstrakte Festsetzung des Rechts (GA 83,290f.). Zudem sind die Rechtsordnungen stets in Veränderung, Weiterentwicklung und Anpassung an die wechselnden Verhältnisse begriffen.[133] Angesichts dieser Vielgestaltigkeit und Wandelbarkeit ist die Frage nach einem *Urphänomen Recht* zu verneinen.

6. RECHTSFREIE RÄUME? GERECHTIGKEITSFREIE RÄUME?

C.109 Anthroposophen stellen auch gern die Frage, ob es «rechtsfreie Räume» gebe.[134]

Die Frage, ob es Leben frei vom Diktat rechtlicher Vorschriften gibt, wird hier aus vollem Herzen bejaht. Es wäre einfach schrecklich und ein Zeichen düsterster Diktatur, wenn wir nicht wesentlich in «rechtsfreien Räumen» leben könnten: Wie könnten sonst Ethik, Moral, Anstand, innere Entwicklung des Menschen und der Menschheit (auch im Sinne der «Philosophie der Freiheit») leben, wenn alles dem «Recht» (im Sinne des für diese Arbeit gewählten Verständnisses) und damit der Beurteilung durch Richter unterläge? Die sog. «zwischenmenschlichen Beziehungen», das ganze künstlerische und religiöse Leben, das Privatleben mit all seinen Elementen der Liebe und des Hasses, das Leben am Arbeitsplatz oder beim Spazierengehen: Wer mit wem wann und wo in welcher Kleidung und Laune? All dies sind Lebenselemente, die in freiheitlichen Gesellschaftsordnungen nicht von juristischen Regelungen gegängelt werden dürfen. Und Steiners Kampf gegen den «Einheitsstaat» war ja ein Kampf gegen zu viel staatliche Regelungen (unten D.22).

C.110 Dem kann man nicht entgegenhalten: Auch beim Spazierengehen dürfe man niemanden schlagen, beleidigen oder gar ermorden. Denn ein solcher von Steiner apostrophierter «casus eventualis» (oben C.73) betrifft nicht den Kern der genannten Lebenssachverhalte. Natürlich ist der Schulhof kein «schadensersatzfreier Raum», wie dies jedoch ein Amtsgericht und ihm folgend ein Landgericht judizierten (Allgäuer Zeitung vom 24.3.2006).

C.111 Für Steiner war ganz klar: Entwicklung des Menschen im Rahmen der rechtlichen Grenzen – auf dem Wege der Entwicklung zum freien Menschen hat «das Handeln nach Normen als Entwicklungsstufe seine Berechtigung» (GA 4,170 – QR 4.43).

C.112 Das Wort «rechtsfrei» kommt im Werk von Rudolf Steiner nicht vor. Dies ergab auch die Recherche mit der HDD.

Eine Bestätigung seiner Sicht fand der Verfasser, als bei der Arbeit im Arbeitskreis Füssen-Buching/Allgäu folgende Aussage von Steiner aufschien: «Unzähliges in der Weltgeschichte geht ohne Gesetze. [...] Achtundneunzig Prozent unseres Lebens gehen ohne Gesetze vor sich.»[135]

Quod erat demonstrandum! = Was zu zeigen, zu beweisen war!

C.113 Natürlich gilt Artikel 1 Grundgesetz immer und überall: «Die Würde des Menschen ist unantastbar.» Aber gerade dieser erste Grundsatz unserer Staatsverfassung bestätigt die Notwendigkeit «rechtsfreier Räume», und zwar möglichst zahlreicher und weitreichender «rechtsfreier Räume». Eine staatliche Beschränkung des persönlichen Handelns ist nach unserer Verfassung nur zulässig, wenn sie erkennbar zum Schutz eines der drei Elemente des Art. 2 Abs. 1 GG geboten ist:

- *Rechte anderer:* die Rechtspositionen der Mitmenschen nicht verletzen – das Ich und die Persönlichkeit sowie die Güter des anderen achten!
- *Sittengesetz:* Rücksicht auf gemeinschaftliche Kulturwerte, etwa durch Verbot der Pornographie, unmotivierter Gewaltsendungen etc.
- *Verfassungsmäßige Ordnung.*[136]

C.114 Gibt es «Gerechtigkeitsfreie Räume»?

Gerechtigkeit ist, wie gezeigt, eine Wesenheit, die ewig ist, in der geistigen Welt urständet und von dort ständig in das irdische Leben hineinstrahlt. Schon als Kinder hörten wir: *Gott sieht alles!* Alles, was der Mensch denkt und wie er handelt, ist in der Welt, ist Realität – es formt sein Karma, unterliegt seinem Karma und der allwaltenden Gerechtigkeit.[137] Deshalb ist die Frage nach «gerechtigkeits-freien Räumen» zu verneinen.[138]

7. INSPIRATIONEN DER RECHT-SCHÖPFER UND DER RECHT-ANWENDER DURCH DAS URPHÄNOMEN GERECHTIGKEIT

C.115 Gerechtigkeit ist Urphänomen und geistige Wesenheit. Wenn sie einen Richter, einen Politiker, einen anderen Rechtsanwender oder andere Menschen zu inspirieren vermag, wird das Rechtsleben wohl gerechter. Wer eine solche Inspiration aufzunehmen willens und in der Lage ist, wird uns als ein guter Richter, als ein guter Politiker, als ein guter Rechtsanwalt erscheinen – so wie wir es bei einem guten, «inspirierten» Künstler, Arzt, Priester oder Lehrer empfinden. Wie der Arzt bei einer «wirklichen Medizin» mit Glauben an die Heilkraft arbeitet (GA 93,270), so mag der Richter in einem wirklichen Rechtsleben mit Glauben an die Kraft der Gerechtigkeit handeln und richten. Zu denken ist hier auch an Wendungen von Rudolf Steiner wie sich «nach oben hin den Intuitionen» erschließen «wie nach unten hin den Empfindungen» (GA 9,56 – QR 28), «das Rechtsleben [kann nur] mit intuitiven Vorstellungen [...] begriffen werden» (GA 73,202 – QR 101), aus dem «Innern heraufkraftend» (GA 330,272 – QR 186), «Inspiriertsein von Rechtsideen» (GA 192, 37ff.; auch GA 72,177f., Zitat oben A.8; siehe auch GA 226,100: «Wenn er einfach in sich hineinschaut, kommt der Mensch in der neueren Zeit zum Ich von selbst»).

Dabei sei sogleich angemerkt: Es geht nicht etwa um die Bedingung, dass alle am Rechtsleben beteiligten Menschen hellsichtige Eingeweihte sein müssten. Aber: Wer ernsthaft in sich «hineinhorcht» und das Thema «Gerechtigkeit» bewusst in seinem Ich zum Klingen und Schwingen bringt, wird doch spüren und fühlen und ihm wird bewusst werden, was gerecht oder ungerecht ist. Wenn z.B. ein 55-jähriger Arbeitsloser, der 35 Jahre lang in die Arbeitslosenversicherung eingezahlt hat, weniger «in der Hand hat» als ein Sozialhilfeempfänger ohne eine solche Vorleistung, erscheint dies wohl jedem so fühlenden Menschen als ungerecht und bedarf dringlich eines Willensaktes zur Abänderung dieses Missstandes. Es wäre ja schon gut, wenn alle Menschen im Rechtsleben nach Gerechtigkeit *streben* würden! Hilfreich wäre auch der Wille, die von *Fritz von Hippel* sogenannten «Perversions-Gegenmittel» zu realisieren.[139]

Im Zusammenhang mit *Inspirationen aus der geistigen Welt* eine (vielleicht manchem zunächst trivial erscheinende) Anmerkung: Möglicherweise hat jeder Leser schon die Erfahrung gemacht, dass auch bei Rechtsproblemen das «Überschlafen» weiterhilft: Am Morgen ist ihm die Lösung «eingefallen». Dies ist wohl während des Schlafens eine Befruchtung durch die geistige Welt, aus der geistigen Wesenheit Gerechtigkeit. Dazu etwa GA 130,89: Während des Schlafes empfangen die Menschen Impulse, «Abschattungen aus dem oberen Devachan».[140]

C.116 Besonders wichtig erscheint dieses Hineinwirken der Gerechtigkeit in das Rechtsleben bei *den* Menschen und Institutionen, die die Rechtsordnung schaffen, ändern, weiterentwickeln (sollen), d. h. bei der politischen Arbeit, insbesondere im Vorfeld der Parlamentsarbeit und bei der Parlamentsarbeit selbst, ebenso bei der Arbeit der Regierungen und der Ministerien und natürlich bei den Richtern aller Instanzen: Besonders in diese Aktivitäten sollte das Urphänomen Gerechtigkeit hineinwirken.

Der Bundespräsident und jedes Mitglied der Bundesregierung legen den Eid ab, dass er/sie «Gerechtigkeit gegen jedermann üben werde. So wahr mir Gott helfe!» (Art. 56, 64 GG). Auch Richter schwören, «nur der Wahrheit und Gerechtigkeit zu dienen, so wahr mir Gott helfe» (§ 38 DRiG). Religiöse Beteuerungen sind auch für die Eidesleistungen der Beamten und der Rechtsanwälte normiert (§ 58 BBG; § 58 BRAO). Auch wenn die Eide auch ohne «religiöse Beteuerung» geleistet werden dürfen, mögen diese heute normierten Eidesformeln zeigen, dass auch in der Neuzeit eine Verbindung der Staatsgewalten zu Gott und damit zur geistigen Welt angenommen wird – eine Verbindung, die freilich in der Praxis kräftiger gelebt werden sollte.[141]

Die Griechen hatten und achteten die «Alten», die *gerontes,* die wohl mehr Verbindungen zur geistigen Welt hatten als die noch dem Tagesgeschäft Verhafteten. Frage: Hat die heutige allgemeine Orientierungslosigkeit ihren Grund auch in dem Mangel solcher «Alter», die anerkannt werden? Im Deutschen Bundestag gibt es zwar einen «Ältestenrat». Der aber hat wesentlich Befugnisse nur zur Regelung von Geschäftsordnungsfragen (§ 6 Geschäftsordnung des Deutschen Bundestages).

C.117 In der gegenwärtigen Praxis ist bei Abgeordneten, anderen Politikern und Menschen im Staatsleben von Inspirationen durch geistige Wesenheiten, insbesondere durch das Urphänomen Gerechtigkeit, wenig zu spüren. Stattdessen fühlen sich besonders Politiker aller Couleur einem ständigen Trommelfeuer der Einzelgruppen dieser materialistischen Gesellschaft mit ihren egoistischen Interessen ausgesetzt: sog. «Lobbyismus» in der «pluralistischen Gesellschaft». Und es hat den Anschein, dass nicht wenige Abgeordnete diesen ständigen Pressionen immer weniger ausreichenden Widerstand entgegenzusetzen willens oder in der Lage sind.[142]

Damit einher geht die Erfahrung, dass qualifizierte Menschen sich diesem besonders gearteten Trommelfeuer nicht aussetzen wollen und deshalb zu einem Wirken allgemein nicht bereit sind oder sich enttäuscht aus dem politischen Leben zurückziehen (FAZ 7.2.2007, S. 1). So lassen dann – in fataler Wechselwirkung – im Laufe der Jahre und Jahrzehnte qualifizierte Sachkunde und Leistungskonzentration allgemein nach – mit wiederum fatalen Folgen für die Gesetzgebungsarbeit. Weitere Folge: Der so wichtig-fundamentalen Gesetzgebung fehlt die so wesentliche «Autorität». Der damalige Bundespräsident *Richard von Weizsäcker* hat 1992 der «Politikerschicht» vorgeworfen, sie erliege einer «Machtversessenheit in Bezug auf Wahlkampferfolge».[143]

Anmerkung: Nach dem Zweiten Weltkrieg wurde die Politik in den westlichen Zonen Deutschlands zunächst wesentlich von Menschen bestimmt, die – als Demokraten der Weimarer Republik – in der NS-Zeit von 1933–1945 zwölf Jahre «ausgeschaltet» waren oder die im Kriegsgefangenenlager einander geschworen hatten: «Wenn wir hier herauskommen, bauen wir ein neues Deutschland auf: freiheitlich – demokratisch – gerecht!» Einem solchen bewussten Grundimpuls stehen heute viele Politiker allem Anschein nach durchaus fern. Ausnahmen bestätigen auch hier die Regel; siehe die bedeutenden Ausführungen von *Hildegard Hamm-Brücher* in ihrem Buch «In guter Verfassung?»[144]

C.118 Dass die alltägliche politische Arbeit in den Parlamenten und in deren Umfeld wie skizziert zumeist ohne Inspirationen aus der Gerechtigkeit geschieht und das bekannte mangelhafte Ergebnis zeitigt und dass die Rechtsordnung zumeist ohne derartige Inspirationen geschaffen, geändert oder nicht geändert wird, erscheint sicher auch manchem Betrachter als ein *Krebsschaden unserer Gesellschaft* – so wie Rudolf Steiner im April 1914 von einem «Kulturkarzinom» für den Fall gesprochen hat, dass sich an der (schon damals herrschenden) materialistischen Situation und Einstellung nichts ändern würde (oben A.7).

C.119 Vermutlich spüren die Menschen in unserem Land – bewusst oder unbewusst – diese tiefe Orientierungslosigkeit der Politik und werden «politikverdrossen». Auch der Präsident des Bundesverfassungsgerichts, *Prof. Dr. Hans-Jürgen Papier*, musste in seinem Interview mit dem Deutschlandfunk Ende 2006 konstatieren, dass die «Politikverdrossenheit» eher zu- als abnehme (www.tagesschau.de vom 17.12.2006). «Politikverdrossenheit» war das «Wort des Jahres» 1992. Dies kommentiert *Trutz Graf Kerssenbrock* mit der Bemerkung: «Das Ansehen der Parteipolitik ist so schlecht, dass dies zu einer langfristigen Gefahr für die repräsentative Demokratie zu werden droht, weil es eines Tages keine repräsentativen Demokraten mehr gibt.»[145]

C.120 Dies alles kann nur bedeuten: Auch hier ist eine Wende geboten!

- Die Gerechtigkeit muss auch in der praktischen Gesetzgebungsarbeit ein wirksamer und fruchtbarer Quellort für die Rechtsordnung sein.
- Auch alle anderen Menschen haben sich im Rechtsleben am Urphänomen Gerechtigkeit auszurichten.
- Wesentlich ist dabei das ernsthafte Streben nach Gerechtigkeit – auch wenn der eine aus der Gerechtigkeit andere konkrete Schlüsse ableitet als der andere (auch E.14).
- So entstehe lebendig-gerechte Rechtskultur, zu der auch eine gepflegte Streitkultur gehört!

8. Schlussgedanken

C.121 Wir sahen: «Gerechtigkeit» erscheint als eine geistige Wesenheit, und das «Recht» ist menschliche Ordnung im irdischen Leben zwischen Geburt und Tod. Die geistige Wesenheit «Gerechtigkeit» mag das Recht befruchten, sie mag «Quellort» des Rechts sein – und so kann das Recht ein irdischer Abglanz der Gerechtigkeit werden und sein.

C.122 Natürlich stellt sich dazu die Frage: Wer beurteilt, was gerecht ist? Die Menschen? Die Erzengel, vor allem Michael? Oder ...?

Die Antwort vermag nach unserer Einsicht nicht einheitlich auszufallen. Vielmehr sind wohl zu unterscheiden eine «höhere» und eine «niedere Gerechtigkeit»:

- «höhere Gerechtigkeit», die die Erzengel «verwalten» und entscheiden: Diese Aufgabe hat zuvorderst der Erzengel Michael. Ihm eignet die Waage, um Schicksale und Taten zu wägen; er hat das Schwert, sie zu richten. Diese Aufgabe erfüllt Michael zusammen mit den anderen Erzengeln, besonders mit Uriel, der das Karma der Menschen in der Gesamtheit von einer höheren Warte aus in einer Überschau im Blick hat, und

- «niedere Gerechtigkeit», vielleicht die «banale Gerechtigkeit», die auch Menschen, je nach ihrem Einsichtsvermögen, wahrnehmen und entscheiden können: am besten mit einem entsprechenden Organ. Siehe dazu den Aphorismus von Goethe:

«Wär nicht das Auge sonnenhaft,
Die Sonne könnt' es nie erblicken;
Läg' nicht in uns des Gottes eigne Kraft,
Wie könnt' uns Göttliches entzücken?»[146]

Anmerkung: Vorsicht ist geboten, wenn irgendwer durch eine Handlung «Gerechtigkeit üben» will – es kann sich dabei auch um puren Egoismus handeln. Wählten Kleists *Michael Kohlhaas* und *Karl Moor* in Schillers «Die Räuber» (immer?) den richtigen Weg und das richtige Mittel?[147]

C.123 Als ein wesentlicher Teil der höheren Gerechtigkeit wurde das *Karma* erkannt. Der Mensch schafft täglich Karma, erfüllt Karma – bewusst oder unbewusst. Dies geschieht durch vielfältige Handlungen und durch vielerlei Gedanken.

C.124 Bei der irdisch-juristischen Beurteilung sind Aspekte des Karmas nicht zu berücksichtigen. Der juristische Maßstab ist karma-neutral. Wenn z.B. der A sein Karma gegenüber B mit einer rechtswidrigen Verletzungshandlung zu formen oder zu erfüllen unternimmt, dann darf und kann der Richter dies bei der juristischen Beurteilung nicht berücksichtigen.[148]

C.125 Die Rechtsordnung bietet freilich andererseits eine Fülle von äußeren Mitteln, die – zusätzlich zu dem irdischen Rechtserfolg – genau diese karmische Entwicklung formen und Karma schaffen können, z.B.

- (unbegründete) Strafanzeigen oder zivilgerichtliche Klagen des A gegen den ihm verhassten B;

- Vertragsschlüsse, auch schon Vertragsangebote können besondere karmische Beziehungen schaffen – man denke nur an den so weittragenden Vertrag «Eheschließung»;
- testamentarische Verfügungen: Die Einsetzung von Erben ebenso wie die Enterbung eines Sohnes oder einer Tochter können karmisch von Bedeutung sein;
- Kündigungen, sei es einer Wohnung oder eines Arbeitsverhältnisses, beenden nicht nur ein Rechtsverhältnis, sondern können auch Karma schaffen.
- Auch eine Mega-Fusion zweier Großunternehmen oder der Verkauf einer ganzen Betriebssparte mit Betrieben und tausenden Mitarbeitern schweben nicht etwa in einem karmisch-luftleeren Raum; denn auch dieser vordergründig wirtschaftlich-kalt-organisatorische Rechtsakt kann für tausende Menschen Karma bilden: für die betroffenen Menschen und für die handelnden Manager.

C.126 Gerechtigkeit walten zu lassen ist Aufgabe der Erzengel, vor allem des Erzengels Michael. Er ist Künder Christi, auch im Übergang von der Gerechtigkeit zu Liebe und Gnade. Betrachtet man Michael als Vorboten Christi, so mag die Frage auftauchen, ob die Gerechtigkeit in einer über die devachanische Welt hinausgehenden Sphäre, etwa bei der Trinität, urstände. Dazu seien folgende Gedanken gewagt:

- Gerechtigkeit ist ihrem Grundverständnis nach Ausgleich, Verhindern und Vermeiden von Ungerechtigkeiten.
- Christus brachte die Liebe, die Gnade: Die Liebe, ebenso die Gnade, kann mehr geben als die Gerechtigkeit. Christus vermag also mehr zu geben als Gerechtigkeit.[149]

C.127 Steiner bezeichnete Christus mehrfach als «Herrn des Karma». Christus kann das Karma lenken und auch abändern, aus Liebe oder Gnade.[150]

C.128 «Durchchristung des Rechtslebens» kann konkret-praktisch bedeuten, dass der Mensch nicht bei jeder Gelegenheit auf sein tatsächliches oder vermeintliches Recht pocht, dass er beim anderen Menschen nicht immer jeden «Splitter im Auge» sieht (Mt. 7.3) und deshalb einen Prozess beginnt, sondern dass er dem anderen auch Verständnis entgegenbringt und auch einmal verzeiht.[151]

Der Mensch sollte beim Entstehen einer Differenz mit einem Mitmenschen überlegen, ob er sich immer gleich zum Richter über den anderen aufschwingen, ob er gleich nach dem Kadi oder gar «nach dem Gesetzgeber schreien» sollte. Und der irdische Richter sollte auch nicht nur nach dem vermeintlichen Buchstaben des Gesetzes, sondern auch nach menschlichen, christlichen Werten urteilen.

C.129 Vollendete Rechtsschöpfung und Rechtsanwendung geschähen wohl, wenn der Mensch sagen könnte:

«Nicht ich, der Christus in mir.»

«Das durchchristete Gemüt entreißt Luzifer dasjenige, was sonst luziferisch im physischen Dasein des Menschen wirkt.»[152]

... «wie wir vergeben unseren Schuldigern»: das ist Christentum.[153]

C.130 In der großen Vortragsreihe «Die Apokalypse des Johannes» spricht Rudolf Steiner «von dem großen Liebe-Prinzip des Christus, das die Iche zusammenführt, das aus den Menschen Gemeinschaften macht.»[154]

Könnte nicht öfter ein Beleidigungsprozess oder ein anderes Strafverfahren damit enden, dass der Angeklagte etwa nach einer (geisteswissenschaftlichen) Aufklärung durch den Richter oder Schlichter seine Handlung ernsthaft bereut und der betroffene Nebenkläger ihm verzeiht? Wenn in unserem materialistischen Zeitalter dazu eine Geldbuße an das Rote Kreuz oder an eine andere gemeinnützige Organisation notwendig erscheint, würde dies den Gesamtcharakter eines solchen guten Prozess-Endes nicht treffen und umkehren.

C.131 Ergreifend und zukunft-verpflichtend rief uns Rudolf Steiner am 22.11.1920 zu:

«Der Zustand muss eintreten, wo die Menschen es nicht nötig haben werden, in objektiven Verfassungen niederzulegen dasjenige, was zwischen Menschen sich abspielt, sondern wo in dem lebendigen Wechselverkehr unter gleichen Menschen das Recht sich auch als ein Lebendiges erweist. [...] Das Recht kann nur dadurch etwas Lebendiges werden, dass der Christus-Geist die Menschen durchdringt.»[155]

Ob und wann und wie wir dieses hohe Ziel erreichen, steht im Wortsinn «in den Sternen». Wesentlich ist, dass wir mit allen Kräften und mit vollem Herzen danach streben, Recht im Lichte der Wesenheit Gerechtigkeit zu üben.

«Wer immer strebend sich bemüht, den können wir erlösen!»[156]

Und die in Goethes Faust folgenden Zeilen mögen auch für unsere Zukunft den nächsten Schritt weisen:

«Und hat an ihm die Liebe gar
Von oben teilgenommen,
Begegnet ihm die selige Schar
Mit herzlichem Willkommen.»

D. Folgerungen und Gedanken für die einzelnen Rechtsgebiete

I. Einleitende Bemerkungen

D.1 Im folgenden Abschnitt sollen Gedanken und möglichst konkrete Folgerungen zu einzelnen aktuellen Rechtsgebieten erarbeitet werden. Dabei liegt manche Gedankenfolge auf der Hand. Für die strafrechtliche Beurteilung einer Affekthandlung z.B. bestätigt und verfeinert die geisteswissenschaftliche Lehre über die Wesensglieder und über die Seelenkräfte des Menschen den Befund: Eine Affekt-Handlung läuft aufgrund erregter Astralität ab, gewissermaßen aus dem Astralleib heraus, ohne eine bewusste Ich-Führung – eine Willens-Tat ohne Denken. Sie ist also das Gegenteil des in der «Philosophie der Freiheit» als Ziel genannten *Handelns aus Erkenntnis*. Wie ist sie rechtlich zu beurteilen? Wohl oft anders als eine lange geplante, überlegte, bewusste Straftat (D.154ff.).

Manches wird kritisch zu erörtern sein, z.B. die von Steiner vorgeschlagene Wahl des Richters durch die Betroffenen (D.69, 171f.).

Manche Erörterung kann im hier gewählten Rahmen nur mit einer Frage und/oder mit Anregungen für künftige Forschungen enden, z.B.:

- Wie ist die Unterwerfung eines Menschen unter eine bestimmte staatliche Rechtsordnung zu erklären (D.25)?
- Ist die nach Art. 1 GG unantastbare Menschenwürde als das höhere Ich, als die ewige Individualität des Menschen zu verstehen (D.38f.)?
- Gibt es Veränderungen des allgemeinen und des individuellen Rechtsgefühls und/oder Rechtsbewusstseins durch häufigen und ausgedehnten Fernsehkonsum (D.100ff.)?
- Wie sind die vielfältigen Fragen der (Entscheidungs-)Freiheit zu beantworten (D.151ff.)?
- Wo hat ein menschengemäßer Strafvollzug anzusetzen, worauf hat er sich zu richten? (Dazu unten D.178.)

D.2 Auch die Reihenfolge der Themen war nicht leicht zu entscheiden. So könnte es zum Beispiel naheliegen, die hier folgenden Gedankenketten mit der «Rechtsausbildung» zu beginnen, weil dort Qualitäten und Mängel des Rechtslebens eine wesentliche Wurzel haben können. Ein solcher Anfang hätte aber den Blick auf die *Berufs*-Juristen verengt und damit verdeckt, dass das Recht, wie das tägliche Leben und auch dieses Buch zeigen, Sache *aller* Menschen ist.

II. Der Mensch als Mittelpunkt des Rechts in Gesellschaft und Staat

1. DAS MENSCHLICHE INDIVIDUUM

D.3 «Das menschliche Individuum ist Quell aller Sittlichkeit und Mittelpunkt des Erdenlebens. Der Staat, die Gesellschaft sind nur da, weil sie sich als notwendige Folge des Individuallebens ergeben.»[157]

D.4 Aufgrund dieser und anderer Äußerungen von Steiner erscheint als unser aller Aufgabe:

- Beim Schaffen und beim Anwenden von Recht ist der Grundgedanke zu realisieren: Recht um des Menschen willen! Der Staat soll für den Menschen da sein – nicht umgekehrt.
- Das Recht soll menschlich und lebendig sein!
- Das Recht soll den Menschen helfen, ihr Leben frei zu gestalten.
- Voraussetzung hierfür sind besonders bei Juristen und Politikern Menschenkenntnis und Lebenserfahrung. Deshalb sind in der Rechtsausbildung praktische Lebens-Elemente so reichhaltig wie möglich zu vermitteln.

D.5 Es muss durchgängig der Wille herrschen, bei der Entwicklung des Rechts (Rechtswissenschaft und Rechtspolitik) sowie bei der Anwendung des Rechts (Rechtsprechung und Verwaltung)

- den Menschen zu helfen, ihre Interessengegensätze (id quod interest = das, was unterschiedlich ist) selbst bewusst zu bereinigen (Mediation ist ein richtiger Weg; dazu D.69),

- ihnen ein harmonisch-menschliches Zusammenleben als «mündige Bürger» in Freiheit zu ermöglichen und
- sie nicht unter der Knute unsinnig-übertriebener Vorschriften und Entscheidungen leben zu lassen,
- damit sie sich selbst und die Grundsätze der «Philosophie der Freiheit» verwirklichen und damit sie aus *Erkenntnis handeln* können: «[...] den letzten Schliff kann nur der Mensch selbst sich geben!»[158]

D.6 Sieht man das Recht und die Aufgabe des Rechtes so, dann erscheint ganz natürlich und plausibel, dass und weshalb Steiner die Rechtswissenschaft und die Rechtsanwendung zum *Geistesleben* rechnet: Ziel ist die Freiheit für den Rechtswissenschaftler und für den Rechtsanwender, um Freiheit und Weiterentwicklung für die Betroffenen zu ermöglichen. Ein Kernsatz von Rudolf Steiner:

> «*Leben* in der Liebe zum Handeln und *Lebenlassen* im Verständnisse des fremden Wollens ist die Grundmaxime der *freien Menschen.*»[159]

Aufgabe des Rechts ist es, Freiräume für ein «Leben in der Liebe zum Handeln» zu schaffen oder zu belassen. Dies bedeutet zugleich, weniger gesetztes Recht zu schaffen und formales Recht zurückzudrängen.

Und für den Recht anwendenden Juristen gilt besonders: «Verständnis des fremden Wollens!» Der Richter soll nicht darüber räsonieren: Was hätte ich an Stelle des Angeklagten getan? Sondern er soll erforschen, wie der Angeklagte zu der Straftat gekommen ist – und so sehen ja die meisten Richter ihre Aufgabe.

D.7 Dem Zielgedanken, Menschen Freiräume zu erhalten oder zu schaffen, kann man im politischen Leben als liberalem Grundverständnis begegnen, das ja erfreulicherweise nicht ganz wenige Menschen auf ihr Panier geschrieben haben.

Freilich: Was ist von der liberalen Grundsubstanz der *Freiherren Karl vom Stein, Karl August von Hardenberg* und *Wilhelm von Humboldt* oder der Politiker des 20. Jahrhunderts *Friedrich Naumann, Hugo Preuß, Theodor Heuß, Thomas Dehler, Hans-Dietrich Genscher* und *Hildegard Hamm-Brücher* heute geblieben?[160]

D.8 Die Juristen und die Politiker sollten künftig mehr den Menschen, das Menschliche, die persönlich-individuellen Verhältnisse berücksichtigen. Hierzu gibt es in unserer Rechtsordnung schon positive Entwicklungen und Erscheinungen: Die Fixierung der *persönlichen Schuld* als Basis für eine Bestrafung sowie die vom Gesetzgeber eingeführte Verurteilung zu «Tagessätzen» lassen ja gezielt die individuellen Verhältnisse der Verurteilten berücksichtigen. Auch im täglichen Zivilrechtsleben geschieht schon viel Positives: Bei der Anwendung von Generalklauseln werden der gute Rechtsberater und der gute Richter natürlich die individuellen Verhältnisse berücksichtigen.[161]

Bei jeder Rechtsanwendung sollte sich jeder fragen: Was ist für die betroffenen Menschen das Beste im Sinne der Freiheit und der Weiterentwicklung des Menschen? ... und er sollte im Rahmen des Möglichen so entscheiden!

D.9 Natürlich ist eine immanente Grenze zu beachten: Gesetz und Recht gelten «allgemein». Grundlage und Aufgabe des Rechts ist gerade die gleiche Beurteilung aller, die Gleichberechtigung. Auch die Rechtssicherheit ist ein Grundpfeiler unseres Rechts.

Mit Gleichberechtigung ist aber eben nicht Gleichmacherei gemeint, nicht formale, arithmetische Gleichheit, sondern gleicher Maßstab für die lebendige Beurteilung durchaus unterschiedlicher Lebenssachverhalte. Das ist, wie das Alltagsleben zeigt, eine außerordentlich schwierige Balance: Aber bei dieser Balance soll das Menschliche ein wesentliches Gewicht haben.

D.10 Wichtig: Menschlicher kann das (Rechts-)Leben nicht nur von den Juristen, sondern von allen Menschen gestaltet werden. Manchmal hilft schon das Verständnis für den Standpunkt des anderen (und bringt zudem oft auch unter egoistischen Gesichtspunkten Vorteile ...).

Beispiel: Wenn mein Nachbar einen Quergiebel an sein Haus anbauen will, geschieht dies vielleicht doch nicht nur, um mich zu ärgern, sondern weil er für seine bettlägerige Frau ein sonnigeres Zimmer schaffen will. Andererseits: Wenn eine Gewerkschaft ihren mechanisch-routiniert eingeleiteten Arbeitskampf-Ritus «durchzieht» und dabei auch nur die «Erörterung» einer künftigen Tarif-Regelung «kategorisch» ablehnt – ohne Rücksicht auf die zehntausenden Menschen, deren Müll wochenlang liegen bleibt oder deren Operationen im Krankenhaus verschoben werden müssen – dann fehlt eben Menschlichkeit.[162]

D.11 Das Rechtsleben «menschlicher» gestalten bedeutet auch:

- Weniger Dogmatik!
- Weniger Egoismen!
- Weniger Prinzipienreiterei und weniger Rechthaberei!
- Weniger Bücher und Akten!

Das bedeutet: Weniger Ahriman und Luzifer! Eine Gesetzesflut, wie sie bei uns zu beobachten ist, hilft dem Widersacher Ahriman, für das praktische Rechtsleben die Gerechtigkeit zu verschütten (C.75, D.54).

D.12 Im Rechtsleben fehlt oft auch eine menschengemäße, verständliche *Sprache*. Schon Steiner hat ja einen nicht nur im Staatsleben weit verbreiteten Gebrauch von «Phrasen» angeprangert: «Und von der Phrase zur Lüge führt ein gerader Weg.»[163]

Bekannt, berüchtigt und immer wieder für einen Sketch gut ist ja die Sprache der Juristen, das sogenannte «Juristendeutsch». In fast jedem gehobenen kritischen Gespräch über Juristerei wird auf «unmögliche» Formulierungen hingewiesen – einige Beispiele im Anhang.[164]

An den Klagen über die Sprache der Juristen ist manches berechtigt – auch wenn es heute mit dem «Juristendeutsch» nicht mehr so schlimm ist wie vor hundert Jahren (und auch wenn andere Berufszweige ihre Sprachauffälligkeiten haben – zu denken ist nur an das Abkürzungs-Chinesisch einiger Behörden). Der normale Jurist des 21. Jahrhunderts spricht nicht mehr so geschraubt, so gestelzt, so abstrakt wie seine Urgroßväter im Amt. In der juristischen Literatur gibt es heute vorzügliche Artikel über die Sprache.[165]

Auch sollte jeder im Rechtsleben gewisse Grundsätze der Grammatik beachten. Es ist auch ein sachlicher Unterschied, ob in einem Bericht steht: «J erklärte, er wäre an der Bar vorbeigegangen ...» oder «... er sei ...». Zu vermeiden sind auch Sprach-Schludereien wie «negative Vereinigungsfreiheit»: Gemeint ist doch mit einem solchen Fehl-Wort nicht eine «negative Freiheit», nicht ein Mangel an Freiheit, sondern eine Freiheit, etwas nicht unter Zwang tun zu müssen – hier die Freiheit gegenüber Zwangsmitgliedschaften: Und das ist eine durchaus positive Freiheit.

Wir alle sollten uns verpflichtet fühlen, auch im täglichen (Rechts-) Leben die Sprache lebendig zu gestalten und mehr lebendige Wörter zu wählen. Weniger Fremdwörter, weniger leblose Hauptwörter, weniger Genitive aneinanderreihen! Eine positive Sprach- und Stil-Entwicklung würde und könnte das Recht ansprechender und damit *menschlicher* machen. Und so mag an dieser Stelle wieder der Aufruf stehen, auch in juristischen Beiträgen, Schriftsätzen, Urteilen, Gesetzestexten so zu schreiben und bei Gericht so zu sprechen, dass jeder Mensch, den es angeht, den Text versteht und dass es nicht nur eine Qual ist, den Text zu lesen oder zu hören. Die Rednerkurse von Rudolf Steiner vermögen heute noch anregende Impulse zu geben.[166]

Der Gerechtigkeit halber sei angemerkt, dass es nicht wenige Juristen mit einer hohen Sprachbegabung gibt, die wortgewaltig und oft mit einem Schuss Weltenhumor ihre Gedankenfülle auszubreiten vermögen.[167]

2. DER MENSCH IN GESELLSCHAFT UND STAAT

D.13 Wie auch schon in den Ausführungen über das menschliche Individuum aufschien, lebt der Mensch regelmäßig im Umfeld zahlreicher Mitmenschen, in einer Gesellschaft, die in durchaus unterschiedliche makro-, meso- und mikrosoziale Gruppierungen gegliedert ist.[168]

Für Steiner sind diese sozialen Beziehungen zu einem seiner Hauptthemen geworden. Zahllose Vorträge und elementare Teile seiner Schriften beziehen sich auf das Zusammenleben der Menschen und auf die daraus entstehende «soziale Frage». Steiner hat uns schon vor hundert Jahren ein *soziologisches Grundgesetz* und ein *Soziales Hauptgesetz* gegeben und später in ungezählten Vorträgen und Schriften Lösungen gewiesen. Er hat hundertfach darauf hingewiesen:

«Das Geistige ist das Wichtigste bei der sozialen Frage in der Gegenwart.»[169]

D.14 Aus dem Werk von Rudolf Steiner folgt auch der Ruf:

- Mehr Toleranz!
- Mehr Freiheit! Mehr freies Geistesleben!
- Mehr Brüderlichkeit!

Wie aktuell dieser Aufruf «Mehr Brüderlichkeit!» auch heute ist, zeigt das nachdenkenswerte Buch «Brüderlichkeit» von *Jacques Attali* – mit der erschütternden Feststellung von *Gerald Häfner*: «Brüderlichkeit ist nicht in Mode.»[170] Voraussetzung für Brüderlichkeit ist natürlich, dass der Mensch den anderen Menschen überhaupt wahrnimmt. Und genau hieran mangelt es heute in unseren zwischenmenschlichen Beziehungen und in unserer Gesellschaft sehr oft.[171]

3. Freiheit! Gleichheit! Brüderlichkeit!

D.15 Dieser Dreier-Grundimpuls, durch die Französische Revolution allgemein bekannt, ist für die Grundfragen der zwischenmenschlichen Ordnung, der Gesellschaft, der Gemeinschaft, bedeutsam und fruchtbar. Seit über 200 Jahren ist er ein kraftvoller Aufruf für den sozialen Organismus mit den historischen Marksteinen 1789 – 1848 – 1918 – 1949 – 1989.[172]

D.16 Lässt man nun

- die Trias Freiheit – Gleichheit – Brüderlichkeit und
- die Trias Mensch – Staat – Gesellschaft

organisch aufeinander wirken, so gewinnt man intuitiv eine bemerkenswert sinnreiche Zuordnung und Interpretation:

- Freiheit für den Menschen!
- Gleichheit durch den Staat!
- Brüderlichkeit in der Gesellschaft!

Das heißt:

- Die Freiheit ist dem Menschen zugeordnet: Die «Philosophie der Freiheit» von Steiner ist hierfür das glänzendste Zeugnis.
- Ein Zusammenleben in der Gesellschaft ist nur im Gedanken der Brüderlichkeit gedeihlich möglich: Sonst geschieht allgemein Mord und Totschlag.
- Und der Staat hat für Gleichheit im Recht, das heißt für Gleichberechtigung zu sorgen: Das ist seine Aufgabe und seine Daseinsberechtigung.

D.17 Steiner hat in zahlreichen Vorträgen auf diese Dreier-Devise der Französischen Revolution hingewiesen. Im 19. Jahrhundert hätten kluge Leute gesagt, dass und warum dieser Dreispruch widersinnig erscheine: Weder Freiheit und Gleichheit vertrügen sich in Reinkultur miteinander noch Gleichheit und Brüderlichkeit – und Brüderlichkeit und Freiheit schon gar nicht. Die drei Devisen hätten aber, so Steiner, sehr wohl ihren Sinn; denn jede einzelne beziehe sich, recht verstanden, auf eines der Glieder in einem sozialen Organismus, der sachgerecht dreigegliedert sei:

- Für das Geistesleben gelte die Devise Freiheit,
- für das Staats- und Rechtsleben die Devise Gleichheit und
- für das Wirtschaftsleben die Devise Brüderlichkeit.[173]

D.18 In der Tat löst diese Interpretation die von Steiner genannten Verständnisfragen:

- Im *Geistesleben* geht es in erster Linie nicht um Gleichheit und auch nicht primär um Brüderlichkeit: Der Künstler, der Wissenschaftler, auch der Rechtswissenschaftler, der Lehrer, der Priester muss individuell frei schaffen können, ohne an gleichmacherische Regeln oder an ein Kollektiv gebunden zu sein. Kunst, Wissenschaft und Religion können nur in einem freien Geistesleben gedeihen, unabhängig von Staat und Wirtschaft.
- Die Beziehung zwischen *Wirtschaftsleben* und Brüderlichkeit mag zunächst erstaunen, wenn man an mörderische Konkurrenzkämpfe, an «feindliche Übernahmen» und andere Untaten des Wirtschaftslebens denkt. Steiner hat dennoch Recht: «Vertrag» hängt zusammen mit «vertragen» – und ohne Miteinander-Vertragen und Vertrauen kann kein Wirtschaftsleben sein.
- ... und das *Staats- und Rechtsleben* ist definitionsgemäß von Gleichheit, Gleichberechtigung bestimmt.

D.19 *Prof. Dr. Fritz von Hippel* erklärte schon 1972 zu dieser Interpretation: «Steiners Deutung bedarf – nach einem heute noch ausstehenden, selbstlos-gründlichen Studium des von ihm selber bereits Vorgebrachten – von wissenschaftlich-theoretischer wie von fachkundig-praktischer Seite einer Überprüfung, Durchdenkung und hypothetischen Konkretisierung nach vielen Richtungen hin, würde aber im Falle ihrer Bestätigung von elementarer Schlüsselbedeutung für unser Denken und Handeln werden.»[174]

D.20 Auch wenn die Dreigliederung des sozialen Organismus in den gegenwärtigen Gesellschaftsordnungen zurzeit nicht konsequent realisiert erscheint: Die Impulse der drei Devisen für die drei Gebiete

- Geistesleben: Freiheit!
- Rechts- und Staatsleben: Gleichheit!
- Wirtschaftsleben: Brüderlichkeit!

können heute und morgen konkret fruchtbar sein. Dies mögen auch die Erörterungen zu Staatsleben, Geistesleben und Wirtschaftsleben in diesem Abschnitt zeigen (D.24ff., 74ff., 182ff.).

D.21 Dabei gibt es natürlich wechselseitige Einflüsse und Grenzüberschreitungen. So werden zum Beispiel in Lebensbereichen, die primär dem Geistesleben oder dem Wirtschaftsleben zuzuordnen sind, nach freien Gesprächen und in Konferenzen täglich Beschlüsse gefasst: Dies ist seinem Charakter nach Rechtsleben – und deshalb gelten dann die Prinzipien der Gleichberechtigung auch im Sinne gleichmäßiger Verpflichtung aller Beteiligten. Und wenn andererseits im Staatsleben der Parlamentsabgeordnete eine Rede hält, hat er eben die Freiheit der Rede und der Meinungsäußerung auf seiner Seite.

III. Recht und «Dreigliederung des sozialen Organismus»

1. DREIGLIEDERUNG DES SOZIALEN ORGANISMUS

D.22 Einer der bekanntesten Impulse Steiners besteht darin, den sozialen Organismus als drei Glieder zu erfassen:

- *Geistesleben:* Steiner zählt zum Geistesleben insbesondere Kultur, Kunst, Wissenschaft, Religion, Schule, Universität mit Rechtswissenschaft, Rechtsausbildung und – dies mag manchen überraschen – auch Privat- und Strafrecht mit Rechtsprechung und sonstiger Rechtsanwendung. Dies alles gehört zu dem vom Staat unabhängigen Geistesleben und wird geleitet von der Devise Freiheit. Weiteres zu dem nicht immer spannungsfreien Verhältnis zwischen Geistesleben und Recht unten D.74ff.

- *Wirtschaftsleben:* Steiner plädiert leidenschaftlich auch für die Unabhängigkeit des Wirtschaftslebens vom Staat. Im Wirtschaftsleben solle die Eigenorganisation in Assoziationen mit der Devise Brüderlichkeit herrschen. Das Wirtschaftsleben werde – so Steiner – begrenzt einmal durch die Naturgrundlagen, zum anderen durch Rechtsregeln für das Wirtschaftsleben, auch durch Regeln, die aus dem Geistesleben oder aus dem Staatsleben stammen. Zu Wirtschaftsleben und Recht Weiteres unten D.182ff.

- *Staatsleben:* Rudolf Steiner erlebte nach seiner Wiener Zeit den Staat «Deutsches Reich» unter Kaiser *Wilhelm II.*, wesentlich von Dornach aus den Ersten Weltkrieg, die Revolution von 1918 und dann die ersten Jahre der Weimarer Republik. Steiner sah es nicht als Aufgabe des Staates an, eine allumfassende geistige Führung zu übernehmen: Aufgabe des Staates sei es vielmehr, Freiheiten zur Entfaltung der Bürger zu sichern. Der allgemein zu beobachtende «Einheitsstaat» im Sinne einer allumfassenden, allgewaltigen Staatsmacht führe zur Abschaffung der Seele und des Geistes. Deshalb hat Steiner leidenschaftlich den sog. «Einheitsstaat» bekämpft, der alles zu ordnen und sich unterzuordnen unternehme. Zum Staat, zum Staats- und Rechtsleben, gehören nach Steiner nur Sicherheit, Polizei, Militär, Vollstreckung und Vollzug von Urteilen: dies dann mit dem Grundsatz Gleichheit![175]

2. «RECHT» IN ALLEN DREI BEREICHEN DES SOZIALEN ORGANISMUS

D.23 Wichtig ist hier festzuhalten: Die Kräfteströmungen der drei Glieder verbinden sich zu einer Einheit, die Menschen tragen das dann zu einer Einheit zusammen (GA 332a,90). Die drei Bereiche des sozialen Organismus sind keine abgegrenzten, abgezirkelten «Kästchen».[176]

Uns interessiert hier besonders: «Recht» mit «Gerechtigkeit» gibt es in allen drei Bereichen des dreigegliederten sozialen Organismus.[177]

IV. Der Staat als Hauptträger einer Rechtsordnung – Staatsleben

1. HAUPTAUFGABE DES STAATES: FREIHEITSSICHERUNG FÜR DIE STAATSBÜRGER

D.24 Für Steiner ist der Staat um der Menschen willen da – nicht umgekehrt (GA 24,44 – QR 214). Die Gewährleistung von Sicherheit gegenüber Störern und Feinden von außen und von innen ist die Hauptaufgabe des Staates, seine Daseinsberechtigung. Zum Staatsleben gehören Gesetzgebung, Fahndungen, Zwangsvollstreckungen, Strafvollzug (nicht aber die Rechtspflege). Auch in diesem so abgegrenzten Staatsleben soll der Mensch im Mittelpunkt stehen.[178]

Die Darlegungen von Steiner über den Staat und das Staatsleben haben eine Wurzel sicher in den Darlegungen von *Wilhelm von Humboldt,* auf den Rudolf Steiner mehrfach hinweist.[179]

Eine weitere Quelle war wohl *Friedrich Schiller,* der in seinen «Briefen über die ästhetische Erziehung des Menschen» das Ideal eines «subsidiären Staates» darstellt, der als einzige Aufgabe hat, «der Selbstbestimmung des Einzelnen zu dienen und sie zu schützen».[180]

Auch das allgemeine Staatsrecht hält die Sicherung der Freiheit der Bürger zur Entfaltung ihrer Persönlichkeit für eine Kernaufgabe des Staates.[181]

D.25 An dieser Stelle sei ein Blick auf ein interessantes staatsrechtliches Grund-Thema gestattet: Für die allgemeine Staatslehre ist es eine unterschiedlich beantwortete Frage, wie es zu der, meist als selbstverständlich angenommenen, Unterordnung des Menschen unter die Staatsgewalt *der* Region kommt, in der der betreffende Mensch geboren wird. *Jean Jacques Rousseau* hat mit seinem *contrat social* eine, aber eben nicht eine allgemeingültige Antwort gegeben.[182]

Dazu hier folgender Gedanke: Der Mensch sucht sich nach geisteswissenschaftlicher Lehre vor seiner Geburt seine Eltern aus.[183] Damit wählt diese Individualität auch ihr Geburtsland – und damit dessen Rechtsordnung. Hilft diese Sicht, die aufgeworfene Frage nach der Unterwerfung unter eine Rechtsordnung zu klären? Dies bedarf sicher weiteren Nachdenkens.[184]

2. DEMOKRATIE MIT GEWALTENTEILUNG UND GEWÄHRLEISTUNG VON GRUNDRECHTEN

a. Demokratie ist eine menschengemäße Staatsform

D.26 Die demokratische Verfassung ist nunmehr in Europa und fast weltweit die bewährte Staatsform. Dies ist eine epochale Veränderung gegenüber der Zeit von Rudolf Steiner, in der weitaus mehr Völker als heute in (nicht-demokratischen) Monarchien oder in unselbstständigen Kolonialstaaten oder in Diktaturen lebten. Die «Berliner Erklärung» vom 25. 3. 2007 mit dem Bekenntnis der 27 EU-Staaten zu Demokratie und Rechtsstaatlichkeit ist eine bedeutende aktuelle Signatur.

Eine freiheitlich-demokratische Grundordnung gewährleistet eine Verfassung zwischen Menschen und Gesellschaft und Staat, die von der Idee her eine durchaus menschengemäße Organisation ist:

- Alle Staatsgewalt geht vom Volke aus, d.h. von den Menschen dieses Staatskörpers.
- Der Staatswille wird jedenfalls in seinen Grundzügen durch diese Menschen in freien Wahlen geformt.
- Alle Menschen sind in dieser demokratischen Staatsordnung gleichmäßig verpflichtet,
- und sie genießen kraft ihrer Grundrechte und ihrer weiteren Rechtspositionen durch eine funktionierende dreigeteilte Staatsgewalt und insbesondere durch eine effektive Rechtsprechung gleichberechtigt einen wirksamen Rechtsschutz gegen Gewalt und Unrecht.[185]

Im krassen Gegensatz dazu stehen Diktaturen. Aus der deutschen Geschichte seien nur die NS-Zeit («Du bist nichts, dein Volk ist alles!») und die DDR-Zeit («Die Partei hat immer Recht!») genannt (dazu auch oben C.98, 102).

b. Rudolf Steiner zur Demokratie

D.27 Steiner hat den Übergang vom monarchischen, wenn auch konstitutionellen Kaiserreich zur demokratischen Staatsform der Weimarer Republik begrüßt. In seinem großen Vortrag über Rechtsfragen erklärte Steiner am 26.10.1919 in Zürich:

> «Das demokratische Prinzip ist aus den Tiefen der Menschennatur heraus die Signatur des menschlichen Strebens in sozialer Beziehung in der neueren Zeit geworden.»[186]

D.28 Auch Steiner sah für die demokratischen Staaten die Gesetzgebung als zentrale Aufgabe der Parlamente. Ihre Erscheinung in der Praxis sah er freilich durchaus kritisch: Er nannte Parlamente, wohl nicht spaßeshalber, sehr pronconciert «Schwatzanstalten».[187]

D.29 Zu den Abgeordneten in den demokratischen Parlamenten äußerte Steiner, sie mögen entscheiden nach dem, «was aus dem Gefühl heraus von Mensch zu Mensch als Rechtsbewusstsein waltet» (GA 332a,88).

In Art. 38 Abs. 1 Satz 2 GG wird von Gewissen gesprochen: «Sie [die Abgeordneten des Deutschen Bundestages] sind Vertreter des ganzen Volkes, an Aufträge und Weisungen nicht gebunden und nur ihrem Gewissen unterworfen.»[188]

D.30 Zum allgemeinen Wahlrecht äußerte sich Steiner am 22.11.1920, zusammen mit dem Aufruf, das Rechtswesen zu verlebendigen.[189]

Wichtig: Steiner erklärte, dass die Menschen zur Demokratie erzogen werden müssen, und zwar schon in der Schule, aufgrund tieferer Betrachtung der Menschennatur.[190]

c. Die Dreigliederung und das Grundgesetz für die Bundesrepublik Deutschland

D.31 Es erscheint reizvoll, im Lichte der Aussagen von Steiner einen Blick auf unser Grundgesetz mit unserer Verfassungswirklichkeit zu werfen: Was hat sich seit Rudolf Steiner verändert – etwa im Sinne seiner Gedanken? Was gilt es danach noch zu verändern?

Nach den Grundstrukturnormen Art. 20 und 28 GG ist die Bundesrepublik Deutschland ein «demokratischer und sozialer Bundesstaat». Die Ordnung in den Bundesländern muss «den Grundsätzen des republikanischen, demokratischen und sozialen Rechtsstaates im Sinne dieses Grundgesetzes entsprechen».[191]

Wie stehen diese Strukturnormen zu Staat und Staatsleben in Steiners dreigegliedertem sozialen Organismus? Konkret: Ließe das Grundgesetz eine (weitere) Entwicklung unseres Gemeinwesens in Richtung auf eine «Dreigliederung des sozialen Organismus» zu?

Michael Kirn stellte für unsere Rechtslage bereits fest: «Schaut man auf die Masse der geltenden Bundes- und Landesgesetze, so sind diejenigen, die unter Dreigliederungsgesichtspunkten illegitim erscheinen, nur ein kleiner Teil.»[192]

D.32 Die Strukturprinzipien «Demokratie», «Rechtsstaat» und «Bundesstaat» hindern eine Dreigliederung des sozialen Organismus nicht, denn sie schreiben keinen bestimmten Umfang der staatlichen Funktionen vor. Auch ein demokratischer Staat kann ein, von Steiner bekämpfter, «Einheitsstaat» sein; andererseits könnte sich eine Monarchie auf die Gewährleistung von Sicherheit und Ordnung beschränken.[193]

D.33 Die Bundesrepublik Deutschland ist aber nach Art. 20 Abs. 1 GG auch ein «sozialer» Bundesstaat. Tatsächlich leben wir in einem Sozial-Wohlfahrts-Staat. Zu beobachten ist immer mehr staatliche «Daseinsvorsorge».[194]

Gehört eine so weitgehende sozialstaatliche Komponente unter den Auspizien der Dreigliederung wirklich zum Staat, zum Staatsleben im Sinne eines dreigegliederten sozialen Organismus?

Nimmt man die «Kernpunkte der sozialen Frage» und die Grundsätze der «Philosophie der Freiheit» von Steiner, so muss man diese Frage schlicht verneinen. Die weit ausufernden staatlichen Aktivitäten der Daseinsvorsorge bis hin zu «Hartz IV» oder dem seit Sommer 2006 heftig diskutierten Fonds-Monster im Rahmen der sog. Krankenversicherungs-«Reform» gehören nach dem Konzept von Steiner nicht zu den Funktionen eines Staates.[195]

Nach den Gedanken von Steiner sollte «soziale Kunst» – nach *Sergej O. Prokofieff* die höchste der Künste – zwischen den Menschen und von den Menschen geübt und nicht primär vom Staat verwaltet werden. Und diese soziale Kunst sollte nicht nur auf das Materielle bezogen werden, sondern auch auf die innere Not: *Brüderlichkeit ist das Gebot!* Vor 200 Jahren komponierte *Beethoven* nach einem Text von *Friedrich Schiller:* «Alle Menschen werden Brüder!»

D.34 Der moderne Staat, auch die Bundesrepublik Deutschland, überschreitet den von Rudolf Steiner abgesteckten Funktionsbereich «Freiheitssicherung für die Bürger» evident. Die Summe der Etatposten, die das «Soziale» betreffen, übertrifft die Ausgaben für die Sicherheit um ein Vielfaches. So weist z. B. der deutsche Bundeshaushalt für 2007 Gesamtausgaben in Höhe von 270,5 Mrd. Euro aus: davon für die Ministerien Inneres und Verteidigung 32,8 Mrd. Euro, demgegenüber für Arbeit, Soziales, Gesundheit und Familie 132,6 Mrd. Euro – also das Vierfache und etwa die Hälfte des Gesamthaushalts. *Kurt Biedenkopf* schrieb 2006: «In seiner heutigen Gestalt ist der Sozialstaat [...] an seiner Expansivität gescheitert.»[196]

Nun gibt es im politischen Raum ab und an «moderne» Tendenzen, die den Aufgabenbereich des (Zentral-)Staates einschränken sollen. Zu nennen sind als Beispiele die Schlagwörter «Subsidiarität» (der größere Verband, z. B. der Bund, darf eine Aufgabe nur dann wahrnehmen, wenn es der kleinere Verband, z. B. Land oder Gemeinde, nicht schafft), *Liberalisierung, Deregulierung, «outsourcing»* (Ausgliederung bestimmter Dienstleistungen in eine getrennte Organisation). Diese Erscheinungen, die manchmal auch nur irreführende Etiketten für eine verbleibende Staatsherrschaft sind, vermögen aber das Gesamtbild eines überbordenden Sozial- und Wohlfahrtsstaates nicht zu verändern.

Zur Vermeidung von Missverständnissen: Diese Analyse ist kein Aufruf, die durch Massenentlassungen oder Unglücksfälle, Invalidität oder Alter etc. hilfsbedürftig gewordenen Menschen von heute auf morgen ins soziale Elend fallen zu lassen. Aber eine Aufforderung, langfristig nach anderen Lösungen zu suchen statt immer gleich «nach dem Staat zu schreien», soll diese Feststellung der Grenzüberschreitungen schon sein.

D.35 Wichtig ist nun: Mehrere Grundrechtsnormen des Grundgesetzes vermögen den Gedanken der Dreigliederung des sozialen Organismus zu stützen:

- Die Grundfreiheit des Glaubens und des Bekenntnisses, die Äußerungsfreiheit, die Freiheiten der Kunst, der Forschung, der Lehre und der Wissenschaft (Art. 4 und 5 GG) können ein freies Geistesleben tragen und fördern, ebenso
- der grundrechtliche Grundsatz der Vertrags- und Wirtschaftsfreiheit (Art. 2 Abs. 1 GG), auch in Verbindung mit dem Eigentumsschutz des Art. 14 GG, ein staatsunabhängiges Wirtschaftsleben unter der Devise der Brüderlichkeit (auch unten D.40ff., 50, 189).
- Der Grundsatz der Gleichberechtigung (Art. 3 GG) ist essenziell für ein funktionierendes Staatsleben!

3. GEWÄHRLEISTUNG UND SICHERUNG VON GRUNDRECHTEN

a. Grundrechte für die Menschen

D.36 Die Gewährleistung und die effektive verfassungsgerichtliche Sicherung von Grundrechten sind für eine menschliche Staatsverfassung eine existenzielle Grundbedingung. Zu ihr führte der jahrhundertelange Kampf für Menschenrechte und Grundfreiheiten.

Das Bundesverfassungsgericht, bewährter Hüter unserer Verfassung mit ihren Grundrechten, findet den Mittelpunkt für das System der Grundrechte «in der innerhalb der sozialen Gemeinschaft sich frei entfaltenden menschlichen Persönlichkeit und ihrer Würde».[197]

Steiner sprach mehrfach von «Menschenrechten».[198]

D.37 Das Grundgesetz für die Bundesrepublik Deutschland vom 23.5.1949 verankert in seiner Präambel die «Verantwortung vor Gott und den Menschen» und beginnt seinen Hauptteil, anders als die meisten anderen Staatsverfassungen, mit der Gewährleistung von Grundrechten. Dies war schon im Entwurf des Verfassungskonvents von Herrenchiemsee so: Intuition? Genius loci? Hier realisierte sich die Aussage von Steiner, «Staatsgesetze sind sämtlich aus Intuitionen freier Geister entsprungen».[199]

b. Die Würde des Menschen (Art. 1 Abs. 1 GG)

D.38   Art. 1 Abs. 1 Grundgesetz lautet:

> «Die Würde des Menschen ist unantastbar. Sie zu achten und zu schützen ist Verpflichtung aller staatlichen Gewalt.»

Im allgemeinen Staatsrecht werden Begriff und Schutzbereich der Menschenwürdegarantie nicht einhellig definiert.[200]

D.39   Kann die Anthroposophie beim Verstehen, bei der Interpretation des Art. 1 Abs. 1 GG helfen? Dazu folgende Gedanken:

«Mensch» in Art. 1 Abs. 1 GG ist jeder Mensch, im Idealfall der «aus Erkenntnis handelnde» freie Mensch, aber auch der, der dieses Ziel (noch) nicht (immer) erreicht. Ein Essential des Menschen ist sein Ich, seine unsterbliche, unvergängliche Individualität (dazu E.15ff.).

Frage: Ist mit der «Würde des Menschen» in Art. 1 Grundgesetz – bewusst oder unbewusst – diese Individualität des Menschen, sein «höheres Ich», seine Entelechie gemeint? So verstanden kann die Würde des Menschen durch menschliches oder staatliches Tun gar nicht rechtsrelevant angetastet werden (vom Karma abgesehen, das vom irdischen Recht prinzipiell nicht berücksichtigt wird). So verstanden ist die Menschenwürde ganz natürlich «unantastbar».

Mit einer solchen Sicht würde auch die Auffassung im allgemeinen Staatsrecht korrespondieren, dass der einzelne Mensch nicht in jedem Fall voll selbst über seine Menschenwürde im Sinne des Art. 1 GG zu «disponieren» vermag. Begibt er sich z.B. in eine menschen-unwürdige Situation, die seine Menschenwürde äußerlich zu tangieren vermag, so darf er von der Allgemeinheit, vom Staat «vor sich selbst» geschützt werden. Das gilt z.B. für den Fall, dass ein Mensch, geistig verwirrt, sich in einer menschen-unwürdigen Weise selbst zu verstümmeln unternähme. Etwaige Beobachter, die nichts dagegen tun, würden (vom Staat!) wegen unterlassener Hilfeleistung bestraft werden. Ähnliche Überlegungen werden ausgelöst, wenn Menschen sich für Fernsehsendungen wochenlang in Container oder andere Verließe einsperren lassen, um eine Viertelmillion Euro zu gewinnen.[201]

Weitere Überlegung dazu: Das «niedere Ich», das «gewöhnliche Ich», die Person, die Persönlichkeit, kann durch die Aussage eines anderen beleidigt werden, und der Täter wird nach irdischem Recht bestraft (§ 185 StGB). Das «höhere Ich» des Verletzten wird – unbeschadet etwaiger karmischer Folgen für die Individualitäten – dadurch nicht juristisch relevant verletzt, es ist nach unserer Verfassung unantastbar. Anklänge an dieses Verständnis finden sich in der allgemeinen Strafrechtswissenschaft, wenn dort davon gesprochen wird, dass die «innere Ehre» eines Menschen durch eine Beleidigung nicht verletzt werden kann.[202]

So kann vielleicht diese Sichtweise aus der Anthroposophie heraus die bisherige Unsicherheit im Verständnis des Art. 1 Grundgesetz heilen helfen. Hierüber ist weiter nachzudenken.

Dazu noch ein Gedanke aus *Schillers* «Ästhetischen Briefen» in der Wiedergabe von Steiner:

> «Der Mensch muss verwirklichen, was ihm als seine höchste Würde erscheint.»[203]

c. Handlungsfreiheit und Schutz der Persönlichkeit (Art. 2 Abs. 1 GG)

D.40   Art. 2 Abs. 1 GG lautet:

> «Jeder hat das Recht auf die freie Entfaltung seiner Persönlichkeit, soweit er nicht die Rechte anderer verletzt und nicht gegen die verfassungsmäßige Ordnung oder das Sittengesetz verstößt.»

Dies ist die Grundnorm für die Entfaltung und für den Schutz der Persönlichkeit, für die irdische Entfaltung und Entwicklung des Menschen. Und dazu sagt das Grundgesetz in Art. 2:

- Jeder Mensch kann tun und lassen, was er will, und
- die Persönlichkeit darf in ihren Handlungen und in ihrer Entwicklung nicht behindert oder gar verletzt werden,

beides innerhalb der Schranken: Rechte anderer, Sittengesetz und verfassungsmäßige Ordnung (sog. Schrankentrias):[204]

- «Rechte anderer» sind die Rechtspositionen der Mitmenschen, die ggf. ihrerseits im Lichte der Grundrechte interpretiert werden müssen.[205]
- Das als weitere Schranke genannte, ungeschriebene «Sittengesetz» ist keine ewig-unwandelbare Größe, sondern einer Entwicklung entsprechend den Zeitläuften zugänglich. Dies mag zum Exempel ein höchstrichterliches Strafurteil vom 17.2.1954 zeigen, in dem der BGH erst vor 50 Jahren, aber wie für alle Zeiten festgemauert, zum Straftatbestand «Kuppelei» konstatierte: «Die sittliche Ordnung will, dass sich der Verkehr der Geschlechter grundsätzlich in der Einehe vollziehe, weil der Sinn und die Folge des Verkehrs das Kind ist.»[206]
- Und die «verfassungsmäßige Ordnung» als Grenze der Persönlichkeitsentfaltung sind die Grundsätze der Verfassung.[207]

D.41 Mit Art. 2 Abs. 1 GG schenkt uns das Grundgesetz eine fundamentale Aussage über das Verhältnis zwischen Menschen und Staatswesen Bundesrepublik Deutschland und damit mittelbar für das Verhältnis zwischen den Menschen. Jeder Mensch soll sich grundsätzlich entwickeln dürfen, wie er will. Unsere Verfassung lässt ihn auch frei, sich zu einem «aus Erkenntnis Handelnden» zu entwickeln!

Das Grundgesetz gestattet also durchaus eine Entwicklung des Menschen, für die uns Steiner elementar-fundamentale Erkenntnisse und Ziele gegeben hat. Jeder Mensch hat die menschheitliche Aufgabe und kraft unserer Verfassung die Freiheit, sich frei-bewusst zu entwickeln. Und auf dem Wege dahin – so Rudolf Steiner ausdrücklich – habe das Handeln nach Normen als Entwicklungsstufe seine Berechtigung (GA 4,170 – QR 11.43).

Das ist kraft Grundgesetz und insbesondere Art. 2 GG bei uns Grund-Verfassung. Wer sich heute im Geltungsbereich unseres Grundgesetzes durch den «Staat» gehindert fühlt, sich innerlich und im Rahmen der verfassungsgemäßen Gesetze äußerlich frei nach seinem Willen zu entwickeln, verkennt diese Grundaussage unserer Verfassung (und sucht vielleicht sogar eine Ausrede).

D.42 Zur Verfassungswirklichkeit ist freilich auch anzumerken: Von Freiheit reden viele – und sie tun es gern, besonders wenn es um die *eigenen* Freiheiten geht. Zur Freiheit gehört aber auch die Verantwortlichkeit. Und die kurz dargestellten drei Schranken des Art. 2 GG legen auch Grund für das Gebot der Brüderlichkeit in der Gesellschaft.[208]

d. Gleichberechtigung (Art. 3 GG)

D.43 Art. 3 Absatz 1 GG lautet:

«Alle Menschen sind vor dem Gesetz gleich.»

Damit ist Art. 3 GG das Grund-Grundrecht für das Staats- und Rechtsleben – dies in völliger Übereinstimmung mit dem Rechtsverständnis seit alters und bei Rudolf Steiner:

- Recht ist das Verhältnis von Mensch zu Mensch (GA 199,211).
- Jeder Mensch ist im Staats- und Rechtsleben gleichberechtigt (oben D.17ff.).

Auch Art. 3 GG behauptet nicht den Unsinn, dass alle Menschen «gleich» seien. Dazu das herrliche Schiller-Wort:

«Keiner sei gleich dem andern, doch gleich sei jeder dem Höchsten,
Wie das zu machen? Es sei jeder vollendet in sich.»[209]

D.44 Entsprechend seiner Deutung der Dreier-Devise *Freiheit – Gleichheit – Brüderlichkeit* lässt Steiner das Gebot der Gleichheit wesentlich für das Staatsleben, nicht aber für Geistesleben und Wirtschaftsleben gelten: Vielmehr gelten für das Geistesleben *Freiheit* und für das Wirtschaftsleben *Brüderlichkeit*. Eine «Demokratisierung» im Geistesleben, auch in der Schule, lehnt Steiner ab. Demgegenüber forderten und fordern «moderne» Politiker und andere Menschen eine sog. Demokratisierung mit entsprechender Gleichheit auch für das Geistesleben einschließlich Schule (dazu unten D.97).

D.45 Zur Gleichberechtigung zwischen Mann und Frau eine besondere Anmerkung: Obwohl der zitierte Absatz 1 des Art. 3 GG schon eine Gleichberechtigung auch für das Verhältnis zwischen Männern und Frauen ausspricht – beide Geschlechter-Gruppen sind ja «Menschen» –, erklärt Art. 3 GG in Absatz 2 Satz 1 ausdrücklich:

«Männer und Frauen sind gleichberechtigt.»

Steiner hat schon sehr früh zu diesem Themenbereich Stellung genommen. Er sieht selbstverständlich die Unterschiede zwischen Mann und Frau: Mann und Frau erleben die Welt unterschiedlich.[210]

D.46 Zur sozialen Stellung der Frau erklärte Rudolf Steiner 1894 in der «Philosophie der Freiheit»:

> «Die soziale Stellung der Frau ist zumeist deshalb eine so unwürdige, weil sie in vielen Punkten, wo sie es sein sollte, nicht bedingt ist durch die individuellen Eigentümlichkeiten der einzelnen Frau, sondern durch die allgemeinen Vorstellungen, die man sich von der natürlichen Aufgabe und den Bedürfnissen des Weibes macht.»

Lesen Sie dies und weiteres Interessante und Visionäre in GA 4,237f. – QR 11.63![211]

e. Weitere Grundrechtsnormen

D.47 Die Art. 4–19 GG gewährleisten weitere Grundfreiheiten, die das gezeichnete Bild ergänzen:

- Art. 4 GG: Glaubens- und Bekenntnisfreiheit (unten D.86ff.),
- Art. 5 GG: Äußerungsfreiheiten (D.100ff.),
- Art. 6 GG: Ehe, Familie und Kinder (D.50),
- Art. 7 GG: Schulwesen (D.93ff.),
- Art. 8 GG: Versammlungsfreiheit und
- Art. 9 GG: Vereinigungsfreiheit (D.50) etc.

f. Grundrechtepraxis: Viel Freiheit – wenig Brüderlichkeit

D.48 Viele Menschen nutzen die Grundfreiheitsnormen zuvorderst als Freiheitsrecht für sich selbst, oft auch reichlich egoistisch. Von «Brüderlichkeit» ist dagegen wenig die Rede.[212]

Die Brüderlichkeit ist aber aus der Dreier-Devise gerade für die «Lebensmitte» das wesentliche Gebot. Dies legte Steiner am 25.12.1918 mit einer Skizze dar (GA 187,42 – QR 128). Für die Zukunft erklärte er, dass das *Anspruchsdenken, das Pochen auf das eigene Recht* – das er schon zu seiner Zeit beklagte –, von einem *Pflichtendenken* abgelöst werde.[213] Diese Zukunft hat in unserer Gegenwart, 90 Jahre nach dieser Aussage Steiners, ganz offensichtlich noch nicht begonnen ...

D.49 Der «Kosmos der Weisheit» entwickelt sich in einen «Kosmos der Liebe» hinein. Aus alledem, was das «Ich» in sich entfalten kann, soll Liebe werden.[214]

Heute herrscht von den unterschiedlichen Formen der «Liebe» – Agápe oder Eros oder Sex – weithin nicht die brüderliche Liebe (Agápe), sondern eine von Steiner schon apostrophierte «Verirrung der sexuellen Instinkte».[215]

D.50 Dabei gebietet das Grundgesetz – was oft übersehen wird – an mehreren signifikanten Stellen seit über 50 Jahren *Brüderlichkeit* zwischen den Menschen:

- Präambel: «Im Bewusstsein seiner Verantwortung vor Gott und den Menschen [...] hat sich das Deutsche Volk [...] dieses Grundgesetz gegeben.»
- Art. 1 GG: Würde des Menschen: Zum «Ich» des Menschen gehört natürlich das Ich des Nächsten – das «Du» und damit die Brüderlichkeit.
- Art. 2 GG: Entfaltung der Persönlichkeit unter Beachtung und Berücksichtigung der Mitmenschen («Rechte anderer») und des Sittengesetzes. *Albert Schweitzer:* «Ich bin Leben, das leben will, inmitten von Leben, das leben will.»
- Art. 3 GG: Das Gebot «Gleichberechtigung» ist auch als ein Fanal für die Brüderlichkeit zu verstehen.
- Art. 4 GG: Die Gewährleistung von Glaubens- und Bekenntnisfreiheit umfasst das natürliche Toleranzgebot, Glauben und Bekenntnis des anderen zu achten.
- Art. 5 GG trägt mit den Äußerungs- und Empfangsfreiheiten die «zwischenmenschliche Kommunikation» und damit auch das Zuhören, das Hinhören.
- Art. 6 GG: Familie – der natürliche Bund für Brüderlichkeit und Geschwisterlichkeit.
- Art. 7 GG: Schule – ein Platz für Geschwisterlichkeit junger Menschen.
- Art. 8 GG: Versammlungsfreiheit und
- Art. 9 GG: Vereinigungsfreiheit: Freiheiten, mit anderen Menschen etwas gemeinsam unternehmen und gestalten zu können.
- Art. 20 GG: Sozialstaat: Das ist in seinem positiven Verständnis das Gebot brüderlicher Verbundenheit in einer Gesellschaft schlechthin.[216]

4. Staatliche Gesetzgebung: «Erste Staatsgewalt»

a. Gesetzgebung ist eine wesentliche Aufgabe des Staates

D.51 Die gesetzgebenden Organe schaffen die Gesetze, die Rechtsordnung, das Normengerüst der staatlichen Ordnung. Die Gesetzgebung ist ein fundamentales, vital-wichtiges Element staatlicher Existenz. Gesetzgebung gehört auch nach dem Dreigliederungsimpuls Steiners zum demokratischen Staatsleben (GA 332a,94).

Gesetzgebung sollte hoffentlich immer aufgrund Nachdenkens, sachlichen Beurteilens, vernunftgemäßen Wägens geschehen – nicht aus Astralität, um dem Kollegen X eins auszuwischen oder der Partei-Kollegin Y zu gefallen. Bei der Gesetzgebung soll der Mensch im Mittelpunkt stehen, nicht das Interesse der Partei oder des Abgeordneten oder des Lobbyisten Pharma-Industrie, Bausparkasse, Gewerkschaft, Kraftwerk-Multi, Flugsportgruppe, Kraftfahrerverband u. v. a. m.[217]

Auch der bekannte Rechtsanwalt *Prof. Dr. Konrad Redeker* plädiert für eine bessere Gesetzgebungsarbeit: «Gesetze sind die Instrumente, mit denen Rechtsanwendung und Rechtswissenschaft arbeiten. [...] Es sollte Anlass bestehen, sich in Wissenschaft und Praxis mehr mit der Entstehung und Anfertigung der Instrumente zu befassen. Die deutsche Rechtswissenschaft hat hier manchen Nachholbedarf.»[218]

D.52 Für diese «Erste Staatsgewalt» sollte gelten:

- Gesetze sind so zu gestalten, dass sie den Menschen ein selbstverantwortliches Leben und Handeln ermöglichen, wie es Steiner in der «Philosophie der Freiheit» gezeichnet hat. Gesetze sollen den Menschen die Möglichkeit geben, sich selbst frei-bewusst zu entwickeln.
- Gesetzgebung muss getragen sein vom Gebot der Gleichheit, um Freiheit zu ermöglichen: Freiheit durch Ordnung!
- Gesetzgebung ist nicht *l'art pour l'art,* sondern Ausdruck und Sicherung freien Lebens.
- Gesetzgebung werde den Zeitläuften gerecht und sei vital, dynamisch![219]

D.53 Wie wichtig die Qualität der staatlichen Gesetze für die Menschen ist, erhellt aus einem Pfingstvortrag, in dem Steiner über die Wesensglieder des Menschen sprach (GA 98,106; dort auch S. 241).

D.54 Gesetzgebung ist ihrer Natur nach ein Akt des Festlegens – und mit einem solchen Verhärten nähert man sich dem Bereich Ahrimans, der «eigentlich der Herr der Welt der materiellen Gesetze» ist (GA 148,148f.). Vor einem Zuviel an Gesetzen sollte auch das altgriechisch-delphische *medén ágan* warnen (= nichts im Übermaß). Und heute gibt es ganz offensichtlich zu viele Vorschriften. Deshalb besteht die elementare Gefahr, dass unter der Masse der Regularien die Gerechtigkeit erdrückt wird. Tausend Gesetze – fehlt leider nur das geistige Band![220]

D.55 Natürlich strebt der Widersacher Ahriman auch die Kodifizierung möglichst zahlreicher stringenter Gesetze an: möglichst viel *ius strictum* und *ius cogens* (strenges, zwingendes Recht), von dem man auch durch Rechtsgeschäft nicht abweichen kann, bei dem für menschliche Gestaltungs-Entscheidungen und -Handlungen kein Raum bleibt. Der Gegensatz ist das *ius dispositivum*, das individuelle Rechtsgestaltungen offen lässt.

D.56 In der «Philosophie der Freiheit» schreibt Rudolf Steiner – für manchen Leser wohl etwas idealistisch –, «die Staatsgesetze sind sämtlich aus Intuitionen freier Geister entsprungen, ebenso wie alle anderen objektiven Sittlichkeitsgesetze.»[221]

Staatsgesetze werden von Menschen für das irdische Leben geschaffen. Das ist der Unterschied zwischen der Gerechtigkeit als einer höheren «ewigen» Wesenheit und dem irdischen Recht. Für die Gesetzgebungsarbeit ist auch die Erziehung der Menschen essenziell bedeutsam.[222]

b. Plebiszite – Volksgesetzgebung

D.57 Ein oft engagiert erörtertes Thema ist die Volksgesetzgebung, das Plebiszit.[223] Zu diesen Bestrebungen sei zunächst auf historische Erfahrungen im In- und Ausland hingewiesen, die manchen Beobachter zur Zurückhaltung raten lassen. Zum anderen definiert Rudolf Steiner das Staats- und Rechtsleben als einen Bereich, von dem jeder etwas versteht (GA 305,234 – QR 297.24). Dies zumindest müsste beachtet werden, wenn man über weitere Möglichkeiten von Volksabstimmungen nachdenkt.

Kurzum: ein weites Feld, das noch weiter zu bedenken ist – auch unter Berücksichtigung der Feststellung, dass der heutige Zustand der Politik verbesserungswürdig erscheint. Bei diesen Überlegungen sind natürlich auch die Erfahrungen einzelner Länder mit Elementen der sog. «direkten Demokratie» zu berücksichtigen. So gibt es in der Schweiz eine Fülle unmittelbarer Volksentscheide, Initiativen und Referenden im Bundesstaat und in den Kantonen.[224]

c. Politik und Politiker

D.58 Wie im Abschnitt C bereits erklärt wurde, ist es für eine gute politische Arbeit, insbesondere bei der Gesetzgebung, wichtig und wesentlich, dass Politiker sich von der geistigen Wesenheit Gerechtigkeit inspirieren lassen – nur ist davon in der Praxis heute wenig zu spüren.

Schon für seine Zeit sah Steiner in der Politik den ins Geistige übertragenen modernen Krieg, der mit Täuschungen arbeite.[225]

Im Zusammenhang mit Politikern denkt man auch schnell an das, was Steiner über das weit verbreitete Phrasentum seiner Gegenwart gesagt hat (oben D.12). Und zu den politischen Parteien merkte Rudolf Steiner in einem Diskussionsabend am 14.6.1919 an:

> «Parteien haben immer die Eigentümlichkeiten, dass sie nach und nach eigentlich abkommen von dem, was ursprünglich ihre Impulse waren. Parteien haben überhaupt ein merkwürdiges Schicksal.»[226]

Die politischen Geschehnisse der letzten Jahre in Deutschland mit sog. «Vertrauensfrage» am 1.7.2005, außer-periodischer Bundestagswahl am 18.9.2005, Verlorengehen von Parteivorsitzenden und designierten Ministern sowie das Nebeneinander der beiden großen «Volksparteien» in der Großen Koalition mit Beschlüssen rechtsbedenklicher Gesetze haben dies wieder einmal bestätigt. Immer wieder fragt sich der interessierte Beobachter: Warum tun Politiker nichts gegen den verbreiteten Eindruck, viele von ihnen agierten oft primär nicht aus Interesse an der Gerechtigkeit und an den Menschen, sondern aus egoistischem Macht-Streben, gar Versorgungs-Mentalität, oder schlicht im Gedanken an den nächsten Presse-Termin? Und: Wie oft hört man, dies oder jenes gehe «aus politischen Gründen» oder «aus Sachzwängen» nicht anders: Ist das nicht oft eine Ausrede und der Versuch, sich nicht zu einer konkreten Begründung zwingen zu lassen? (Siehe auch oben C.117.)

5. STAATLICHE REGIERUNG UND ÖFFENTLICHE VERWALTUNG: «ZWEITE STAATSGEWALT»

a. Regierung

D.59 Die Aktivitäten der Staatsregierungen stehen oft so sehr im Brennpunkt der Medien und damit im Mittelpunkt des öffentlichen Interesses, dass sie das Bild der gesetzgebenden Organe (Parlamente) zu überdecken scheinen. Und tatsächlich hat ja die Regierung, entgegen der Rangfolge des Protokolls, im politischen Alltag das Heft in der Hand. Auch werden die meisten Gesetze aufgrund von Regierungsentwürfen beschlossen.[227]

Angesichts dieser Bedeutung der Regierungsarbeit für das Gemeinwohl und für Millionen Menschen erscheinen für Regierungsmitglieder Inspirationen und Herzdenken dringend erforderlich. Da die Regierung in der Regel aus Parteipolitikern besteht, gelten für sie die kritischen Anmerkungen von Steiner und anderen besonders lebhaft (dazu oben C.115ff.; D.58).

b. Öffentliche Verwaltung

D.60 Steiner sieht als staatlichen Zentralbereich einige geläufige Verwaltungsbereiche: Polizei – Sicherheit – Wehr – Zwangsvollstreckungen. All dies sind aufgrund des allgemein anerkannten «Machtmonopols des Staates» natürliche, unbestrittene Kompetenzen des Staates.

D.61 Auch in der öffentlichen Verwaltung des Bundes, der Länder und der Gemeinden sollte der Grundsatz gelten: Menschlich handeln und entscheiden! Hieran mangelt es in der Praxis häufig.[228]

Jeder Beamte sollte im geeigneten Fall die Härteklausel, die es in fast jedem Vorschriften-Komplex gibt, wahrnehmen und ggf. anwenden: Nachdenken hilft! Steiner zitiert zustimmend *John Stuart Mill:* Not tue vor allen Dingen, «dass in unsere öffentlichen Verhältnisse eindringe eine wirkliche Schulung des Denkens!» (GA 53,450)

D.62 Gelegentlich hat sich Rudolf Steiner über *Beamte* geäußert: Einmal nannte er die Staatsbeamten als Beispiel für Menschen, die, wie in seinem Sozialen Hauptgesetz allgemein vorgeschlagen und wie für die Beamten weitgehend Praxis, ihr Einkommen unabhängig von Produkt und Leistung beziehen.[229]

Zum anderen apostrophiert Steiner (für seine Zeit) die Dressur des Menschen zum Staatsbeamten, der in die Schablonen passen müsse, die für seine Stellungen ausgebildet seien.[230]

D.63 «Von der Wiege bis zur Bahre: Formulare – Formulare!» Sorgenvolle Mienen wird der Blick auf das in der öffentlichen Verwaltung weit verbreitete Formular-(Un-)Wesen wecken, das vor vielen Jahren einen intelligenten Bundeskanzler zu der Aussage verleitet hat, er verstehe seine Stromrechnung nicht. Sicher hatte jeder Leser schon ähnliche Erlebnisse.

Natürlich kann die heutige komplexe Massenverwaltung nicht ohne Formulare und Computer bewältigt werden. Aber auch hier ist Rücksicht auf den Menschen geboten und möglich: Der Beamte oder Angestellte, der ein Formular entwirft oder für den Dienstgebrauch genehmigt oder dem Antragsteller vorlegt, darf eben nicht nur die «Effektivität» der Computerabläufe seines Verwaltungsapparates im Kopfe haben, sondern er soll auch an den Menschen denken, der dieses Formular ausfüllen – und dazu doch wohl vorher verstehen soll. Beim Entwerfen von Formularen sind auch drastische Formulierungen wie «unbedingt», «kategorisch», «ausnahmslos» und ähnliche Drohgebärden möglichst zu vermeiden. Auch erscheint die Benutzung einer verwaltungsinternen Spezial- und Kürzelsprache in Formularen für andere Menschen unmenschlich. Hier gilt auch, was über die Sprache gesagt wurde (oben D.12; siehe auch unten D.185).

6. Rechtsprechung – Gerichtsbarkeit: «Dritte Gewalt»

a. Gerichtsbarkeit und Richter

D.64 Zurzeit ist die Gerichtsbarkeit mit der Funktion Rechtsprechung in den meisten Staaten die «Dritte Staatsgewalt».

D.65 Steiner hat nun, wohl zur Überraschung vieler Hörer und Betrachter, erklärt, die Rechtsprechung gehöre in einem dreigegliederten sozialen Organismus nicht zum Staatsleben, sondern zum Geistesleben.[231]

D.66 Auch wenn dies heute organisatorisch nicht Realität und in absehbarer Zeit auch nicht zu erwarten ist, trägt dieser Gedanke doch interessante Impulse für das aktuelle Gerichtsverfahren:

- Heute schon ist der Sprachgebrauch üblich: «Das Bundesverfassungsgericht hat für Recht *erkannt:* ...», «Das Gericht hat auf eine ...-Strafe *erkannt:* ...»
- Der Richter wird bei seiner richterlichen Tätigkeit oft aus seiner individuellen *Erkenntnis* entscheiden.[232]
- Die Rechtsprechung soll in den Händen souveräner Richter liegen, die
im Geistesleben geschult und im Leben erfahren sind. Gutes Beispiel: In
Großbritannien und anderen Ländern wird nur eingeladen (!), Richter
zu werden, wer mehrere Jahre erfolgreiche Praxis als Rechtsanwalt hinter sich hat (dazu unten D.213).
- Der Richter muss unabhängig sein. Dies ist in der Bundesrepublik
Deutschland durch Art. 97 GG garantiert und offensichtlich durchweg
Realität. Die Unabhängigkeit der «rechtsprechenden Gewalt» ist außerdem in Art. 92 GG gewährleistet.[233]
- Auch bei der Rechtsprechungstätigkeit soll stets der *Mensch im Mittel-
punkt* stehen: Der Richter hat soweit irgend möglich bei der Beurteilung
von Handlungen die individuellen Umstände der beteiligten Menschen
zu berücksichtigen.
- Für den Richter gilt besonders die von Steiner formulierte Maxime der
freien Menschen: Verständnis des fremden Wollens.[234]
- Das Gebot der Menschlichkeit gilt auch für die praktische Abwicklung
des Gerichtsverfahrens. Es erscheint eben nicht menschlich, wenn ein
Richter einen auswärtigen Zeugen ohne zwingenden Grund für 8.00
Uhr morgens einbestellt oder den Angeklagten von oben herab despek-
tierlich anredet und behandelt.[235]
- Der Richter darf weder Sympathien noch Antipathien haben oder gar
zeigen. Er wenigstens muss aus Erkenntnis handeln, nicht aus Astralität:
Genau dies bedeutet die bei Juristen beliebte Formel «sine ira ac studio»
(= ohne Zorn und ohne Eifern, ohne Parteilichkeit)![236]
- Der Richter soll auch versuchen, die Beteiligten eine Lösung selbst frei-
bewusst suchen und finden zu lassen: Die in Prozessordnungen vor-
geschriebenen Bemühungen um einen Vergleich und die Mediation gehen in die richtige Richtung.[237]

D.67 Freilich: Bei aller Begeisterung für das Menschliche ist auch bei der Rechtsprechung zu berücksichtigen: Die Rechtsordnung soll Gleichberechtigung
gewährleisten. Die Allgemeinheit des Rechts und des Gesetzes sowie die

Rechtssicherheit sind wichtige Elemente des Staates und seiner Ordnung. Gleichberechtigung und Rechtssicherheit verlangen auch ihr «Recht» und mögen manchmal eine sehr individuelle Entscheidung erschweren oder hindern.

Beispiel: Wenn A dem B die geliehenen 1000 Euro nicht fristgemäß zurückzahlt, dann muss der Richter aufgrund der allgemeinen Gesetze den A zur Rückzahlung verurteilen und ggf. durch Zwangsvollstreckung zwingen, auch wenn er dessen Armut und den Reichtum des B sieht. Aber: Der Richter sollte einen Vergleich anregen, der Ratenzahlungen festlegt, oder dem A ermöglichen, seine Schuld nach Kräften abzuarbeiten. Dazu auch noch einmal der Hinweis auf die Generalklauseln etwa im BGB, auf die Güte-Aufrufe in der ZPO (unten D.69) und die zum Teil sehr weiten Strafrahmen im Strafgesetzbuch (z. B. für einfachen Diebstahl Freiheitsstrafe von einem Monat bis zu fünf Jahren oder Geldstrafe; § 242 StGB): Diese Gesetzesnormen ermöglichen Entscheidungen auch unter menschlicher Berücksichtigung der individuellen Verhältnisse.

D.68 Es wäre schön, wenn der Richter bei der Ausübung seines Amtes im Sinne des Wochenspruchs 35 fühlen würde (GA 40,40):

> *Ich fühle, dass mir Macht verlieh'n* – aber eben nicht Macht über den
>   Angeklagten – vielmehr die Macht,
> *Das eigne Selbst* – nämlich das eigene irdische Richterdasein –
> *Dem Weltenselbst* – der geistigen Wesenheit «Gerechtigkeit» –
> *Als Glied bescheiden einzuleben.*

Also sollte ein Richter zusammengefasst spüren:

> Ich fühle, dass mir Macht verlieh'n,
> Das eigne Selbst, mein eigenes irdisches Richterdasein,
> Dem Weltenselbst, der geistigen Wesenheit «Gerechtigkeit»,
> Als Glied bescheiden einzuleben.

So würde auch der Richtertisch zum Altar – so wie es Steiner für den Laboratoriumstisch angeregt hat.[238]

Bemerkenswert erscheint der Vorspruch zu *Sveriges Rikes Lag*, dem schwedischen Gesetzbuch, nach den Richterregeln des Reformators *Olaus Petri:* «Ein Richter führt das Amt, das Gott zusteht, und nicht ihm selbst, und darum gehört auch das Gericht, das er führt oder ausrichtet, Gott.»[239]

b. Wahl des Richters durch die Betroffenen?

D.69 Einen besonders auffälligen Vorschlag machte Steiner mit seiner mehrfach vorgetragenen Anregung, die Betroffenen sollten ihren Richter selbst wählen dürfen.[240]

Dazu kann heute angemerkt werden: Gedanken einer Wahl seines Richters realisieren sich für das Zivilrecht bereits im althergebrachten und immer weiter verbreiteten Schiedsgerichtswesen und in einer gewissen neuen Form in der Mediation. Partner eines Vertrages vereinbaren (oft schon im Grundvertrag über die Lieferung von 10000 ABC-Modulen), dass ein etwaiger Konflikt durch ein Schiedsgericht entschieden werden solle. Im Konfliktfall benennt dann jede Partei einen Schiedsrichter, und diese beiden Persönlichkeiten haben einen Vorsitzenden zu benennen (wenn dies nicht bereits im Grundvertrag geschehen ist, etwa durch Benennung des «Präsidenten des XY-Gerichts», sei es auch nur zusammen mit der Bitte, seinerseits einen Vorsitzenden zu bestimmen).

Praktischen Aufschwung erfuhr der Gedanke der außergerichtlichen Schlichtung durch den neueren § 15a EGZPO: Durch Landesgesetz kann bestimmt werden, dass vor Erhebung einer gerichtlichen Klage für bestimmte Streitigkeiten (bis zu 750 Euro sowie aus dem Nachbarrecht und über Ehrverletzungen) eine Gütestelle angerufen werden muss.[241]

Wolfram Schlegel hat in einem Vortrag am 27.1.2001 die Mediation schön so beschrieben: «Freiwilligkeit und Eigenverantwortlichkeit kennzeichnen die Mediation. Die Mediation zielt auf eine für alle Beteiligten interessengerechte Lösung, bei der die Rechtspositionen nicht missachtet, aber überwunden werden müssen, da nur ein einvernehmliches Ergebnis erzielt werden kann. Die Beteiligten haben eine aktive Rolle. Sie selbst lösen den Konflikt. Starre Positionen werden hinterfragt und schöpferische Ideen entwickelt. Der Mediator setzt nicht die Rechte der Beteiligten durch. Allparteilich erarbeitet er gemeinsam mit allen Beteiligten tragfähige Lösungen. Er klärt, strukturiert und vermittelt, überlässt jedoch die Entscheidung den Parteien.»

Der Gedanke, eine Richterwahl durch die Betroffenen für *alle* Gerichte und Gerichtsverfahren und Richter zu realisieren, erscheint dagegen schwer durchführbar. Wenn A in Hamburg einen Anspruch gegen B in Kaufbeuren zu haben glaubt: Soll dann der in Prozess-Sachen nicht so bewanderte A oder B einen Richter oder soll jeder einen benennen? Wie und wann sollen sie zusammen eine Entscheidung angehen und treffen? Was geschieht bei Stimmengleichheit? (Zur besonderen Schwierigkeit in Strafverfahren unten D.171f.)

7. INTERNATIONALE BEZIEHUNGEN – VÖLKERRECHT

D.70 Rudolf Steiner hat sich zum Themenkomplex *Internationale Beziehungen – Völkerrecht – Krieg und Frieden* aus verschiedenen Anlässen und in unterschiedlichen Zusammenhängen geäußert. Zunächst hat er in mehreren Vorträgen des Jahres 1905 die theosophische Bruderschaftsidee dargelegt, die Grundlage für eine völlige Neuorientierung und Neuformung der internationalen Beziehungen hätte werden können.[242]

D.71 Als nach Beginn des Ersten Weltkrieges die *Kriegsschuldfrage* aufkam und das Deutsche Reich immer wieder als Allein-Schuldiger benannt wurde, verteidigte Steiner energisch das Deutsche Reich gegen derlei Vorwürfe. Er stimmte zwar der offiziellen Erklärung des deutschen Reichskanzlers zu, dass die Verletzung der belgischen Neutralität durch den Einmarsch deutscher Truppen Anfang August 1914 eine Rechtsverletzung gewesen sei, aber die Initiative zu diesem Krieg sei nicht von Deutschland ausgegangen.[243]

D.72 Natürlich hat Rudolf Steiner seinen Impuls der «Dreigliederung des sozialen Organismus» auch auf die internationalen Beziehungen erstreckt. Er sprach des Öfteren davon, dass jeweils die gleichartigen Glieder der einzelnen Staaten international zusammenwirken müssten. Die Rücksichtnahme auf die internationalen Beziehungen dürfe nicht dazu verleiten, die Dreigliederung nicht einzuführen; sie dürfe auch das Streben nach Menschlichkeit nicht behindern, sondern sie könne es verstärken.[244]

D.73 Heute ist uns die Existenz großer internationaler Organisationen, oft mit Normen und Strukturen zum Schutz der Menschenrechte, selbstverständlich. Und deren Existenz ist bei aller gebotenen Einzelkritik global friedenstiftend und friedenerhaltend:

- Die weltumspannenden *Vereinten Nationen (UNO)* mit der Menschenrechtsdeklaration vom 10.12.1948 und ihren 16 Unterorganisationen (UNESCO u. a.).[245]

- Der *Europarat* mit der Europäischen Menschenrechtskonvention vom 4.11.1950 und dem Europäischen Gerichtshof für Menschenrechte in Straßburg.[246]

- Auch *Europäische Gemeinschaft* und *Europäische Union (EG/EU)* gehen, stärker als ihre primär auf das Wirtschaftliche gerichteten Vorgängerstrukturen (EWG), von demokratischen Staatsformen mit zulänglicher Grundrechtsgewährleistung für alle Menschen aus und fordern sie für Beitrittskandidaten.[247]

V. Freies Geistesleben

1. GEISTESLEBEN UND RECHT

D.74 «Wenn es möglich ist, das Geistesleben zu retten, dann ist auch die Zivilisation gerettet.»[248]

Zum Geistesleben zählte Steiner die vielfältigen und umfänglichen Bereiche der Kultur mit Wissenschaft, Religion und Kunst, Schulen, Kirchen und Universitäten – auch Rechtswissenschaft und Rechtsausbildung (sowie Rechtsprechung; dazu oben D.64ff.). Dies alles seien höchst individuelle Aktivitäten:

> «Wissenschaft muss der Mensch für sich begreifen, Religion muss der Mensch für sich allein, Kunst muss der Mensch aus seinem innersten individuellen Quell, aus dem Quell seiner Persönlichkeit hervorbringen.» (GA 199,212 – QR 251.6)

Deshalb ist die Forderung, das Geistesleben möglichst unabhängig vom Staat wirken zu lassen, sehr verständlich und zu begrüßen. Die drei Glieder *Geistesleben – Wirtschaftsleben – Staatsleben* sollen sich auch unabhängig voneinander entfalten.

D.75 Dadurch sollen freilich – wie schon erwähnt – nicht drei strikt voneinander getrennte Reviere mit streng separierten Leitzielen entstehen. So darf man auch in Bereichen des Wirtschaftslebens und des Geisteslebens nicht «rechtlos» agieren. Es gibt auch in diesen Feldern ungezählte rechtsverbindliche Satzungen und Beschlüsse. Steiner spricht davon, dass alle drei Bereiche ihre Gesetze und ihre Rechtsverbindlichkeiten haben. Eine Universität, eine Religionsgemeinschaft, eine Schule, ein Handwerksverband oder eine Aktiengesellschaft ohne das notwendige Maß an Verfassung oder Satzung funktioniert nun einmal nicht recht.

Das gilt auch für Beschlüsse im Geistesleben: Wenn in einer Konferenz Einmütigkeit über den Impuls ABC besteht, dann entsteht etwas Neues, Verbindliches mit einer gleichmäßigen Verbindlichkeit für alle. *Paul Mackay* sprach in einer Tagung 2004 von einer «neuen Kraft», *Emil Bock* von «Gemeinschaftsbildung» (Michael, S. 32). Es entsteht etwas anderes als die Summe der Einzelkräfte. Durch diese Einmütigkeit entsteht ein Richtsatz, ein Rechts-Satz. Wer sich daran nicht hält, verletzt diesen Gemeinschaftsimpuls. *Günther Dellbrügger* verweist auf die 4. Stufe der sieben Gaben des Geistes nach Jesaja: Geist der Durchführungskraft. Getroffene Entscheidungen müssen in Raum und Zeit verwirklicht, durchgeführt werden.[249]

D.76 In der Praxis gibt es für die Institutionen des Geisteslebens häufig eine staatsunabhängige Organisation: die Selbstverwaltung. Universitäten, öffentlich-rechtliche Rundfunkanstalten, zahlreiche Theater, Museen, Bibliotheken sind öffentlich-rechtlich, aber vom Staat unabhängig organisiert und haben das sogenannte *Selbstverwaltungsrecht* – ebenso wie die Gemeinden (Art. 28 Abs. 2 GG).[250]

D.77 Die *organisatorische* Unabhängigkeit ist aber nicht immer Garant *tatsächlicher* Freiheit. Abhängigkeit kann auch durch die «goldene Kette» einer Finanzierung oder Subventionierung geschaffen werden. Und sie wird gar häufig auf diese Weise geschaffen: *Wer zahlt, schafft an!* Deshalb empfiehlt Rudolf Steiner zum Abbau der Staatsabhängigkeit mehr Finanzierung des Geisteslebens durch Einzelpersonen (auch aus dem Wirtschaftsleben).[251] Dies sollte selbstverständlich selbstlos geschehen, nicht um als Sponsor glänzen und Vorteile in der Gunst des Publikums erzielen zu können.[252]

D.78 Nimmt man nun die drei wesentlichen Kultur-Bereiche des Geisteslebens – Kunst, Religion und Wissenschaft – in den Blick, so finden wir bei Steiner den wiederholten Aufruf, diese drei Ströme wieder zu einer Einheit zu gestalten, die sie ursprünglich waren – natürlich unabhängig vom Staat. In seinem dritten Vortrag in «Der Jahreskreislauf als Atmungsvorgang der Erde und die vier großen Festeszeiten» schildert Steiner zusammen mit dem Osterfest und dem Michael-Fest Wissenschaft, Religion und Kunst als drei

Geschwister. Bei dem richtigen inneren Bewusstsein werde das im Leben stehen, was wir brauchen:

> «[...] durchgeistigte Natur, natürlich gestaltender Geist, die eines sind, und die auch wiederum Religion, Wissenschaft und Kunst in eines verweben werden [...]. Und auf alles menschliche Leben könnte der Michael-Gedanke, der festlich lebendig werden sollte im Jahreslauf, inspirierend wirken.»[253]

Am 30.1.1923 erklärte Steiner (GA 257,46):

> «So beginnt Anthroposophie überall mit Wissenschaft, belebt ihre Vorstellungen künstlerisch und endet mit religiöser Vertiefung [...].»

Zu denken ist auch an das schöne Goethe-Wort (HA I, S. 367):

> «Wer Wissenschaft und Kunst besitzt,
> Hat auch Religion;
> Wer jene beiden nicht besitzt,
> Der habe Religion.»

Und in einem Brief an Carl Ernst Schubarth schrieb *Goethe* am 21.4.1819:

Auf

GLAUBE LIEBE HOFFNUNG

ruht des Gottbegünstigten Menschen

RELIGION KUNST WISSENSCHAFT

diese nähren und befriedigen

das Bedürfnis

ANZUBETEN HERVORZUBRINGEN ZU SCHAUEN

alle drei sind eins

von Anfang und am Ende

wenn gleich in der Mitte getrennt.[254]

2. KUNST

D.79 Rudolf Steiner hat selbst Kunstwerke in einer kaum fassbaren Vielfalt und Fülle geschaffen: Sprachdichtungen, Mysteriendramen, Prosawerke, eine neue Sprachgestaltung und die Eurythmie (auch mit zahllosen Zeichnungen von Eurythmieformen), hunderte Aquarelle, Pastelle und Temperabilder, Wandtafelzeichnungen, Skizzen und Skulpturen, Bauwerke (Goetheanum!), Kleinodien und vieles andere mehr. Die ganze «Abteilung C» der GA des Rudolf Steiner Verlages erfasst Publikationen mit künstlerischen Werken von Rudolf Steiner.[255]

D.80 In der «Philosophie der Freiheit» nennt Rudolf Steiner auch die «Philosophie eine Kunst» (GA 4,270). Und in seinem «Credo. Der Einzelne und das All» (etwa 1886) benannte er die Kunst als eine der «vier Sphären menschlicher Tätigkeit, in denen der Mensch sich voll hingibt an den Geist» (GA 40,16 – QR 5.6).

Steiner sieht die Kunst nicht als eine elitär-private Kategorie menschlicher Aktivität an, sondern er setzt künstlerische Impulse auch für die Arbeit im sozialen Leben voraus (GA 72,176f. – QR 102.2f.). Sein Appell:

«[..] es ist die Mission des menschlichen Geschlechtes auf Erden, den Erdball künstlerisch umzugestalten.»[256]

D.81 Natürlich, so möchte man sagen, gehört die Kunst im dreigegliederten sozialen Organismus zum freien Geistesleben.[257] Dort, im freien Geistesleben, werde auch der «aus seiner freien Begabung heraus Schaffende [...] Aussicht auf eine rechte Beurteilung seiner Leistungen haben, wenn es eine freie Geistesgemeinschaft gibt, die ganz aus ihren Gesichtspunkten heraus in das Leben eingreifen kann.»[258]

D.82 Heute findet die Freiheit der Kunst in Art. 5 Abs. 3 GG eine verfassungskräftige Gewährleistung, die auch ein freies künstlerisches Geistesleben zu tragen vermag:

«Kunst und Wissenschaft, Forschung und Lehre sind frei. Die Freiheit der Lehre entbindet nicht von der Treue zur Verfassung.»[259]

In der Praxis gibt es denn auch kaum direkte Eingriffe des Staates in Inhalte der Kunst. Freilich bieten hunderte Abhängigkeiten organisatorischer, vor allem aber finanzieller Art ein schwer durchschaubares Mosaik von Dependenzen. Subventionen mögen manchmal notwendig sein und manchen Kunstbeitrag materiell überhaupt ermöglichen. Aber sie führen zu Abhängigkeiten vom Geldgeber, vom Staat – bis hin zur staatlichen Rechnungsprüfung.[260]

3. RELIGION

D.83 Religion gehört, man möchte sagen: selbstverständlich, zum freien Geistesleben, das unabhängig vom Staat gedeihen soll – zusammen mit Kunst und Wissenschaft, gegliedert, aber einander befruchtend.[261]

Steiner fordert natürlich die Freiheit des religiösen Lebens und die Religionsfreiheit. In seinem herrlichen Vortrag «Was tut der Engel in unserem Astralleib?» können wir lesen:

«Geisteswissenschaft für den Geist, Religionsfreiheit für die Seele, Brüderlichkeit für die Leiber, das tönt wie eine Weltenmusik durch die Arbeit der Engel in den menschlichen astralischen Leibern.»[262]

D.84 In seinem Vortrag «Christus und die menschliche Seele» am 12.7.1914 schildert Steiner, dass «der Mensch während der Erdenentwicklung» dasjenige werden soll, was man mit dem Ausdruck «Persönlichkeit» bezeichnen könnte; dazu empfange er zwei «religiöse Gaben» (GA 155,143 – QR 74.1f.).

D.85 In diesem Zusammenhang sei daran erinnert, dass Rudolf Steiner die von ihm beobachtete «Juristifizierung» des Christentums abgelehnt hat; dabei erwähnte er auch den «Weltenrichter» von Michelangelo in der Sixtinischen Kapelle. Diese Meinung korrespondiert wohl mit der Erkenntnis, dass Christus Aufgaben hat, die über das Richten, über ein «Jüngstes Gericht» hinausgehen (oben C.126).

D.86 In der Bundesrepublik Deutschland garantiert Art. 4 GG:

«(1) Die Freiheit des Glaubens, des Gewissens und die Freiheit des religiösen und weltanschaulichen Bekenntnisses sind unverletzlich.
(2) Die ungestörte Religionsausübung wird gewährleistet.»

Diesen Grundrechtsschutz verstärkt Art. 140 GG durch die Übernahme einiger Artikel der Weimarer Reichsverfassung 1919 (WRV), z.B.:

- «Es besteht keine Staatskirche.» (Art. 137 Abs. 1 WRV)
- «Die Freiheit der Vereinigung zu Religionsgesellschaften wird gewährleistet.» (Art. 137 Abs. 2 Satz 1 WRV)
- «Jede Religionsgesellschaft ordnet und verwaltet ihre Angelegenheiten selbstständig innerhalb der Grenzen des für alle geltenden Gesetzes.» (Art. 137 Abs. 3 Satz 1 WRV)[263]

So bestehen heute in der Bundesrepublik Deutschland zahlreiche staatsunabhängige Religionsgesellschaften, zuvorderst in der Form der Körperschaft des öffentlichen Rechts.

D.87 «Die Christengemeinschaft», die Rudolf Steiner 1922 impulsiert hat, ist eine selbstständige christliche Kirche. Sie wirkt für die religiöse Erneuerung des Christentums, insbesondere durch die Pflege des Kultus in der Gemeinschaft. In der Christengemeinschaft besteht Freiheit in der Lehre und Bekenntnisfreiheit – für den Kultus Einigkeit, gemeinschaftlicher Zusammenhalt.[264]

Steiner hat auch für die Organisation der Christengemeinschaft einige Anregungen gegeben: Eine gewisse «Hierarchie» werde es geben, auch eine «Art Aufsteigen» (GA 344, 66, 70, 129). Diese Hierarchie ist eine priesterinterne Sozialstruktur und hat für die Mitglieder keine Auswirkung.[265]

In der Christengemeinschaft sind Frauen als Priesterinnen gleichberechtigt.[266]

4. WISSENSCHAFT

D.88 Rudolf Steiner machte wiederholt einsichtig: Wissenschaft kann nur leben, wenn sie vom Staat unabhängig ist.[267] Rudolf Steiner mahnte eine «lebendig werdende Wissenschaft» an.[268] Besonders die von ihm gestiftete Geisteswissenschaft solle lebendig sein:

«[...] dieser verlebendigten Wissenschaft wird es wiederum gelingen, zu dem Christus vorzudringen. [...] Der Wissenschaftsgeist muss wieder persönlich werden. Dazu gibt die Erde ihre Anregungen nicht mehr her. Dazu brauchen wir die Durchchristung der Wissenschaft selber. Und wenn wir die Wissenschaft durchchristen, dann legen wir die ersten Keime zur Entwickelung des Geistselbst.»[269]

Ein bedeutendes Ziel unseres Strebens sei also die Durchchristung der Wissenschaft![270]

D.89 Schon sehr früh merkte Steiner an, dass Wissenschaft letzten Endes die Antwort auf die große Frage ist: *Was bedeutet mein Ich dem Universum gegenüber?*[271]

D.90   Und immer wieder, auch aktuell, bedenkenswert sind seine Worte aus der «Philosophie der Freiheit»:

> «Alle Wissenschaft wäre nur Befriedigung müßiger Neugierde, wenn sie nicht auf die Erhöhung des *Daseinswertes der menschlichen Persönlichkeit* hinstrebte. Den wahren Wert erhalten die Wissenschaften erst durch eine Darstellung der menschlichen Bedeutung ihrer Resultate.»[272]

D.91   Wie wichtig die Erneuerung der Wissenschaft auch für das soziale Leben ist, erklärte Steiner am 16.1.1920.[273]

D.92   In der Bundesrepublik Deutschland genießt die Wissenschaft zusammen mit Lehre und Forschung einen fundamentalen Grundrechtsschutz.[274]

Praktisch wird Wissenschaft vorwiegend an *staatlichen* Universitäten durch Professoren, Assistenten, Studenten etc. gepflegt. Die Universitäten haben das Recht der Selbstverwaltung, sie werden aber in der Regel vom Staat voll finanziert. In übertriebener Sozialstaatlichkeit werden bisher in vielen Bundesländern noch nicht einmal Studiengebühren, Hörgelder und andere Abgaben von den Studierenden, die ja vom Studium profitieren, erhoben.[275]

5. SCHULEN

a. Unabhängigkeit des Erziehungs- und Schulwesens

D.93   Steiner sah einen elementaren Kernpunkt für die Dreigliederung des sozialen Organismus darin, dass Schulen und andere Erziehungsstätten als wesentliche Glieder des freien Geisteslebens unabhängig wirken können.[276] Der Staat hat sich nicht in Kirche und Schule einzumischen.[277]

Wichtig in unserem Zusammenhang: Kinder und Jugendliche sollen in den Schulen zu sozialem Denken und Fühlen und zur Demokratie erzogen werden.[278]

b. Schulwesen und Wirtschaftsleben

D.94   Wichtig war Rudolf Steiner auch die Abgrenzung des Schulwesens zum Wirtschaftsleben (GA 328,91 – QR 138.12).

c. Freie Waldorfschulen

D.95 Für viele Menschen sind die von Steiner initiierten Freien Waldorfschulen und die Rudolf-Steiner-Schulen das, was sie von Anthroposophie und ihrem Begründer am ehesten kennen. In der Tat ist ja die Schaffung dieses freien Schulwesens eine der ganz großen, vor aller Augen global wirkenden Leistungen von Steiner. Er hat die Waldorfschule in einer Zeit des Umbruchs entwickelt, von deren Dramatik wir uns heute nur schwer eine Vorstellung machen können. Heute gibt es weltweit über tausend Waldorf- und Rudolf-Steiner-Schulen, außerdem Heilpädagogische Schulen, Fachhochschulen, Universitäten, Waldorf-Kindergärten u. v. a. m.[279] Das Bild der Waldorf-Pädagogik kann hier nicht *in extenso* geschildert werden; dafür gibt es eine umfängliche Literatur – eine Auswahl im Anhang.[280]

Es liegt auf der Hand, dass bei der Gründung und beim Betrieb dieser freien Schulen mit tausenden beteiligten Menschen mit durchaus unterschiedlichen Standpunkten eine Fülle sozialer Fragen entsteht, die auch einer rechtlichen Regelung durch Satzungen, Verträge etc. bedürfen – ergänzt durch einen aufgrund von gemeinschaftlichen Usancen gebildeten, lebendigen Rechtsleib dieser Schule.[281]

d. Zur freien Wahl einer Schule

D.96 Mit dem Gedanken und der Einrichtung eines freien Schulwesens stellt sich auch die Frage, ob die Kinder dann überhaupt noch zur Schule gehen würden. Steiner erklärte zu dieser «Gefahr» am 2.4.1919, «viele Menschen fürchten heute, dass wir alle wiederum, respektive unsere Nachkommen, Analphabeten werden, wenn wir uns unsere Schule selber wählen können. Das werden wir schon nicht werden.»[282]

Anzumerken ist dazu, dass jetzt schon gelegentlich geduldet wird, dass Eltern ihre Kinder zu Hause unterrichten (lassen). In vielen Staaten weltweit ist «Home Schooling» erlaubt und wird in großem Umfang praktiziert – ohne erkennbaren Schaden für irgendjemanden. Dazu ist auch darauf hinzuweisen, dass sich nach juristischer Praxis eine staatliche Schulpflicht auch auf den Besuch von freien Schulen beziehen kann und in gewisser Weise heute schon bezieht. Denn nach den Schulgesetzen der Länder mit der allgemeinen Schulpflicht sind die erziehungsberechtigten Eltern verpflichtet, ihr Kind eine Schule der einen oder der anderen Gruppe besuchen zu lassen.[283]

e. Keine demokratischen Regeln im Schulwesen!

D.97 Steiner wollte die für das Staatsleben entwickelten demokratischen Regeln nicht in den Schulen gelten lassen:

> «In Bezug auf das geistige Leben und das wirtschaftliche Leben sind Majoritätsbeschlüsse ein Unding; da muss alles aus Sach- und Fachtüchtigkeit heraus sich entwickeln.»[284]

Diese Worte von Steiner haben nicht verhindern können, dass seit Jahrzehnten auch in freien Schulen nicht geklärt scheint, wie Entscheidungen herbeigeführt und beachtet werden sollen und wie sich in der Selbstverwaltung die Notwendigkeiten des freien Geisteslebens und des Rechtslebens durchdringen. Kennzeichnend für den Disput sind die Aufsätze von *Ernst Lehrs:* «Republikanisch, nicht demokratisch», und von *Dieter Brüll:* «Republikanisch *und* demokratisch» – zwei Begriffe, die sicher nicht synonym zu verwenden sind.[285]

Und so leiden viele Schulen, vor allem aber die lehrenden und auch die lernenden Menschen einerseits unter der Furcht, durch die Forderung von Einmütigkeit endlose Konferenzen (ggf. mit querulatorischem Gehabe) zu provozieren, andererseits durch einfache Mehrheitsentscheidungen (z. B. 17 : 16) namhafte Teile der Kollegenschaft «unterzubuttern» und so den Keim für massive Unzufriedenheiten zu legen. *Ernst Lehrs* sprach von einem «Durchleiden der weitgehend doch demokratischen Handhabung unserer Angelegenheiten [...] mit der Folge schmerzlichsten Zeit- und Kräfteverschleißes» (Erziehungskunst, 1988, S. 34, siehe auch S. 38); *Dieter Brüll* beobachtete, dass «Konferenzen Heimsuchungen werden» können (a. a. O., S. 44). Rudolf Steiner selbst hat wiederholt unter «endlosen Konferenzen» gelitten, in denen stundenlang, oft fruchtlos über Details geredet wurde (*Christoph Lindenberg*, Motive der Weihnachtstagung, S. 71).

Dieses leider verbreitete Konferenz-Leiden hat eine Wurzel sicher einmal in dem egozentrischen Glauben vieler Beteiligter, ohne ihren so wertvollen Diskussionsbeitrag würde die Welt untergehen. Zum anderen vergessen viele den allgemein bekannten, aber nicht allgemein beachteten Gebets-Spruch:

> «Gib mir Mut und Kraft, Dinge zu ändern, die ich ändern kann –
> Die Geduld und Gelassenheit, Dinge zu ertragen, die ich nicht ändern kann –
> Und [das Wichtigste:] die Weisheit, das eine vom anderen zu unterscheiden!»

Denn wie viele Stunden wird in «endlosen Konferenzen» über einen Punkt debattiert, der nicht zu ändern ist – und ebenso oft bleiben Missstände bestehen, die «eigentlich», mit etwas Mut, geändert werden könnten. Hinzu kommt die erwähnte Unsicherheit: Wo herrschen Prinzipien des Geisteslebens, wo Grundsätze des Rechtslebens?

Zur Klärung möchte der Verfasser einen differenzierenden Beitrag versuchen:

Große Teile des Schullebens sind echtes Geistesleben und folgen der Devise Freiheit; z.B. die ganz praktische Gestaltung des Unterrichts, die aus dem lebendigen Schaffen und Lehren der Lehrer-Individualität hervorgehen mag (oben D. 93).

Daneben gibt es in dem Sozialkörper «Schule» eine ganze Reihe von Lebenssachverhalten, die ihrer Natur nach einer (rechts-)verbindlichen Ordnung bedürfen: die äußere Zeit- und Raum-Ordnung des Unterrichts sowie der Pausen, Anstellung eines Lehrers, Kauf von Lehr- und Büromaterial, Miete eines Gebäudes u. v. a. m. Dies ist seiner Natur nach Rechtsleben.

Die Übergänge zwischen einem solchen Geistesleben und einem derartigen Rechtsleben – die eben zu unterscheiden sind – mögen sowohl vom Zeitablauf als auch von der Natur der Sache her «fließend» und deshalb im Einzelfall schwierig zu fixieren sein. So wird z.B. im Kollegium in freier Aussprache die Frage besprochen, ob für den Physik-Unterricht die Versuchsapparatur A oder die Anlage B pädagogisch empfehlenswert und ihr Ankauf notwendig ist oder ob man eine Versuchsanlage im Rahmen eines Schülerprojektes selbst basteln sollte: freies Geistesleben mit freier Aussprache «aus Sach- und Fachtüchtigkeit heraus». Dann steht ggf. die Kollegial-Entscheidung an, die für einen Kaufvertrag mit der Firma Z notwendig ist: Dies ist ein erster Schritt «Rechtsleben», für den die sachkundigen, betroffenen Menschen einen Beschluss fassen müssen, der für das weitere Geschehen rechtsverbindlich sein muss.

Um nun für eine solche Beschlussfassung die oben genannten Gefahren (Überstimmung relativ vieler Menschen oder endlose Konferenzen mit dem unbedingten Ziel der Einstimmigkeit und denkbarem Querulantentum) zu mindern oder gar auszuschließen, sollte man als Basis ein solides Zustimmungsquorum vereinbaren. Und dafür sei hier analog zu dem bekannten «Goldenen Schnitt» eine «Goldene Mehrheit» vorgeschlagen: das sind mindestens 61,8 %. Praktisch bedeutet dies bei einem Kollegium von 25 Menschen, dass ein Beschluss dann zustande kommt, wenn 16 oder mehr Menschen übereinstimmend für eine bestimmte Lösung votieren, während die anderen (maximal neun) Menschen, oft mit durchaus unterschiedlichen (!) Standpunkten und Voten, nicht positiv mitwirken. Dazu folgende innere Analogie: So wie beim «Goldenen Schnitt» sich der kleine Teil (minor) zum großen Teil (maior) wie der große Teil zum Ganzen verhält, sollte bei der Praktizierung einer «Goldenen Mehrheit» die Minorität die Entscheidung der Majorität ebenso verstehen und dann mittragen wie die Majorität sich für das Ganze einsetzen sollte.[286]

f. Schulwesen im Grundgesetz für die Bundesrepublik Deutschland

D.98   Im Lichte der Aussagen von Steiner nun ein Blick auf die Rechtslage des Schulwesens in der Bundesrepublik Deutschland:

Nach Art. 7 Abs. 1 Grundgesetz steht «das gesamte Schulwesen [...] unter der Aufsicht des Staates». Diese Aufsicht wird in den für das Schulwesen geltenden Landesgesetzen unterschiedlich und differenziert geregelt: für einzelne Sachbereiche Fachaufsicht oder Dienstaufsicht oder Rechtsaufsicht (z. B. § 32 Bad.-Württ. Schulgesetz; Art. 111ff. Bayerisches Gesetz über das Erziehungs- und Unterrichtswesen). Fachaufsicht ist eine staatliche Aufsicht, die nicht nur – wie die Rechtsaufsicht – das Einhalten der gesetzlichen Bestimmungen beaufsichtigt, sondern die den Schulen auch Ermessensentscheidungen vorzugeben und zu korrigieren vermag.[287]

Hier drängt sich die Frage auf: Besteht ein Widerspruch zwischen Art. 1 und 2 GG (mit der Gewährleistung der Würde des Menschen und der Entfaltung der Persönlichkeit) einerseits und Art. 7 GG (mit einer umfassenden Staatsaufsicht über einen ganz wesentlichen Teil der Entwicklung des Menschen) andererseits?

Es liegt auf der Hand, dass schon eine durchgängige Beschränkung der staatlichen Schulaufsicht auf eine *Rechts*aufsicht die Unabhängigkeit der Schulen und der Lehrer stärken würde – so wie bei Gemeinden, öffentlich-rechtlichen Rundfunkanstalten und anderen Organisationen mit Selbstverwaltungsrecht und staatlicher Rechtsaufsicht, wo die Entscheidungsspielräume natürlich größer und freier sind und die Selbstverwaltung insgesamt gut funktioniert.[288]

In diesem Sinne wäre also die staatliche Aufsicht der Schulgesetze im Lichte des Grundgesetzes zunächst einmal auf eine Rechtsaufsicht zu beschränken, und zwar sowohl hinsichtlich der freien Schulen als auch hinsichtlich der staatlichen Schulen.[289]

Ob freilich die Zeit schon dafür reif ist, auf jedwede staatliche Aufsicht zu verzichten, mag wohl nicht jeder bejahen. Möglich und erwägenswert erscheint auch hier ein Stufenplan, ein weicher Übergang.[290]

D.99 Art. 7 Abs. 4 Grundgesetz gewährleistet «das Recht zur Errichtung von privaten Schulen. [...] Private Schulen als Ersatz für öffentliche Schulen bedürfen der Genehmigung des Staates und unterstehen den Landesgesetzen.»[291]

Diese Verfassungsrechtslage ist für ein Schulwesen in freier Trägerschaft keine schlechte Grundlage. Es ist freilich eine weit verbreitete Meinung, dass diese Verfassungslage gerechter realisiert werden müsste. Dazu kurz das Folgende:

Das Grundgesetz lässt nicht-staatliche Schulen in freier Trägerschaft ausdrücklich zu und sichert die freie Schule als Institution. Das höchste deutsche Gericht erklärte dazu: «Die Privatschule wird damit als eine für das Gemeinwesen notwendige Einrichtung anerkannt und als solche mit ihren typusbestimmenden Merkmalen unter den Schutz des Staates gestellt.» (BVerfGE 112,83)

Das Schicksal, dass freie Ersatzschulen «der Genehmigung des Staates» bedürfen, teilen sie mit anderen Institutionen des öffentlichen und auch des privaten Lebens (bestimmte Gewerbe- und Verkehrsbetriebe, Atomwerke, private Rundfunkunternehmen u. v. a. m.). Die Erziehung der Kinder ist ein so hohes Gemeinschaftsgut, dass diese Genehmigungspflicht für freie Schulen, wenn sie öffentliche Schulen ersetzen sollen, nicht gegen verfassungsrechtliche Kernsätze verstößt.[292]

Dass die Verfassungslage für «private Volksschulen» strenger, restriktiver ist als für andere Schulen (Art. 7 Abs. 5 GG) hat zur Vermeidung eines privaten Wildwuchses in diesem für die Grundbildung eines Volkes so wesentlichen Bereich wohl derzeit seine Berechtigung.

Freilich beklagt der «Bund der Freien Waldorfschulen» ebenso wie andere Verbände freier Schulen seit vielen Jahren, dass in der Praxis von einer gleichberechtigten und gleichrangigen Behandlung freier Schulen nach wie vor keine Rede sein kann (zuletzt Pressemitteilung vom 7.3.2007). Wenn z.B. eine Waldorfschule 70 % ihrer Kosten vom Staat erhält, müssen die restlichen 30 % von den «Waldorf-Eltern» aufgebracht werden, durch Eigenleistungen oder durch Spenden und Schulgelder (rechnet man die Investitionskosten, die überwiegend von den Eltern getragen werden müssen, hinzu, erscheint das Missverhältnis zu Lasten der Eltern noch krasser). Das ist entscheidend anders als bei staatlichen Schulen, bei denen oft sogar die Kosten für die Schulbücher von der Schule = vom Staat = von der Allgemeinheit getragen werden. Im Rahmen dieser Allgemein-Finanzierung aus Steuern finanzieren die «Waldorf-Eltern» – zusätzlich zu der direkten Finanzierung ihrer Waldorfschule – die staatlichen Schulen mit. Diese Ungleichbelastung erscheint als verfassungsrechtlich bedenklich. Geistiger Ausgleich: Viele Waldorf-Eltern haben das Bewusstsein, dass ihre Kinder eine bessere Schulausbildung erhalten.[293]

Zum Schluss noch folgende Anmerkung: Nach den bekannten Daten ist davon auszugehen, dass freie Schulen erheblich weniger «kosten» als staatliche Schulen. Dies hat auch eine Untersuchung des Instituts der Deutschen Wirtschaft in Köln bestätigt (idw-Pressemitteilung vom 5.3.2007 mit weiteren interessanten Informationen). Würde sich der Anteil freier Schulen am gesamten Schulwesen in Deutschland von derzeit ca. 7 % dem europäischen Durchschnitt von 20 % annähern, könnten in den Staatshaushalten regelmäßige Einsparungen in Milliardenhöhe erzielt werden. Da Politiker auf Sparsamkeit verpflichtet sind, sollten sie schon aus diesem materiellen Grund das freie Schulwesen mehr fördern. Zu einer stärkeren Förderung freier Schulen sollte auch die Erfahrung führen, dass von den Schulanfängern in Waldorfschulen wesentlich mehr einen ordentlichen Abschluss schaffen als in staatlichen Schulen (idw, a.a.O.). Ein so menschengemäßes Schulwesen zu fördern gebieten auch Art. 1 und 2 GG: Schutz der Würde des Menschen ist Pflicht aller staatlichen Organe, ebenso die Sicherung der freien Persönlichkeitsentfaltung.[294]

6. MASSENKOMMUNIKATION – «FREIZEIT-KULTUR»

a. Fernsehen, Radio, Presse, Internet

D.100 Viele Menschen verbringen heute weite Strecken ihrer (Frei-)Zeit mit einem stundenlangen «Konsum» von Massenmedien: Fernsehen, Radio, Kino, DVD, Internet mit IPTV (= Internet-Fernsehen) und Handys mit Computer-Spielen und tausenden Informationsquellen, Zeitschriften und Zeitungen, die gelesen, zumindest durchgeblättert werden. So bilden sie sich ihr BILD und ihre Meinung über das Geschehen – soweit es ihnen durch das rezipierte Medium vermittelt wird.

«Das Medium ist Massage.» Das ist der Titel des klassischen Bestsellers von *Marshall McLuhan*, «The medium is the massage» (nicht: message = Botschaft). Auch «Masse» in dem Wort «Massenmedien» kommt sprachlich von griech. *mássein* = *kneten*. Und so ist es eine täglich erfahrbare Binsenwahrheit: Wir leben in einer Massenmediengesellschaft, in einer – seit *Gustave Le Bons* «Psychologie der Massen» bekannten – psychologischen Sondersituation. Das ist auch eine Erscheinung unserer Kultur.[295]

b. Rudolf Steiner über Presse und Kino

D.101 Als Teil der Kultur erscheint die Massenkommunikation in einem dreigegliederten sozialen Organismus als Teil des Geisteslebens. Nach Steiner soll sie deshalb staatsunabhängig sein.

Steiner hat die heutige Medien-Gesellschaft physisch nicht erleben können. Er hat aber auch hier Entwicklungen vorausgeahnt, und er hat sich zu einigen einschlägigen Erscheinungen seiner Zeit dezidiert geäußert. Er war ja selbst jahrelang journalistisch-publizistisch tätig und hatte dabei auch rechtlich relevante Erlebnisse. So berichtete er einmal über seine Qual, als er als Redakteur eine (ihm offenbar unberechtigt erscheinende) presserechtliche «Berichtigung» abdrucken musste (GA 32,453 – QR 25). In Breslau-Koberwitz sprach er humorvoll über einen Prozess als junger Redakteur.[296]

D.102 Eine Klage über «Stilkorruption durch die Presse» fand sich schon 1890 in den «Nationalen Blättern»: «Ganz Europa bewundert an unseren Prosaikern die strenge Gliederung ihrer geistigen Produkte; unsere Zeitungsprosa ist verworren, ohne alle Gliederung, zerfahren.»[297]

D.103 In einem Arbeitervortrag am 19.10.1922 erklärte Steiner: «Wenn Sie heute irgendeine Zeitung in die Hand nehmen, [...] dasjenige, was Ihnen da an Tatsachen aufgetischt wird, hat ja nicht den allergeringsten Wert.»[298]

Alexander Strakosch berichtet, wie Steiner einmal nach der Lektüre einer Triester Lokalzeitung «lustig» angemerkt habe: «Sehen Sie, das ist eine richtige Zeitung! [...] Ja, die schreibt auf der vierten (letzten) Seite das Gegenteil von dem, was auf der ersten steht. Sie weiß, dass sie sich darauf verlassen kann, der bei der letzten Seite angelangte Leser habe längst vergessen, was er auf der ersten gelesen.»[299]

D.104 Schon 1893 hatte Rudolf Steiner in seinem Artikel «Alte und neue Moralbegriffe» den Missbrauch des Wortes «modern» angeprangert (GA 31,180 –

QR 9.1). In einem Bericht «Wissenschaft und Presse» plädierte er 1898 für eine harmonische Zusammenarbeit zwischen Wissenschaftlern und Journalisten (GA 31, 635f.). Und als er 1911 davon sprach, dass «drahtlose Vorrichtungen [...] unsere Gedanken [...] über den ganzen Erdball» hintragen, sagte er zu der Frage, was wir davon haben: «Die trivialsten, ödesten Gedanken schicken wir von einem Ort zum anderen [...]» (GA 130,200). Und heute?[300]

D.105 Eine ähnlich kritische Gesamteinschätzung begegnet uns schon bei den beiden großen Klassikern. *Goethe* lässt im «Vorspiel auf dem Theater» den Direktor über das erwartete Publikum klagen:

«Und, was das Allerschlimmste bleibt,
Gar mancher kommt vom Lesen der Journale.»[301]

Friedrich Schiller schreibt kurz und bündig allgemein:

«Es liebt die Welt, das Strahlende zu schwärzen,
Und das Erhabne in den Staub zu ziehn»

Und in den *Xenien* ist zu lesen:

«Wie sie knallen, die Peitschen! Hilf Himmel! Journale! Kalender!
Wagen an Wagen! Wie viel Staub und wie wenig Gepäck!»[302]

D.106 Zum Kino äußerte sich Steiner am 12.10.1920 sehr interessant auf die Frage, ob man denn das seinerzeit neue *Kinoleben mit allen seinen unsittlichen Ausbrüchen frei gedeihen lassen solle oder ob nicht da doch der Staat eingreifen müsse:*

«Wer so fragt, der kennt [...] nicht ein gewisses tiefsoziales Gesetz. Jedes Mal, wenn Sie glauben, irgend etwas, sagen wir die Unsittlichkeit der Kinos, durch Staatsmacht bekämpfen zu können, so berücksichtigen Sie nicht, dass Sie durch solch eine Abschaffung der unsittlichen Kinostücke [...] diese Instinkte auf ein anderes Gebiet, vielleicht ein schädlicheres, ableiten. Und der Ruf nach einer Gesetzgebung gegen unsittliche Kunst – und sei es selbst Kinostücke –, der drückt nichts anderes aus als die Ohnmacht des Geisteslebens, Herr zu werden über diese Dinge. Im *freien* Geistesleben wird das Geistesleben eine solche Macht haben, dass tatsächlich die Menschen aus Überzeugung nicht in das Kino hineingehen werden.»[303]

Da die Masse der gegenwärtigen Menschheit von einer Einsicht in die Un-sittlichkeit vieler Darbietungen meilenweit entfernt erscheint und da unbe-aufsichtigte Kinder und Jugendliche vor negativ wirkenden Fernsehsendun-gen meist nicht anders bewahrt werden können, besteht wohl heute auf ab-sehbare Zeit die Aufgabe, das Schlimmste durch staatliche Regelungen und deren couragierte Anwendung zu verhindern.[304]

D.107 Im Arbeitervortrag am 18.7.1923 sprach Steiner von dem Begehren, dass sich der Mensch alles «vorfilmen» lassen wolle (GA 350, 207). An anderer Stelle prangert Steiner die «Schlaffheit», die «Bequemlichkeit des Denkens» an, die aus der ganzen Welt ein Kino machen möchte.[305]

c. Die Lage heute

D.108 Heute, mit dem stundenlangen Fernseh-Konsum und dessen offenkundigen, oft negativen psychischen und auch physischen Folgen, können die Sätze von Steiner nur wie eine beklemmende Vision wirken – und als Aufruf: Nicht alles vorfilmen lassen, sondern mitdenken! Das ständige Vorführen fertiger Bildfolgen zerstört ja die Fähigkeit der Imagination. *Sergej O. Pro-kofieff* weist zu Recht darauf hin, dass die «Fähigkeit zur Imagination schon von Kindheit an durch Fernsehen, Kino, Reklame, Computer- und ‹virtuelle Spiele› ausgemerzt» werde (Begegnung mit dem Bösen, S. 33). Schon *Karl Heyer* hielt das Fernsehen für ein Gegenbild der Imagination, Hörfunk-Radio für ein Gegenbild der Inspiration.[306]

Zudem ist jedem klar: Wir haben eine elektromagnetische, globale Ver-netzung eines globalen Dorfes mit global-gleichen Ideen, Formen, «Formaten», Gedanken: globale Egalisierung. Dazu kommt inhaltlich eine oft unerträgliche Über-Betonung des Gewöhnlichen, des Tierischen, des Sexuellen, des Gewalt-haften, des Negativen. *Goethe* schon ließ Mephistopheles über «den Schein des Himmelslichts», den Gott den Menschen gegeben habe, sagen:

«Er nennt's Vernunft und braucht's allein,
Nur tierischer als jedes Tier zu sein!»[307]

Das ist leider Erscheinung und Wirkung zahlreicher massenmedialer Darbie-tungen. Ist das auch ihr Ziel? Welche Wesenheit wirkt hier: Luzifer? Ahri-man?[308]

Freilich dürfen wir nicht vergessen und übersehen: Es gibt heute täglich hervorragende journalistisch-publizistische Leistungen. Wir werden ja stetig aktuell und facettenreich über relevante Ereignisse in aller Welt informiert. Zum aktuellen Geschehen, besonders signifikant etwa bei den revolutionären Ereignissen in Mittel- und Osteuropa 1989, am 11. September 2001, bei der Flutkatastrophe im August 2002, beim Irak-Krieg seit 2003 oder beim Orkan «Kyrill» im Januar 2007 wurde und wird oft innerhalb weniger Stunden ein «ARD-Brennpunkt» oder ein «ZDF-Spezial» – man ist versucht zu sagen – «gezaubert» und das Programm völlig auf ein Top-Ereignis ein- und umgestellt. Das war und ist einfach professionell! Auch sonst übt die große Zahl der publizistischen Mitarbeiterinnen und Mitarbeiter ihren Beruf qualifiziert aus, wie es Medienethik, Pressekodex und Gesetze verlangen. Und manches, was im Fernsehen auffällt, ist nicht Schuld des Journalisten. So z.B., wenn ein Bundeskanzler auf die Bemerkung des «Tagesthemen»-Moderators, Deutschland sei noch nie so verschuldet gewesen wie jetzt, antwortet: «Aber Entschuldigung, das ist aber eine klassische journalistische Behauptung, die ist zwar richtig, aber das ist natürlich nicht die Wahrheit.»

Tatsächlich haben Fernsehen und Hörfunk eine nur ihnen eigene «Macht der aktuellen Massenkommunikation». Nur weil die fast beiläufige Erwähnung eines DDR-Ministerrats-Beschlusses über Ausreisemöglichkeiten am 9.11.1989 *im Fernsehen live* übertragen und von Millionen Menschen «im Osten» und in den DDR-Grenzstationen sekundengleich wahrgenommen wurde, brach binnen weniger Stunden das ganze, durch tausend Zwangsvorschriften und Vopos zusammengehaltene DDR-Staats-System gewaltlos zusammen.[309]

Für Deutschland wird eine durchschnittliche Fernseh-Dauer von 220 Minuten je Erwachsenen und Tag angegeben: Das sind über 3½ Stunden Fernsehen täglich. Fernsehgeräte stehen in 97,7 % der Haushalte; in 38,4 % der Haushalte stehen zwei und mehr Fernsehgeräte.[310]

Dass in diesem Abschnitt über die Medien das Fernsehen im Vordergrund steht, liegt vor allem daran, dass die nur dem Fernsehen eigene Breitenwirkung und «Suggestivkraft» (BVerfGE 90,87 sowie Urteil vom 11.9.2007; siehe Anm. 307) positive wie negative Wirkungen besonders krass aufleuchten lässt. Im Pressewesen gibt es leider auch besorgniserregende Trends zum Negativen. Signifikant, dass der *Deutsche Presserat* sein Jahrbuch 2005 dem Schwerpunkt «Gewaltfotos» widmete.[311]

d. Wirkungen der Massenmedien auf die Wesensglieder des Menschen

aa. Vorbemerkung

D.110 Die allgemeinen Befunde und der Streit über die Wirkungen des Fernsehens allgemein bieten ein merkwürdiges Bild der Uneinheitlichkeit. Die Thesen dieser sog. *Wirkungsforschung* reichen von der *Nachahmungs-These* über die *Katharsis-Theorie* bis zu der fast komisch wirkenden These einer *Nicht-Wirkung* (wofür würden denn dann die Wirtschaftsunternehmen Millionen Euro oder Dollar in die Fernseh-Werbung stecken?). Diese von Fernseh-Unternehmern wohl nicht ungern gesehene Unsicherheit kann aber nicht über die Tageserfahrung hinwegtäuschen, dass Fernseh-Konsum den Menschen zu formen vermag. Es kann doch nur verwundern, dass es Menschen gibt, die sich darüber wundern, dass die Jugend-Kriminalität seit Beginn der 1980er-Jahre signifikant angestiegen ist, als hier das Privatfernsehen startete und den Trend zur Gewalt beschleunigte – leider auch in anderen Programmen![312]

D.111 Große Teile der visuellen Medien zeigen in ihren Programmen sog. *fiction*, also Fiktionen, Erfundenes, Gestelltes – und damit oft Verfremdung, Verzerrung der Realität, des wirklichen Lebens. Kinder und Jugendliche, die natürlicherweise erst einmal versuchen müssen, mit der realen Welt «fertig zu werden», wachsen so bei übertriebenem Fernseh-Konsum in einer Scheinwelt auf, in einer und mit einer Pseudo-Realität. Besonders signifikant: Im Fernseh-Gewerbe werden Programme oft nach «fiction» und «nonfiction» unterschieden: die Wirklichkeit wird also als Negierung der Fiktion, als Nicht-Scheinwelt behandelt! Noch «fiktiver» und in ihren künftigen Wirkungen unüberschaubar erscheint die moderne Internet-Computerwelt von «Second Life».[313]

bb. Wirkungen des Fernsehens auf das Ich

D.112 «Man» ahmt nach, was im Fernsehen gezeigt wird. Das geschieht meist unbewusst, es ist also das Gegenteil einer bewussten Entwicklung. So mag unmittelbar einleuchtend sein, dass ein ausgedehnter Fernseh-Konsum platter Inhalte das schiere Gegenteil der von Steiner mehrfach eindringlich betonten Ich-Entwicklung des Menschen zu einem *aus Erkenntnis Handelnden* ist. Ein solcher «Konsum» muss vielmehr als ihr Widersacher erscheinen. Steiner lehrte uns doch die Notwendigkeit einer bewussten Ich-Entwicklung durch

Konzentration, Bewusstwerden, Zu-sich-Kommen, er plädierte ausdrücklich gegen das «Sich-alles-vorfilmen-Lassen».[314]

Eine Frage, über die weiter nachzudenken ist: Ist das Leben im und mit einem (übermäßigen) Fernsehkonsum etwa eine modern-profane Signatur dessen, was uns Platon in seinem Höhlengleichnis dargestellt hat? Entfremdung von der Wirklichkeit? Ent-Ichung?

cc. Wirkungen des Fernsehens auf den Astralleib

D.113 Häufiger Fernseh-Konsum wirkt auch auf die Entwicklung und (Ver-)Formung von Gefühlen, Leidenschaften und Trieben der Menschen. Wer, wie der statistische Durchschnitts-Jugendliche, bis zu seinem 14. Lebensjahr im Fernsehen mehrere tausend Morde (!) gesehen hat, hat notwendig ein anderes Bild von der Welt und andere Astralitäten als ein Jugendlicher in früheren Zeiten oder ein Jugendlicher heute ohne exorbitanten Fernsehkonsum. Bis hin zur Wirtschaftswerbung mit ihrer Welt herrlich glänzender Küchen und hochgestylter, weitläufiger Wohnräume wirkt das Fernsehen in die Astralität des Menschen. Der heutige Durchschnitts-Fernseh-Mensch nimmt ja tausende Bilder von Verbrechens-Prozessen, *Sex and crime* und *Glamour* in aller Welt auf. Dies übertüncht wohl oft das Geschehen, das sich um ihn herum entwickelt und das ihn «eigentlich» formen soll. Eine Folge mag dann sein: Bei ausgedehntem Fernseh-Konsum von Verbrechen und anderen Scheußlichkeiten liegt die «Schwelle» für das Empfinden von Recht und Unrecht und demzufolge für das Tun von Unrecht, auch für das Empfinden von «Schön und Hässlich», natürlich niedriger.

D.114 Das Fernsehen prägt damit wohl auch das Rechtsbewusstsein und das Rechtsgefühl.[315] Man denke dabei auch an das bekannte Wort von *Sokrates:* Wer einmal gelernt hat, einen Tisch ordentlich zu bauen, wird nicht mehr das Bedürfnis haben, einen schiefen, wackligen Tisch zu schaffen (dazu etwa GA 130,38f., 96f., 148).

Ist da die Folgerung gestattet: Wer ständig, von Kindesbeinen an, bis in die normalen Mittags- und Sonntagsprogramme hinein, Bilder von Fehl-Entwicklungen, sexuellen Irrwegen, leichten und schweren Verbrechen sieht, kann schwerlich ein ordentlich-reales Bild der sozialen Wirklichkeit und der Grundsätze eines gerechten Rechtslebens in sein rhythmisches System und in seine Menschenbrust aufnehmen, aus der das Recht entsteht (oben C.47ff.).

dd. Wirkungen des Fernsehens auf den Ätherleib

D.115 Häufiger Fernsehkonsum schleudert Millionen eindringlicher Bilder auf den Menschen, oktroyiert sog. «Verhaltensmuster» und produziert damit auch Gewohnheiten, die im *Ätherleib,* auch *Bildekräfteleib* genannt, entstehen und bestehen. Da Wiederholungen zu Gewohnheiten gerinnen, ist wohl zu folgern, dass die eben zum Astralleib genannten Punkte bei nachhaltigem Fernseh-Dauer-Konsum auch oder gar zuvorderst auf den Ätherleib als Zeitorganismus wirken. Die Weltgesundheitsorganisation WHO zählt exzessives Fernsehen, den Medienmissbrauch, zu den Suchtkrankheiten.[316]

ee. Wirkungen auf den physischen Leib

D.116 Die eben erörterten Wirkungen auf den Ätherleib können natürlich auch zur Schwächung oder Erkrankung des physischen Leibes führen. Außerdem ist ja evident, dass ein ausgedehnter Fernseh-Konsum durch die technische Natur als Einweg-Kommunikation mit der rein passiven Dauer-Sitz-Haltung des Fernsehzuschauers, des sog. Rezipienten, eigene physisch-körperliche Aktivitäten des Menschen unterdrückt. Schon im Jahre 1962 erschien in der Fachpresse ein bedenkenswerter Artikel mit dem Titel «Passivität durch Fernsehen?».[317]

e. Wie sind heute bei uns die Massenmedien organisiert?

Diese, wohl jeden denkenden Menschen erschütternden, Sach-Befunde und die Ausführungen von Steiner über die Unabhängigkeit des Geisteslebens mögen anregen, zum Themenkreis «Massenkommunikation – Kultur – Geistesleben – Staatsunabhängigkeit» einen Blick auf die gegenwärtige Struktur der Massenmedien zu werfen:

aa. Zeitungen und Zeitschriften

D.117 Die Presse ist in der Bundesrepublik Deutschland sowohl nach der Verfassungslage als auch faktisch staatsunabhängig; Art. 5 GG. Eine institutionelle Inhaltskontrolle haben die Presseschaffenden dem Deutschen Presserat anvertraut, der aus Vertretern der verschiedenen Presseberufe besteht und dessen «Pressekodex» von den Journalisten und Publizisten der Presse zu beachten ist. Die Jahrbücher des Presserates enthalten jeweils eine Fülle auch für unser Thema interessanter Artikel und Entscheidungen.[318]

bb. Öffentlich-rechtliche Rundfunkanstalten

D.118 Die öffentlich-rechtlichen Rundfunkanstalten haben das Recht der Selbstverwaltung und sind weitgehend staatsunabhängig. Freilich ist das häufige Zusammenfallen von Funktionen in Parteien, Parlamenten oder Regierungen einerseits und in den Rundfunkgremien andererseits Anlass zu aufmerksamer Beobachtung und Sorge.

Die Rundfunkgebühr, Hauptfinanzquelle des öffentlich-rechtlichen Rundfunks, wird unabhängig von der Dauer des Empfangs erhoben, also auch unabhängig vom Empfang massenattraktiver oder anspruchsvoller Programme. Deshalb können die öffentlich-rechtlichen Rundfunkanstalten ihre Programme mehr an anderen Qualitäten und Kriterien als an der Einschaltquote ausrichten – und sie sollten es, wohl mehr als in der letzten Zeit, auch wirklich tun.[319]

cc. Privatfernsehen und -hörfunk

D.119 Ziel des privatwirtschaftlichen Rundfunks (Fernsehen und Hörfunk) ist legitimerweise ein möglichst hoher finanzieller Gewinn für die Eigner (die auch internationale «Multis» sein können):

- Dieser Gewinn wächst natürlich mit den Werbe-Einnahmen.
- Diese Einnahmen steigen natürlich mit den Einschaltquoten,
- die rein numerischen Einschaltquoten sind umso höher, je mehr der sog. Massengeschmack befriedigt wird,
- und dies wiederum geschieht erfahrungsgemäß durch Massen-Programme mit Krimis mit Eifersucht, Neid, Mord und anderen Schwerverbrechen, «Sex» bis zu porno-artigen Videoclips, Massen-Sport, Talk-Shows mit «attraktiven», oft schlüpfrigen Themen – zumeist Programme, die dem «Zeitvertreib» und der «Zerstreuung» dienen.[320]

dd. Zeitvertreib und Zerstreuung

D.120 Fernseh-Konsum dient oft dem «Zeit-Vertreib», dem Vertreiben der unersetzlichen, unwiederholbaren Zeit, und der «Zerstreuung» – während doch Konzentration und Bewusstwerden das Gebot der Stunde ist. In seinem Vortrag über das Wesen des Gebets am 17.2.1910 sprach Steiner über das «Mannigfaltige des äußeren Lebens, was uns zerstreut und nicht zur Sammlung kommen lässt».[321] Zu bedenken ist auch, was Steiner am 5.2.1918 sagte:

«Die Toten leiden auch unter unseren Zerstreuungen im rein materiellen Leben, wenn sie in irgendeiner Weise zu uns gehören.»[322]

Dies führt zu der Frage, was geschieht, wenn Menschen den ganzen Abend fernsehen – und womöglich vor dem Fernseher einschlafen:

- Wie wirken die Fernseh-Bilder der Gewalt, des Entsetzens, der Zerstreuung (statt eines Gebets) in die Nacht hinein?
- Was geschieht bei diesen Menschen beim Einschlafen, beim Hinübergehen in die geistige Welt?
- Und was geschieht in der geistigen Welt, wenn diese Menschen so hinübersetzen?[323]

f. Was ist zu tun?

D.121 Unter rechtspolitischem Aspekt stellt sich natürlich auch an dieser Stelle die Frage, wie den skizzierten Fehlentwicklungen zu begegnen ist. Statt neuer Formulierungen gebe ich hier wieder, was ich im Vorwort meines Lehrbuchs «Rundfunkrecht» (2. Auflage 2004) geschrieben habe:

«Realität kann Rundfunkrecht nur dann werden, wenn es tatsächlich angewendet wird, wenn das, was in den verschiedenen Rechtsquellen angelegt ist, auch wirklich umgesetzt und durchgesetzt wird. Wenn z. B. die Gesetze über Programmpflichten (Schutz der Menschenwürde und Schutz vor Gewaltsendungen, Jugendschutz, Pornographieverbot) von den dafür zuständigen Menschen und Institutionen nicht durchgängig beachtet und nicht ausreichend kontrolliert werden, und wenn deshalb eine immer häufiger beklagte Kulturdekadenz und ‹geistige Umweltverschmutzung› mit unabsehbaren Konsequenzen insbesondere für unsere Jugend droht, dann liegt die Ursache dafür ganz sicher nicht in einem Quantitäts-Mangel an Rechtsvorschriften, Gesetzesinhalten, sondern an einem oft erschreckenden Defizit an Zivilcourage, diese Normen anzuwenden und damit schlimme Entwicklungen abzuwenden.»

Der Präsident des Bundesverfassungsgerichts, *Prof. Dr. Hans-Jürgen Papier,* hat in einem Interview im Deutschlandfunk Ende 2006 allgemein ebenfalls davon abgeraten, «auf aktuelle Einzelfälle und Situationen ständig mit neuen Gesetzen zu reagieren. Es gebe bereits eine Tendenz zur Überreglementierung.»[324] Noch einmal:

- Wir brauchen keine neuen Gesetze!
- Wir brauchen Menschen, die die bestehenden Normen couragiert-wirksam anwenden und umsetzen!
- Vor allem ist die geistige Entwicklung zu fördern, damit die Menschen die Massenmedien bewusster wahrnehmen – sowohl was die Dauer als auch was die Inhalte anbetrifft. Lesen Sie bitte noch einmal die Gedanken von Steiner oben bei D.106!
- Eine durchgreifende Aufklärung ist wichtiger als «stroherne, papierne Gesetze».[325]

VI. Zivilrecht

1. BÜRGERLICHES RECHT – ZIVILRECHT – PRIVATRECHT

D.122   Ein großer Bereich des Rechts ist «Zivilrecht», auch «Privatrecht» oder «Bürgerliches Recht» genannt. Es betrifft und ordnet die vielfältigen Rechtsbeziehungen zwischen den Bürgern: von der Rechtsfähigkeit und der Geschäftsfähigkeit über Vertragsgrundsätze, Irrtum, Dissens, Kauf, Miete, Besitz, Eigentum, Hypothek bis hin zu Ehe, Kindesrechten und -pflichten und Erbrecht. In der Bundesrepublik Deutschland ist das Zivilrecht vor allem im Bürgerlichen Gesetzbuch (BGB) sowie in zahlreichen weiteren Bundes- und Landesgesetzen geregelt.[326]

D.123   Steiner hat sich über das Privatrecht mehrfach geäußert. Am bekanntesten ist seine Erklärung, dass die Zivilrechtspflege mit Rechtsprechung nicht zum Staats- und Rechtsleben, sondern zum Geistesleben gehöre.[327]

D.124   Dies ist sicher für manchen Zuhörer überraschend gewesen – und erstaunt wohl auch heute noch manchen Leser. Aber: «Privatrecht» ist ein sehr weiter Begriff und lädt zum Differenzieren ein, dessen man sich nicht nur, aber doch besonders bei juristischen Fragen befleißigen sollte:

- «Privatrechtspflege» geschieht heute und allerorten weitgehend «außergerichtlich» täglich in tausenden Büros und anderswo durch Rechtsanwälte, Justitiare, Rechtsabteilungen, Berater aller Art, tausende Kaufleute und Privatpersonen – alles staatsunabhängig und wenn man so will: in einem freien Geistesleben. Der Rechtsanwalt ist ein unabhängiges Organ der Rechtspflege (§ 1 BRAO), er ist staatsunabhängig in der Berufsausübung und übt eine «freiberufliche Tätigkeit» aus (§ 18 EStG).

- In der zivilrechtlichen «Kautelarjurisprudenz» des freien Geisteslebens werden die individuellen, auch menschlichen Verhältnisse am ehesten berücksichtigt, vor allem freilich die des Auftraggebers. Unter unserer Leitlinie «mehr Menschlichkeit» sollte auch dort gelten: Man soll auch den anderen Beteiligten Verständnis entgegenbringen und Freiheit belassen!

- Wachsende Mengen an Streitigkeiten werden unabhängig von der staatlichen Gerichtsbarkeit beigelegt, erledigt, nämlich durch Verhandlungen mit einer Einigung, mit einem «Vergleich», auch durch Schiedsgerichte, durch Mediation (dazu D.69).

- Das die Überraschung auslösende Element ist also die «normale» Rechtsprechung, die heute weltweit in der Hand einer staatlichen Gewalt liegt (sog. «Dritte Gewalt»), von Steiner aber dem freien Geistesleben zugeordnet wird.

Fazit: So nüchtern und differenziert betrachtet verlieren die Ausführungen von Steiner über die Zuordnung des Privatrechts zum Geistesleben manches von ihrer Ungewöhnlichkeit. Und sie können wertvolle Anregungen für eine lebendige Privatrechtspflege und -rechtsprechung geben. Dazu einige Gedanken bereits oben beim Thema «Rechtsprechung» (D.64ff.).

2. ZUM VERTRAGSRECHT

D.125 Ein großer Teil der Privatrechtsverhältnisse wird durch Vereinbarungen, durch Verträge der Beteiligten geformt. Ein Vertrag kommt in der Regel dadurch zustande, dass mindestens zwei natürliche oder juristische Personen übereinstimmende rechtsgeschäftliche Willenserklärungen abgeben. «Vertrag» hängt zusammen mit «vertragen».[328]

D.126 Steiner hat über Verträge vor allem in Bezug auf das Wirtschaftsleben gesprochen. Was er dazu sagte (z. B. GA 331,166 – QR 188.3), gilt genauso für die meisten anderen privatrechtlich abgeschlossenen Verträge. Steiner bezog auch selbst das «Sich-Verabreden» und «Sich-Verständigen» auf das gesamte Rechts- und Staatsleben.[329]

D.127 Die Partner eines Vertrages haben, wenn sie einen Vertrag ansteuern und eingehen, *gedanklich* und/oder *gefühlsmäßig* bestimmte *Vorstellungen* und Interessen. Sie *wollen* über einen bestimmten Gegenstand einen Vertrag schließen – und tun dies dann im Falle der Einigung. Damit sind an einem Vertragsschluss bei allen Beteiligten zumeist alle *drei Seelenkräfte Denken, Fühlen und Wollen* beteiligt – sicher von Person zu Person und von Fall zu Fall in durchaus unterschiedlicher Gewichtung (zu den Seelenkräften unten E.25).

Auch die Priorität der *Wesensglieder des Menschen* wird beim Eingehen und beim Abschluss eines Vertrages von Fall zu Fall unterschiedlich sein:

- Die A kauft heute fürsorglich für ihre Kinder Brot, Butter und Milch: Dies erscheint als bewusstes, menschlich-soziales Ich-Handeln! Ähnlich ist es wohl in den meisten Fällen einer Eheschließung ...
- Die B kauft den herrlich-glänzenden Schmuck, weil er ihr so gut gefällt (und zusätzlich die Schwägerin noch ärgern wird): Da kommt der Astralleib mit Luzifer zu seinem «Recht».
- Der Raucher C kauft wie jeden Tag zwei Päckchen Zigaretten, aus reiner Gewohnheit: Ätherleib!
- D bestellt sich ein gebratenes Hähnchen, einfach weil er Hunger hat: physischer Leib und Ätherleib![330]

D.128 Bei der Abgabe von Willenserklärungen, beim Abschluss von Verträgen ist jeder grundsätzlich juristisch «frei». A und B dürfen nach irdischem Recht einen Vertrag schließen, dem nach Ansicht eines Beobachters die Adäquanz von Leistung und Gegenleistung fehlt, solange nicht A und B gegen zwingende Gesetze verstoßen (z.B. gegen Bestimmungen des UWG, des Kartellgesetzes oder gegen § 138 BGB mit der Unwirksamkeit von sittenwidrigen Verträgen). Wenn aber A und B von ihrer Vertragsfreiheit (Art. 2 Abs. 1 GG) Gebrauch gemacht und einen wirksamen Vertrag geschlossen haben und wenn später ein Partner den Vertrag nicht erfüllt, dann greift die Gerichtsbarkeit – meist auf Antrag und zum Schutze des Schwächeren – ein, wirkt als *iustitia commutativa* und sagt verbindlich: *pacta sunt servanda* (= Verträge müssen gehalten werden). Man darf von Rechts wegen auch ein Testament errichten, das einem anderen vielleicht als ungerecht erscheint: A enterbt eines seiner Kinder wegen eines kleinen Fauxpas. Die Rechtsordnung verhindert hier das Schlimmste durch die Pflichtteilregelung (zum Erbrecht Weiteres D.137ff.).

D.129 Wie beim irdischen Recht allgemein geht es bei diesen Fragen regelmäßig um äußere Handlungen und Elemente: Zahlung des Kaufpreises oder des Mietzinses, Rückgabe der entwendeten Sache, Geben der zugesagten Klavierstunden etc. «Innere» Werte, innere Entwicklung und Zuwendung können in der Regel weder eingeklagt noch zwangsvollstreckt werden – auch nicht innere Liebe zwischen Ehepartnern.[331]

D.130 Wenn die Vorstellung und der Wille eines Partners mit seiner Erklärung nicht übereinstimmen, gilt dies als *Irrtum*. Der Betreffende kann seine Erklärung wegen Irrtums anfechten, ist aber zum Schadensersatz verpflichtet.[332]

3. DELIKTSRECHT

D.131 Ohne besondere Willenserklärungen, von Gesetzes wegen *(ipso iure)* haftet jeder zivilrechtlich für den Schaden, den er einem anderen durch eine rechtswidrige Handlung zufügt. Weitere Anspruchsvoraussetzung ist zumeist Vorsatz oder Fahrlässigkeit (§ 823 BGB). Für manche Tatbestände gilt im Zivilrecht jedoch das Prinzip der «Gefährdungshaftung», z.B. für Kfz- und Tierhalter, Gebäudebesitzer, Betreiber von Eisenbahnen, Atombetrieben etc., die durch die Eigenart ihrer Unternehmung gefährliche Situationen hervorbringen können und deshalb ohne Verschulden im Einzelfall haften (§§ 833, 836 BGB u.a.).

Rudolf Steiner berichtete ein Beispiel für den in Schadensersatzfällen wichtigen «Zurechnungszusammenhang»: Ein Kutscher fährt zu spät los, und dann trifft ein Fels die ganze Reisegesellschaft (GA 166,35). Nach der Lehre von der «adäquaten Kausalität» würde der Kutscher nach heutigem Schadensersatzrecht nicht aufgrund seiner Verspätung für den Schaden haften.[333]

4. EIGENTUM UND BESITZ

a. Allgemein zu Eigentum und Besitz

D.132 Rudolf Steiner hat mehrere Male über Eigentum und Besitz gesprochen. Diese Formen der juristischen und der tatsächlichen Sachherrschaft sind ja nicht nur interessante Begriffe der Rechtswissenschaft und des Rechtslebens, sondern lebendige Objekte des politischen Kampfes – gerade in den Zeiten des Umbruchs wie 1918/1919: Beibehaltung des Privateigentums? Schaffung von Gemeineigentum durch Sozialisierung? Befristung des Eigentums wie beim Urheberrecht?[334]

b. Befristung des Eigentumsrechts?

D.133 Steiner äußerte mehrfach, es wäre besser, das Eigentumsrecht an Sachen künftig zu befristen, so wie dies für das sog. «geistige Eigentum», das Urheberrecht, normiert sei. Dazu zunächst:

> «Man kann dreißig Jahre nach dem Tode einen Schriftsteller in beliebiger Weise nachdrucken. Das entspringt einem ganz gesunden Gedanken; dem Gedanken, dass der Mensch auch das, was er in seinen individuellen Fähigkeiten hat, der Sozietät verdankt.»[335]

Und in den «Kernpunkten der sozialen Frage» ist über das Eigentumsrecht zu lesen:

> «Nicht die *ursprüngliche* freie Verfügung führt zu sozialen Schäden, sondern lediglich das *Fortbestehen* des Rechtes auf diese Verfügung, wenn die Bedingungen aufgehört haben, welche in zweckmäßiger Art individuelle menschliche Fähigkeiten mit dieser Verfügung zusammenbinden.»[336]

D.134 Da Steiner mit seinen Bemerkungen keine «Utopie» geben wollte und von einer «sozialen Forderung» sprach, hat er damit ernsthaft für eine Befristung des Eigentumsrechts an Sachen (und am Kapital) plädiert. Für ihn war dies wohl ein Teil seines Weges, Eigentum insbesondere an Produktionsmitteln und Kapital nach Ablauf bestimmter (von ihm nicht bezifferter) Fristen einem «Befähigten» zu überlassen. Wenn man so will, kann dies als ein Beitrag zu einem lebendigen, menschlichen Recht erscheinen.

D.135 Die Ausführungen von Steiner geben heute Anlass zu folgenden Bemerkungen:

Das Urheberrecht schützt ein geistiges, unkörperliches Werk vor unberechtigter Nutzung. Wenn nach 30 – oder nunmehr nach 70 – Jahren *post mortem auctoris (p. m. a. = nach dem Tode des Autors)* dieser Schutz aufhört, kann das Werk ohne Einwilligung des Rechtsnachfolgers des Urhebers genutzt, d. h. aufgeführt, vervielfältigt, gesendet werden – oder es wird nicht genutzt. Wenn *Johann Sebastian Bach* (1685–1750) heute nicht mehr aufgeführt oder gesendet würde, so wie dies mit einigen seiner Werke und mit Dutzenden seiner Zeitgenossen geschieht, hätte dies nicht abzuschätzende geistig-kulturelle Folgen. Es wäre aber ohne juristische und auch ohne tatsächlich-sachliche Konsequenzen.

Ganz anders beim Eigentum an *körperlichen* Sachen: Die körperliche Sache bleibt unabhängig vom Lebensschicksal des Eigentümers ohne Rücksicht auf ein Gesetz und eine Eigentumszuordnung körperlich-tatsächlich bestehen und bedarf in der Regel der Erhaltung und Pflege. Wenn z. B. ein Haus nach einer bestimmten Frist ohne Eigentümer dastehen würde, weil nicht wirksam und rechtzeitig ein «Fähiger» gefunden würde (durch wen und nach welchen Kriterien?), dann würde sich ganz real die Frage stellen, wer für das Haus sorgt und wer die vom Haus ausgehenden Gefährdungen ausschließt. Zwischen dem sog. *«geistigen* Eigentum» und dem Eigentum an *körperlichen* Sachen besteht eben der wesentliche Unterschied, dass Sacheigentum ganz natürlich – wirklich kraft «Natur der Sache» – regelmäßig die Notwendigkeit natürlicher Sorge und Pflege mit sich bringt. Bei vielen körperlichen Sachen müssen zum Schutz der Menschen und der Umgebung Gefährdungen, die durch die Sache drohen, ausgeschlossen werden. Weitere Fragen würden sich anschließen: Wie wären ggf. entsprechende Fristen zu bestimmen? Wie viele Jahre nach dem 1., dem 2., dem x-ten Eigentümer und seinem 1., 2., y-ten Erben? Wie, wenn sich nicht genügend «Fähige» zur Übernahme bereit finden?

Bei alledem ist der Kontext zu berücksichtigen, in dem Rudolf Steiner seine Gedanken geäußert hat: Es war die Zeit nach dem Ersten Weltkrieg mit ihren unbeschreiblichen persönlichen und sozialen Nöten, in der Steiner mit unglaublicher Intensität seine Dreigliederung des sozialen Organismus vortrug und propagierte. Steiner rang um Auswege aus der Krise – und dabei warf er im Rahmen seiner Impulse für den sozialen Organismus auch den zitierten Gedanken in die Debatte.

Zur Vermeidung von Missverständnissen: Steiner redete hier nicht einer Sozialisierung das Wort. Er hat ja die nach dem Ersten Weltkrieg grassierenden Sozialisierungs-Ideen linker Parteien und Gruppen wiederholt energisch abgelehnt, sie widersprachen diametral seiner Dreigliederung des sozialen Organismus: Der Staat sollte ja nach seiner Überzeugung gerade *weniger* als früher wirtschaften, er sollte nicht durch eine sog. «Vergesellschaftung» auch noch Produktionsmittel zur Verwaltung, zur Bewirtschaftung übertragen bekommen (unten D.185). Steiner meinte vielmehr auch hier die von ihm vital verfochtene und propagierte Übertragung von Eigentumsrechten auf den «Befähigten» und warf damit schwierige Fragen auf, die auch in weiteren Untersuchungen weiter erörtert werden mögen.

Zum Abschluss dieses Themas noch einige Anmerkungen zur Rechtslage nach unserem Grundgesetz:

Unser Grundgesetz gewährleistet das Eigentum als Rechtsinstitut. Eine Abschaffung des Eigentumsrechts ist damit ausgeschlossen (Art. 14, 19 Abs. 2 GG). Freilich lässt Art. 15 GG zu, dass «Grund und Boden, Naturschätze und Produktionsmittel [...] zum Zwecke der Vergesellschaftung durch ein Gesetz, das Art und Ausmaß der Entschädigung regelt, in Gemeineigentum oder in andere Formen der Gemeinwirtschaft überführt werden» können.

Frage: Wäre angesichts dieser Verfassungsnormen eine Befristung des Eigentumsrechtes, wie sie Steiner vorschlägt, durch Gesetz oder durch Verfassungsänderung zulässig?

- Allgemein? Sicher nicht, denn eine solche Maßnahme würde den Wesensgehalt des Grundrechts treffen (Art. 19 Abs. 2 GG).
- Oder nur in Bezug auf die in Art. 15 GG genannten Gegenstände? Ehe man diese Frage voreilig bejaht, sollte man bedenken, dass die von Steiner vorgeschlagene Befristung ausdrücklich der Übertragung des Eigentumsrechts auf einen «Befähigten» dienen soll – und das kann, wie oben erwähnt, nicht als «Gemeineigentum» oder als eine «andere Form der Gemeinwirtschaft» im Sinne des Art. 15 GG verstanden werden.

c. Zum Besitz

D.136 «Besitz» und «Besitzverhältnisse» hat Steiner mehrfach erwähnt. Er kannte auch den juristischen Unterschied zwischen dem absoluten Recht «Eigentum» und dem tatsächlichen «Besitz».[337]

5. ERBRECHT

D.137 An mehreren Stellen seines Gesamtwerkes berührt Steiner das Erbrecht. Zitiert sei hier aus seinem Band «Die Kernpunkte der sozialen Frage»:

> «Denn der Rechtsstaat braucht nur zu verlangen, dass unter allen Umständen das Eigentum, das an ein Familienmitglied von einem andern übertragen worden ist, nach Ablauf einer gewissen, auf den Tod des

letzteren folgenden Zeit einer Korporation der geistigen Organisation zufällt.»[338]

Ähnlich wie für das Eigentum allgemein propagiert Steiner also eine Befristung für das Erbrecht: B erbt von A, und nach einer bestimmten (von Rudolf Steiner nicht bezifferten) Frist soll das Eigentum von B auf eine «Korporation der geistigen Organisation» übergehen. Ziel: Besonders Produktionsmittel sollen stets Persönlichkeiten zustehen, die zu deren Nutzung «befähigt» sind.

D.138 Auf diesen Gedanken in den «Kernpunkten» nimmt Steiner Bezug in einer Fragenbeantwortung am 30.5.1919.[339]

D.139 Zunächst bestätigt Steiner damit seinen Gedanken: In der neuen Ordnung – mit der Dreigliederung des sozialen Organismus – könne nicht von einem Erbrecht im gewöhnlichen materiellen Sinne gesprochen werden. Ob das Erbrecht im Jahre 1920 etwas war, «wohinein sich das Bewusstsein der Menschen nicht fügen will» (GA 334,210 – QR 238.7), ist heute nicht mehr festzustellen. Für die Gegenwart ist jedenfalls nicht zu beobachten, dass die Institution des materiellen Erbrechts aus einer inneren Entwicklung der Menschen heraus, aus innerer Überzeugung allgemein abgelehnt wird. Zu beobachten ist, wie wohl seit jeher, eine unterschiedliche, weitgehend subjektiv-interessengebundene Einstellung zum Erbrecht: Wer «etwas davon hat» oder, auch aus edlen Motiven, sein Vermögen testamentarisch verteilen will, ist naturgemäß *für* das Erbrecht. Und andere schreiben die Bekämpfung des Erbrechts aus weltanschaulichen Gründen ungestraft und folgenlos auf ihre Fahnen ...

Anmerkung: Bei uns ist das Erbrecht durch das Grundgesetz als Rechtsinstitut geschützt, es darf also weder abgeschafft noch in seinem Wesensgehalt angetastet werden (Art. 14 Abs. 1, Art. 19 Abs. 2 GG).

D.140 Im Nationalökonomischen Kurs berührt Steiner am 29.7.1922 den steuerlichen Aspekt des Erbrechts (GA 340,92 – QR 288.20f.). Offensichtlich ist er *gegen* eine hohe Besteuerung von Erbschaften. Auch die Formulierung der dort zuletzt genannten Alternative legt nahe, sich für die Gesamterbschaft des «gescheiten» Einzelnen auszusprechen, statt dass dieser (bei einer hohen Besteuerung) gewissermaßen «mit dem Staat zusammen wirtschaften» müsste.

Letzteres würde ja auch eine Wirtschafterrolle des Staates nach sich ziehen, die Steiner gerade ablehnt.

6. Weitere zivilrechtliche Themen

D.141   Steiner hat sich im Laufe seines Wirkens zu weiteren einzelnen Zivilrechtsthemen geäußert. Dies kann im gewählten Umfang dieser Arbeit hier nicht im Einzelnen nachgezeichnet werden. Für Interessierte eine Auswahl von Fundstellen in der Anmerkung.[340]

VII. Strafrecht und Strafvollzug

1. «Strafrecht gehört zum Geistesleben»

D.142   Es wird nicht überraschen, dass sich Steiner relativ häufig mit Themen des Strafrechts befasst hat, zeigt doch das Strafrecht wie in einem Brennspiegel den Menschen in seiner Entwicklung und in seinem Handeln, auch wenn er fehlgeleitet ist.[341]

D.143   Am 12.2.1919 erklärte Rudolf Steiner:

> «Gewiss, es wird in Zukunft in einem gesunden sozialen Organismus der Verbrecher zum Beispiel zu suchen sein von dem, was sich im zweiten Gliede, im politischen Gliede ergibt. Wenn er aber gesucht ist, dann wird er abgeurteilt von dem Richter, dem er in einem individuellen menschlichen Verhältnis gegenübersteht.»[342]

D.144   Die Strafrechtsprechung gehört danach zum Geistesleben, die Fahndung nach einem Verdächtigen und der Strafvollzug jedoch zum Staatsleben (dazu unten D.174).

Soweit Strafrechtspflege außergerichtlich geschieht – Beratung, Studium, Wissenschaft etc. – ist die Zuordnung zum Geistesleben ohne Weiteres nachzuvollziehen. Da jedoch ein Strafprozess mit einem Strafurteil jedenfalls nach dem gegenwärtigen Verständnis einen Anspruch des die Allgemeinheit vertretenden Staates verwirklichen soll – nicht den Zahlungs- oder Unterlassungsanspruch eines einzelnen Bürgers –, ist eine umfassende Zuordnung des Strafurteilens zum freien Geistesleben kritisch zu sehen. Freilich ist interessant und bemerkenswert, dass *Ernst-Martin Krauss* aufgrund seiner langjährigen richterlichen Praxis die strafrechtliche Beurteilung durch den Richter zum Geistesleben zählt.[343]

D.145 Zum Staatsleben gehört nach Auffassung aller und auch nach Aussagen von Rudolf Steiner die Strafgesetzgebung, die Grundlage eines jeden Strafspruchs ist. Im Rechtsstaat gilt der Grund-Satz «nulla poena sine lege» (= keine Strafe ohne Gesetz, das zum Zeitpunkt der Tat gilt). Dieser verfassungsrechtliche Grundsatz ist für die Rechtsprechung verbindlich.[344]

D.146 In diesem ganzen Abschnitt «Strafrecht» geht es um das *irdische* Strafen: zumeist Geldstrafe oder Freiheitsstrafe. Welche Folgen eine Handlung in der *geistigen* Welt hat, ist eine andere Frage. Dazu kurz das Folgende:

D.147 Nach dem Strafgesetzbuch ist z. B. eine unwahre Behauptung nur dann strafbar, wenn sie durch eine äußere Handlung einen anderen in seinem Recht oder Rechtsgut verletzt.[345]

D.148 In der *geistigen Welt* entfaltet dagegen eine unwahre Behauptung eine Wirkung auch ohne sinnlich wahrnehmbare Verletzung eines anderen. Steiner hat mehrfach erklärt, eine Lüge ist ein Verstoß gegen das Band, das alle Menschen umschließt:

> «Die Lüge ist ein Mord auf dem Astralplan.»[346]

Sehr bemerkenswert ist seine weitere Erklärung: Wenn jemand eine Lüge ausspricht, stimmen die Gedankenformen der inneren Vorstellung und der äußeren Aussage nicht überein. Mit dem Aussprechen einer Lüge wird also «eine Gedankenform erzeugt, die der Ersteren entgegengesetzt ist. Die beiden Gedankenformen prallen zusammen und zerstören einander. Die Explosion erfolgt im Astralleib des Lügners.»[347]

D.149 Natürliche Aufgabe des Strafrechts ist es, einen Täter für eine als rechtswidrig-schuldhaft erkannte Handlung in einem rechtsstaatlichen Verfahren einer Bestrafung zuzuführen, Nicht-Schuldige jedoch «freizusprechen». Hierzu gibt es in aller Welt ungezählte Gesetze, wissenschaftliche Kommentare, Gerichte und Gerichtsverfahren mit Urteilen.

Gemeint ist in diesem Abschnitt primär das *staatliche* Strafrecht mit dem staatlichen Ordnungswidrigkeitenrecht (Geldbußen, z. B. für «Verkehrssünder»). Daneben gibt es zahllose Regelungen für Bußen im Betrieb, im Orchester, im Sportverein, in der Schule, die oft ähnliche Fragen aufwerfen.[348]

D.150 Seit Rudolf Steiner hat sich die strafrechtliche Dogmatik und Rechtsprechung wesentlich verändert. *Hans Welzel* hat mit seiner «finalen Handlungslehre» entscheidende Impulse hin zur primären Berücksichtigung des Täterwillens und der Täterschuld gegeben.[349]

Grundlegend wurde der Beschluss des Großen Senats des Bundesgerichtshofs für Strafsachen vom 18. 3. 1952 (BGHSt [GrS] 2, 194, 200) mit dem Tenor «Strafe setzt Schuld voraus»:

> «Mit dem Unwerturteil der Schuld wird dem Täter vorgeworfen, dass er sich nicht rechtmäßig verhalten, dass er sich für das Unrecht entschieden hat, obwohl er sich rechtmäßig verhalten, sich für das Recht hätte entscheiden können.»

Das Schuldprinzip «nulla poena sine culpa» (= keine Strafe ohne Schuld) gilt heute als verfassungsrechtlicher Grundsatz.[350]

D.151 In der allgemeinen Strafrechtswissenschaft ist auch zu lesen, dass «in der menschlichen Entscheidungsfreiheit die Voraussetzung für das Schuldprinzip» liegt.[351] Zu dem Themenfeld «Freiheit – Verantwortlichkeit – Schuld» hat uns Rudolf Steiner eine Fülle von Gedanken vermittelt (die noch weiterer wissenschaftlicher Durchdringung bedürfen) – nicht nur, aber vor allem in seiner «Philosophie der Freiheit». Besonders wichtig ist dort der Abschnitt «IX. Die Idee der Freiheit».[352]

Und noch ein wesentlicher Aspekt: Ohne Freiheit kann es überhaupt kein wirkliches Rechtsleben geben. Das Recht setzt selbstständiges Beurteilen, Entscheiden, «Richten», «Rechten» voraus – alles Aktivitäten, zu denen allein ein freier Ich-Mensch fähig ist.[353]

2. Haben wir ein Recht zu strafen?

D.152 Den Gedanken des Strafens bezeichnete Rudolf Steiner zu Recht als «einen der allerschwierigsten» (GA 332a, 107 – QR 204.50). In seinem Vortrag vom 18. 5. 1905 stellte er die Grund-Frage: Welches Recht haben wir zu strafen?[354]

Am 19.1.1894 schon hatte Steiner in Weimar erklärt, das «Verbrecher-tum» solle man nicht durch Bestrafung des einzelnen Verbrechers bekämpfen, sondern man solle die «Seelen der heranwachsenden Menschen in der Weise bilden, dass Rückfälle auf eine frühere Entwicklungsstufe unseres Geschlechtes immer seltener werden».[355]

D.153 Natürlich wurde und wird die Grundfrage nach dem Recht zu strafen auch in der allgemeinen Geschichte und in der Rechtswissenschaft, besonders in der Rechtsphilosophie, erörtert.[356]

3. TATBESTAND – RECHTSWIDRIGKEIT – SCHULD

D.154 Für die Prüfung eines Strafrechtsfalles lernt jeder Jurastudent traditionell den Dreiklang *Tatbestand – Rechtswidrigkeit – Schuld.*

a. Tatbestand

D.155 Voraussetzung einer jeden Bestrafung ist eine bestimmte *Handlung* eines Menschen. Die sog. *Straftat* kann auch in einem *pflichtwidrigen Unterlassen* bestehen.[357]

Handlung ist eine äußerliche, sinnlich-wahrnehmbare Betätigung des physischen Leibes und des Ätherleibes, ein sog. *äußerer Tatbestand:* jemanden schlagen, eine Sache an sich nehmen, eine Beleidigung aussprechen, Gift geben, einen Brand legen etc.

D.156 Strafrechtlich relevant sind nur die physisch-wirklichen Handlungen, die zu einer Beeinträchtigung des Rechtsgutes eines anderen führen: das Stechen mit dem Messer, das einen anderen Menschen verletzt; das Äußern einer Beleidigung, die einen anderen Menschen erreicht. Für die Qualifizierung mancher Straftatbestände sind auch innere Tatsachen Voraussetzung für eine Verurteilung.[358]

D.157 Auch der *Versuch* einer Straftat ist erst dann strafbar, wenn er real-äußerlich ins physische Leben wirkt. § 22 StGB fasst dies so: «Eine Straftat versucht, wer nach seiner Vorstellung von der Tat zur Verwirklichung des Tatbestandes unmittelbar ansetzt.» Beim «Versuch» und auch bei der «Anstiftung» ist die Abgrenzung zwischen innerem Gedanken-Geschehen und äußerer Handlung oft schwierig, aber für die strafrechtliche Beurteilung wesentlich.[359]

D.158 Für die *geistige* Welt freilich ist jeder Gedanke eine Realität. Deshalb hat Steiner den (auch als Liedanfang bekannten) Satz «Die Gedanken sind (zoll)frei ...» für nicht vertretbar gehalten (GA 93,250f.). In der devachanischen Welt braucht eine unmoralische Handlung nicht bestraft zu werden, sie vernichtet sich selbst.[360]

D.159 Die finale Handlungslehre, die moderne Rechtsprechung und Literatur prüfen bei einer strafrechtlichen Beurteilung die Frage der inneren Willensrichtung schon im Tatbestand: Ist eine strafrechtlich zu prüfende Handlung eine willentliche Handlung, vorsätzlich auf einen bestimmten Erfolg gerichtet? Ist sie von einem Entschluss ausgelöstes «Ausüben der Zwecktätigkeit»? Heute ist anerkannt: «Der Wille kennzeichnet die Handlung.»[361]

Dies bedeutet: Anders als in der Rechtspraxis zu Steiners Zeiten wird heute die Frage des Vorsatzes als sog. «subjektiver Tatbestand» schon in der ersten Stufe «Tatbestand» geprüft. Damit vermag Steiners Erkenntnis der Seelenkräfte *Denken – Fühlen – Wollen* die strafrechtliche Wertung eines Sachverhaltes zu erleichtern und zu präzisieren, besonders das *Denken* und das *Wollen* sind wichtig für den subjektiven Tatbestand.

Wenn kein Vorsatz festzustellen ist, bleibt dann unter dem Gesichtspunkt des Verschuldens zu prüfen, ob der betreffende Mensch bei der betreffenden Handlung fahrlässig oder ob er schuldlos gehandelt hat (unten D. 165ff.).

D.160 Für diese Entwicklung der Rechtswissenschaft und -praxis ist Folgendes interessant: Rudolf Steiner hat einen «ganz bedeutsamen, ganz außerordentlich wichtigen Unterschied» gemacht zwischen

- Handlungen, die vollbewusst «schlecht», «unmoralisch» sind, und
- Handlungen, die «einem misslingen».[362]

Damit erklärte Steiner schon 1916 gewissermaßen den wesentlichen Unterschied zwischen vorsätzlichem und fahrlässigem Handeln bereits im «Tatbestand». Hat die skizzierte spätere Entwicklung der Strafrechtswissenschaft und -praxis hier eine ihrer Wurzeln?

D.161 Weitere Frage: Was bedeuten die *Wesensglieder Ich – Astralleib – Ätherleib – physischer Leib* für die strafrechtliche Würdigung eines Lebenssachverhaltes? Was bedeutet es insbesondere, wenn das *Ich* an einer Handlung nicht beteiligt ist? Beispiele: Ein Volltrunkener schlägt seine Frau tot. Sein Ich ist vernebelt, in die Lücke schlüpft etwas Niederes ein. – Im Schlaf wälzt sich A unbewusst auf ein Kleinkind, das er neben sich gelegt hat, und erstickt es. – Aufgrund eines überraschenden Hornissenstiches schlägt B im kleinen, kurzen Reflexbogen einen neben ihm stehenden Jungen um und verletzt ihn. Reflexhandlungen gelten allgemein nicht als Straftaten.[363]

In jedem einzelnen Strafrechtsfall stellt sich die Frage: Wie hat der Täter gehandelt?

- Aus kalter Berechnung, überlegtem Handeln, auf Grund extensiver und intensiver Vorbereitungen und Planungen? Ist das dann *Ich-Denken und Wollen?* Oder gilt das, was Steiner in der «Philosophie der Freiheit» geschrieben hat: «[...] das ist gerade das Charakteristische der Verbrecherhandlungen, dass sie aus den außerideellen Elementen des Menschen sich herleiten.»[364]
- Aus gefühlsmäßiger Antipathie auf einen negativen Erfolg gerichtet? *Astralität!*
- Aus Affekt? *Astralität! Seelisches Versagen?*
- Aus Gewohnheit? *Ätherleib!*

All diese Überlegungen sind nicht *l'art pour l'art,* sondern sie können im Sinne eines menschlichen Rechtslebens für die zutreffende strafrechtliche Beurteilung, für die Strafzumessung, für die Erziehung der Menschen und für Ziele und Modalitäten des Strafvollzugs bemerkenswerte Einsichten ermöglichen und fördern.[365]

D.162   Ein Beispiel mag dies veranschaulichen: Unser Strafgesetzbuch sieht, wie andere Strafgesetze auch, für das Töten eines anderen Menschen durchaus unterschiedliche Straftatbestände und Strafen vor, unterschieden besonders nach den inneren Merkmalen oder nach den Modalitäten der Straftat. Deshalb stellt sich in jedem konkreten Fall der Tötung eines anderen Menschen die Frage: War es Mord? Totschlag? Fahrlässige Tötung? Körperverletzung mit Todesfolge? ... oder eine rechtmäßige Handlung (etwa wegen gerechtfertigter Notwehr) oder eine schuldlose Handlung (wegen entschuldigenden Notstandes)?

§ 211 StGB lautet:

«(1) Der Mörder wird mit lebenslanger Freiheitsstrafe bestraft.
(2) Mörder ist, wer

aus Mordlust, zur Befriedigung des Geschlechtstriebs, aus Habgier oder sonst aus niedrigen Beweggründen,
heimtückisch oder grausam oder mit gemeingefährlichen Mitteln oder um eine andere Straftat zu ermöglichen oder zu verdecken, einen Menschen tötet.»

Die vorsätzliche Tötung eines Menschen ohne eines dieser besonderen Tatbestandsmerkmale kann Totschlag im Sinne des § 212 StGB sein und wird dann mit Freiheitsstrafe von 5 bis 15 Jahren bestraft, in «besonders schweren Fällen» mit lebenslanger Freiheitsstrafe.[366]

D.163 Die genannten Mord-Merkmale geben unter dem Aspekt «Wesensglieder» Anlass zu folgenden Gedanken:

- Mordlust, Befriedigung des Geschlechtstriebes und Habgier sind wohl leicht und sicher der Astralität des Menschen zuzuordnen: «Der Mensch [ist] unfrei, weil er seinem maßlosen Geschlechtstrieb folgt.»[367]
- «Niedrige Beweggründe» wird es in durchaus unterschiedlichen Arten geben: Sie können sowohl im Astralleib wurzeln (z. B. abgrundtiefer Hass, hemmungslose Eigensucht) als auch in einer langen Folge bewusst übler Gedanken (z. B. überlegte Tötung, um an das Geld des Opfers zu kommen).[368]
- «Heimtückisch» handelt, wer die Arg- oder Wehrlosigkeit des Opfers bewusst ausnutzt. Damit berührt dieses Tatbestandsmerkmal schon das *willentliche* Handeln.[369]
- «Grausam» und «mit gemeingefährlichen Mitteln» betrifft mehr die *äußere* Tatausführung, sie kann getragen sein vom *Astralleib* («grausam» aufgrund Gefühlsaufwallung oder unbarmherziger, gefühlloser Gesinnung) oder gar getragen vom *Ich*: z. B. ein lange geplanter Mord mit viel Sprengstoff, verbunden mit der bewusst-gewollten Gefährdung einer ganzen Gegend mit vielen Menschen.[370]
- Schließlich setzt das Tatbestandsmerkmal «um eine andere Straftat zu ermöglichen oder zu verdecken» mit seiner besonderen kriminellen Zielsetzung regelmäßig besondere Überlegungen des Täters und zielgeführtes Handeln voraus und tangiert damit den Bereich eines besonders egozentrischen Denkens und Wollens.

b. Rechtswidrigkeit

D.164 Strafbar ist eine Handlung nur, wenn sie *rechtswidrig* ist. Dabei gilt als allgemeine Regel: Die Tatbestandsmäßigkeit nach einer Strafrechtsnorm «indiziert» die Rechtswidrigkeit. Wer die Tatbestandsmerkmale «Mord» im Sinne des § 211 StGB erfüllt, handelt rechtswidrig. Nur ausnahmsweise, etwa im Fall der Notwehr oder des rechtfertigenden Notstandes, kann eine als Straftat normierte Handlung gerechtfertigt sein und der Betreffende straflos bleiben.[371]

c. Verschulden

D.165 Wenn eine tatbestandsmäßige Handlung rechtswidrig ist, stellt sich die Frage nach der *persönlichen Schuld* des Täters, denn die ist ja Voraussetzung einer Bestrafung: *nulla poena sine culpa* (= keine Strafe ohne Schuld).[372]

D.166 In jedem Einzelfall und für jeden einzelnen Beteiligten ist zu prüfen: Kann die festgestellte Handlung dem Menschen als persönliche Schuld vorgeworfen werden? Dabei ist die Schuld für die Einzeltat zu prüfen: Es gilt Tatstrafrecht, nicht Täterstrafrecht.[373] Dies entspricht den Äußerungen von Rudolf Steiner.[374]

D.167 Bei *Fahrlässigkeitstaten* – Rudolf Steiner: «Handlungen, die einem misslingen» – lautet der Vorwurf: Du hättest besser aufpassen müssen! Auch gegenüber Fahrlässigkeit können in die Zukunft gerichtete Korrektive sein: bessere Erziehung, bessere Schulung, Stärkung des Bewusstseins – angefangen bei den Kindern, bei Jugendlichen und fortgesetzt bei den Erwachsenen.

D.168 Auch bei einem *Tatbestandsirrtum* kann eine Bestrafung wegen vorsätzlicher Begehung ausgeschlossen sein. Beispiel: Wer auf einem Feld «übungshalber» auf einen Gegenstand zielt und schießt, den er für eine Vogelscheuche hält, wird, wenn sein Schuss einen dort sitzenden Menschen tötet, nicht wegen vorsätzlichen Totschlags verurteilt (möglicherweise aber wegen fahrlässiger Tötung – eine *Handlung, die misslingt).[375]*

D.169 Bei den sog. *erfolgsqualifizierten Delikten* (= Handlungen, die nur beim Eintreten eines bestimmten «Erfolges» strafbar sind) wird dem Täter der Erfolg oder die besondere Folge seiner Handlung nach heutigem Strafrecht nur dann angelastet, wenn ihm hinsichtlich dieser Folgen wenigstens Fahrlässigkeit zur Last fällt. Wegen «Körperverletzung mit Todesfolge» kann ein Täter nur dann verurteilt werden, wenn die Todesfolge wenigstens fahrlässig mitverschuldet worden ist (§§ 18, 227 StGB). Das ist auch ein wesentlicher Fortschritt gegenüber den Zeiten von Steiner: Damals war dieses Schuld-Minimum nicht Strafvoraussetzung. Steiner würde solche Fälle wohl zu den Handlungen zählen, die «einem misslingen» – in Bezug auf den besonderen Erfolg.[376]

4. Strafgerichtsbarkeit und Strafprozess

D.170 Einer Bestrafung geht in einem Rechtsstaat ein geordnetes Strafverfahren voraus, ein Strafprozess.[377]

D.171 Rechtsprechung gehört nach Rudolf Steiner zum Geistesleben – dies gilt auch für die Strafgerichtsbarkeit. Weiter erklärt Rudolf Steiner, ein Verbrecher müsse abgeurteilt werden von einem Richter, dem er «in einem individuellen, menschlichen Verhältnis gegenübersteht» (GA 328,92 – QR 138.13). Deshalb müssten *die Betroffenen auch ihren Richter selbst bestellen* dürfen (GA 185a,219 – QR 118.10).

D.172 Eine solche Zuordnung aller Strafprozesse zum Geistesleben, zudem mit der Wahl der Richter durch die Angeklagten, erscheint für die Strafgerichtsbarkeit – jedenfalls auf absehbare Zeit – noch weniger realisierbar als beim Zivilprozess. Denn beim Strafprozess geht es um einen Strafanspruch des Staates, den der Staat im Interesse und zum Schutz der Allgemeinheit in einem ordentlichen, von ihm gestalteten und durchgeführten Verfahren zu realisieren sucht: Das ist schlicht *seine* Aufgabe im Rahmen des Staatslebens.[378]

Freilich ist auch hier darauf hinzuweisen, dass *Ernst-Martin Krauss* aufgrund seiner langjährigen strafrichterlichen Praxis die richterliche Beurteilung seiner Natur nach zum Geistesleben zählt. Das Strafgericht verkündet ja, es habe auf die ...strafe «erkannt».[379]

Noch weniger zu praktizieren erscheint heute die von Steiner angeregte Wahl des Strafrichters durch die Betroffenen. Einen Schiedsrichter zur Beilegung eines Zivilrechtsstreites mögen die beteiligten Parteien selbst bestimmen können. Dass der Angeschuldigte den Strafrichter für einen Strafprozess selbst aussucht, erscheint schwer vorstellbar.[380]

D.173　Am 29.1.1906 erklärte Rudolf Steiner im Anschluss an eine Betrachtung über einen Richter, dass der auch einmal darüber nachdenken solle, weshalb der Angeklagte so geworden sei: Vielleicht sei es eigentlich der Richter, der unter Berücksichtigung des Karmas auf der Anklagebank sitzen solle.[381]

D.174　Die *Fahndung* nach einem Angeschuldigten ordnet auch Rudolf Steiner dem Staatsleben zu (oben D.143f.). Er erwähnt auch den kriminologischen Erfahrungssatz, dass der Verbrecher regelmäßig wieder an den Tatort zurückkehrt (GA 181,109).

D.175　Zum *Beweis* im Strafprozess erwähnt und exemplifiziert Steiner die bekannte Tatsache, dass eine Zeugenaussage ein ganz unsicheres Beweismittel ist. Rudolf Steiner berichtet einmal über einen Test in einem juristischen Kolleg: Nur drei von 20 Studenten hätten einen detailliert vorgeführten Sachverhalt «halbwegs richtig» beschrieben.[382]

D.176　Über Indizien und Indizienbeweis hat Rudolf Steiner am Tage nach der Brandstiftung am ersten Goetheanum gesprochen.[383]

D.177　Kritisch erwähnt Rudolf Steiner die seinerzeit immer mehr um sich greifende Praxis, in Strafprozessen Psychologen einzuschalten (GA 164,68 – QR 79).

5.　STRAFVOLLZUG

D.178　Der Strafvollzug gehört auch nach Rudolf Steiner zum Staatsleben.[384]

D.179　Der Strafvollzug hat sich in den letzten hundert Jahren signifikant verändert, freilich mehr in den Zielen, zumeist weniger in der praktischen Durchführung. Besonders für den Strafvollzug wird heute der Grundsatz der Humanität betont, der Grundlage aller Kriminalpolitik sein soll. Dieser Grundsatz der Humanität «besagt, dass auch die Verhängung und Vollstreckung von Strafen die Persönlichkeit des Beschuldigten bzw. Verurteilten achten muss und dass man ihm in verantwortlicher menschlicher Zuwendung gegenüberzutreten hat, um ihn für ein Leben in der Gemeinschaft zurückzugewinnen».[385]

Das Gebot des Strafvollzugs heißt heute *Resozialisierung*. Der Strafvollzug soll den «einsitzenden» Menschen für die Zeit nach seiner Entlassung auf ein Leben in sozialer Verantwortung vorbereiten und so wieder in die Gemeinschaft, in die Gesellschaft zurückführen. Das Bundesverfassungsgericht hat die Resozialisierung als Verfassungsprinzip dargestellt.[386]

So gibt es in den sog. «Justizvollzugsanstalten» (vulgo: «Gefängnisse») sinnreiche handwerkliche und andere Arbeiten und Berufsausbildungen, Außenbeschäftigungen, Gottesdienste, Theateraufführungen u. v. a. m. – Aktivitäten, denen freilich noch weitere Verbreitung und Vertiefung zu wünschen ist.[387]

D.180 Eine solche Hilfe bei der Entwicklung des Menschen deckt sich natürlich mit der Auffassung von Rudolf Steiner, die ja auf menschliches Rechtsleben, auch auf menschlichen Strafvollzug gerichtet ist. Dem steht auch nicht die Bemerkung entgegen, der Richter bereite mit der Strafe «Schmerz».[388] Wichtig wäre es, im Strafvollzug Grundelemente der Menschenkunde sowie Kunst und Eurythmie zu vermitteln und zu üben.[389]

Möglicherweise kann es für die angestrebte Resozialisierung des Täters auch hilfreich sein, ihn während des Strafvollzugs über Wiederverkörperung und Karma aufzuklären – auch wenn diese bei der Urteilsfindung selbst nichts zu suchen haben.[390]

D.181 ... oder muss man inzwischen sagen: Resozialisierung *war* das Ziel des Strafvollzugs? Denn die für den Strafvollzug zuständigen Bundesländer haben angesichts leerer Kassen entdeckt, dass Resozialisierung mehr Geld (!) kostet als ein einfacher Strafvollzug ohne derlei «Ambitionen». «Sühne ist billiger – Resozialisierung war gestern: Wie einige Bundesländer den Strafvollzug umkrempeln wollen» (so lautete eine Überschrift in der SZ vom 24.1.2006, S. 6). «Sieg» des Materialismus auch hier?

VIII. Wirtschaftsleben und Recht

1. WIRTSCHAFT UND WIRTSCHAFTSLEBEN – EIN WEITES FELD

a. Recht in der Wirtschaft – Wirtschaft im Recht

D.182 Ein weites Feld öffnet sich mit dem Aufruf des Themas «Wirtschaft – Wirtschaftsleben». Dieser gewaltige, im Wortsinn globale Riesenkomplex kann im Rahmen dieser Arbeit nicht extensiv beackert werden. Freilich sind hier einige rechtsrelevante Aspekte zu erörtern, denn – so Steiner:

«[...] das Wirtschaftsleben, die Wirtschaftszirkulation [ist] durchaus durchdrungen [...] von lauter Rechtsverhältnissen.»[391]

D.183 Steiner hat sich besonders in seinem letzten Lebensjahrsiebt häufig und engagiert zu Wirtschaft und Wirtschaftsleben geäußert. Besonders die zahlreichen Vorträge und Schriften der Jahre 1919 und 1920 lassen heute noch vital miterleben, wie stürmisch die Zeiten des Umbruchs nach dem Ersten Weltkrieg waren und welche grundsätzlichen Fragen Steiner intensiv erörtert hat: Demokratisierung im Staat und auch in der Wirtschaft? Sozialisierung? Schicksal der Produktionsmittel und des Privatkapitals? Betriebsräte?[392]

b. Wirtschaftsleben – unabhängig!

D.184 Wirtschaftsleben ist bei Steiner – neben Geistesleben und Staatsleben – eines der drei Glieder des sozialen Organismus.

Grundsatz: Wirtschaft und Wirtschaftsleben sollen unabhängig sein (GA 193,47 – QR 137.3; GA 23,15f.). Die Unabhängigkeit des Wirtschaftslebens betonte Rudolf Steiner besonders für das Verhältnis zwischen Wirtschaftsleben und Staat. Er bekämpfte ja leidenschaftlich den Einheitsstaat, der sich um alles, auch um die Wirtschaft kümmert.[393]

D.185 Wie viel stärker als zu Steiners Zeiten sind heute Staat und Wirtschaft miteinander verquickt – bei uns und anderswo! Wir sehen doch zahllose Verflechtungen zwischen staatlichen Organen und wirtschaftenden Betrieben, auch wenn sie formal-juristisch ausgegliedert, aber durch Personenidentität und/oder durch Finanzierung eng miteinander verflochten sind. Wir beobachten außerdem eine geradezu krakenhafte Umklammerung des Wirtschaftens durch hunderte staatliche Gesetze, Verordnungen, technische und sonstige Richtlinien und Normen, Steuervorschriften, oft mit zahllosen Ausführungsverordnungen u.a.m. – Regelungen des Bundes, der Länder und Gemeinden sowie unzählige Regulierungsvorschriften der EG. Die allgemeine Klage über die Hypertrophie von Vorschriften, die die Existenzgründung und die Betriebsführung in der Wirtschaft mehr hindern als fördern, ist leider berechtigt. Nach einer Berechnung des Bundeswirtschaftsministeriums kosten die staatlich initiierten Bürokratieaufwendungen für die Ausstellung und Bearbeitung von Formularen die deutsche Wirtschaft allein für die Bearbeitung von zehn Regelungen jährlich 1,8 Mrd. Euro (iwd vom 23.2.2006, S.1). Eine

Überspitzung findet diese Hegemonie des Staatlichen über die Wirtschaft in der EG, die mit manchmal karikaturhaften Eingriffen das Wirtschaftsleben in allen Details zu lenken unternimmt.[394]

Einen Exzess staatlichen Wirtschaftens bot der «real existierende Sozialismus» in der DDR von 1949 bis 1990: Die Wirtschaft war weitgehend «volkseigen» = staatseigen. Der katastrophale Misserfolg dieses Modells ist allgemein bekannt.[395]

In diesem Zusammenhang mag erneut darauf hingewiesen werden, dass Steiner schon 1919 erklärt hat, eine Verstaatlichung, eine Sozialisierung der Produktionsmittel könne die drängenden Fragen der Zeit *nicht* lösen; die Produktionsmittel sollten vielmehr vom Fähigen zum nächsten Fähigen übergehen.[396]

c. Zur Gefahr, dass die Wirtschaft den Staat lenkt

D.186   Mancherorts droht die umgekehrte Gefahr, nämlich dass die Wirtschaft den Staat lenkt. Steiner hat mehrfach die Abhängigkeit des Staatslebens vom Wirtschaftsleben angeprangert, er sprach auch von der Gefahr, dass (im Westen) die Wirtschaft den Staat aufsaugen kann.[397]

Und heute? Erscheint nicht manche Staatsregierung allzu abhängig von ausdrücklichen oder inzidenten Voten oder gar Pressionen von Gewerkschaften, Banken, mit weltweiten elektronischen Datenautobahnen agierenden Fondsverwaltungen, Kraftwerksbetreibern, Autoherstellern oder globalen Ölmultis? ... von den grotesken Finanz-Abhängigkeiten der Politiker in Wahlkämpfen, wiederholt besonders plastisch demonstriert in den USA, ganz abgesehen.[398]

Mit Erschrecken wird mancher Beobachter die Tatsache zur Kenntnis nehmen, dass die Wirtschaft Millionenbeträge in staatliche Ministerien hineinsteckt – ein Sponsoring besonderer Art! So wurde Anfang 2007 bekannt, dass in einem Jahr die deutschen Bundesministerien Sponsoren-Gelder in Höhe von ca. 55,4 Mio. Euro erhalten haben, davon allein das Ministerium für Gesundheit und Soziale Sicherung ca. 44,6 Mio. Euro. Die Spender werden nicht veröffentlicht (FAZ vom 19.1.2007, S.4). Liegt da nicht die Befürchtung nahe, dass die Pharma-Industrie mit ihren Gaben die Gedankenströme im Gesundheitsministerium in ihre Richtung zu beeinflussen sucht?[399]

d. Wirtschaftsleben und Geistesleben – wechselseitige Befruchtung

D.187 Zu den Beziehungen zwischen Wirtschaftsleben und Geistesleben äußerte Steiner mehrfach, dass die Wirtschaft das Geistesleben unterstützen möge – heute spricht man von Sponsoring, Sponsern, was sicher viele Aktivitäten des Geisteslebens ermöglicht.[400]

Umgekehrt fließen aus dem Geistesleben in die Wirtschaft zahllose Impulse: Zum einen die vielfältigen Ausbildungen, die eine moderne qualifizierte Wirtschaft erst ermöglichen – zum anderen die zahllosen Forschungsergebnisse, Entwicklungen, Erfindungen, Patente, die mittelbar und oft unmittelbar das Wirtschaftsleben befruchten.[401]

2. DER STAAT MUSS ORDNUNG AUCH FÜR DAS WIRTSCHAFTSLEBEN SICHERN

D.188 Trotz aller Unabhängigkeitsappelle muss der Staat natürlich auch für die Wirtschaft und für das Wirtschaftsleben Missstände vermeiden helfen. So gilt es allgemein als geboten, dass der Staat durch Gesetze und entsprechende Kontrollen gewisse Berufs- und Gewerbevoraussetzungen regelt und übermäßige Kartelle und Zusammenschlüsse, den Missbrauch wirtschaftlicher Machtstellungen und andere Wettbewerbsverzerrungen zu verhindern sucht. Auch hier gewinnt das EG-Recht immer größere Bedeutung.

Für die Bundesrepublik Deutschland seien erwähnt die Gewerbe- und die Handwerksordnung, das Kartellgesetz (GWB), UWG etc. sowie zahllose EG-Regelungen. Das «Handels- und Wirtschaftsrecht» mit dem speziellen «Kartellrecht» hat sich im Laufe der Jahrzehnte zu einer umfänglichen eigenen Rechtsdisziplin entwickelt. Es gibt hunderte Lehrbücher und Kommentare bis hin zu einem «Rechtsformularbuch für den Mittelstand» sowie tausende Urteile aller Instanzen.[402]

Gegen eine solche staatliche Gesetzgebung und Kontrolle, um Missbrauch im Wirtschaftsleben zu verhindern, hatte auch Rudolf Steiner nichts. Er sagte ja öfter, dass das Wirtschaftsleben auf der einen Seite an die Naturbedingungen, auf der anderen Seite an das Rechtsleben grenze.[403]

3. BRÜDERLICHKEIT IST DAS GEBOT

D.189 Für das Wirtschaftsleben wählte Steiner aus den Devisen der Französischen Revolution die Brüderlichkeit. So sehr mancher über diese Zuordnung überrascht sein mag, so sicher wird er bei näherem Nachdenken feststellen, dass dieser Ruf nach Brüderlichkeit nicht nur edle Zukunftsmusik ist. Vielmehr bestimmen ja in einem bestimmten Sinn und Verständnis *Brüderlichkeit*, *Vertrauen* und *«Vertrag(en)»* in großem Maße das tägliche Leben gerade in der Wirtschaft:

- Wir kaufen Augentropfen, einen Elektro-Quirl oder einen Rasenmäher in einem brüderlichen Vertrauen darauf, dass sie uns helfen und nicht schaden oder verletzen.

- Der Betrieb A bestellt bei seinem Geschäftspartner B aufgrund eines gemeinsam erarbeiteten Pflichtenheftes eine komplizierte Werkzeugmaschine im brüderlichen Vertrauen darauf, dass sie die angegebenen Millimeter-Bruchteile mit der garantierten Geschwindigkeit und Präzision fräst und zumindest die zugesagten zehn Jahre gut funktioniert.

- Der Konzertveranstalter X mietet für sein Event eine Hightec-AV-HiFi-Anlage in einer Art brüderlichen Vertrauens darauf, dass sie am Tag des Konzerts voll funktioniert und 30 000 Menschen beglückt (und zugleich deren Rechtsanspruch sowie seine Rechtsverpflichtung erfüllen hilft).[404]

4. ASSOZIATIONEN

D.190 Mit dem Gebot «Brüderlichkeit» korrespondiert ganz natürlich eine wesentliche Aussage von Steiner: Das unabhängige Wirtschaftsleben werde sich in Assoziationen entwickeln und abspielen.[405] Was er mit Assoziationen meint, erklärte Steiner am 11.6.1922 in Wien so:

«Die Assoziation ist keine Organisation, ist nicht irgendeine Koalition. Sie entsteht dadurch, dass sich die einzelnen Wirtschaftenden zusammenfinden, und dass jeder Einzelne nicht das aufnimmt, was aus irgendeiner Zentralstelle heraus gemacht wird, sondern dass der Einzelne das beitragen kann, was er aus seiner Erkenntnis des Gebietes, in dem er darinnen steht, weiß und kann.»[406]

D.191 Damit weist Steiner treffend auf die im Wirtschaftsleben übliche Praxis hin, durch Gedankenaustausch, Arbeitsgespräche, Konferenzen, Telefonate, E-Mail und andere Kommunikationsformen über (vermutete) Bedürfnisse und (auch technische) Möglichkeiten ein Produkt zu entwickeln oder eine Dienstleistung zu kreieren, zu modifizieren und das Produkt oder die Dienstleistung in den Wirtschaftskreislauf zu bringen. Das ist das tägliche assoziative, zumeist brüderliche Miteinander, ohne das die Wirtschaft nicht «funktionieren» und leben kann.

«Assoziation» bedeutet ja nach der lateinischen Wurzel dieses Wortes: Ein *socius* wende sich einem anderen *socius* zu *(ad socium)*. Interessant: *socius* bedeutete im klassischen Rom nicht nur «Genosse», sondern auch «Geschäftsgenosse, Kompagnon».

Mit diesem «Assoziieren» ist weitgehend das vor-rechtliche Stadium gemeint, und nicht immer muss es dann zu einer rechtlich-verbindlichen Abmachung kommen. Wenn es aber zu einer Vereinbarung kommt, ist juristisch das ganze Füllhorn von Vertragsformen angesprochen, die die Rechtsordnung im Zivilrecht, im Handels- und Gesellschaftsrecht für die privatautonomen Gestaltungen von Lebenssachverhalten bereithält: normale bi- oder multilaterale Vertragsschlüsse (oben D.125ff.), außerdem lockere oder festere Gesellschaftsformen wie BGB-Gesellschaft, GmbH, Aktiengesellschaft, Kommanditgesellschaft (KG) oder KG auf Aktien u. v. a. m.[407]

5. Soziales Hauptgesetz – Arbeit und Lohn

a. Das Soziale Hauptgesetz

D.192 Als leuchtendes Fanal für die soziale Frage hat Rudolf Steiner sein *Soziales Hauptgesetz* gegeben:

> «Das Heil einer Gesamtheit von zusammenarbeitenden Menschen ist umso größer, je weniger der Einzelne die Erträgnisse seiner Leistungen für sich beansprucht, das heißt, je mehr er von diesen Erträgnissen an seine Mitarbeiter abgibt, und je mehr seine eigenen Bedürfnisse nicht aus seinen Leistungen, sondern aus den Leistungen der anderen befriedigt werden.»[408]

D.193 Es liegt auf der Hand: Eine Realisierung des Sozialen Hauptgesetzes würde nicht nur einen eminenten menschlichen, menschheitsgeschichtlichen, gesellschaftlichen und ökonomischen Evolutionsschritt bedeuten, sondern auch eine Umwälzung tradierter, gewohnter Rechtsgedanken und Rechtsverhältnisse. Der alte synallagmatische Rechtssatz *do ut des* (= ich gebe, damit du gibst) mit seinen gesetzlichen Festlegungen würde in weiten Teilen des Rechtslebens einem altruistischen sozialen Hingeben weichen müssen.[409]

b. Arbeit und Lohn

D.194 Das *Soziale Hauptgesetz* hat besondere rechtliche Folgen für das Thema *Arbeit und Lohn* – ein Thema, dessen beide Glieder heute wie selbstverständlich in einem Atemzug genannt und primär als Wirtschaftstatbestände behandelt werden. Steiner hat sich aber wiederholt dagegen gewehrt, dass Berufsarbeit wie Ware behandelt und allgemein zum Wirtschaftsleben gerechnet wird: Arbeit sei vielmehr vom Lohn zu entkoppeln und gehöre in den Rechtsstaat. Es sei Aufgabe des Staatslebens, die Arbeit zu regeln.[410]

D.195 Die Zuordnung der Arbeit zum Staatsleben wirft natürlich eine ganze Reihe aktueller Fragen auf, denen sicher noch weitere Studien zu widmen sind.

Heute ist die Anerkennung der Tarifautonomie ein allgemeines politisches Credo, wenn auch von Partei zu Partei mit unterschiedlicher Verve: Arbeitsbedingungen zu regeln sei ausschließlich Sache der Tarifpartner (Gewerkschaften und Arbeitgeber). Jeder kundige Thebaner weiß jedoch, wie durchlöchert dieses Prinzip heute schon erscheint, wenn man auch nur einen Blick auf die Fülle von staatlichen Regelungen wirft, die das Arbeitsleben ordnen: vom Arbeitszeitgesetz und diversen Arbeitsschutznormen über Kündigungsschutzgesetz, Tarifvertragsgesetz, Heimarbeitsgesetz bis zu Urlaubsgesetzen, dem BGB u. v. a. m.[411]

c. Dreigliederung des großen Themas «Berufsarbeit»?

D.196 Zu dem großen Thema Arbeit sei hier eine Frage aufgeworfen, die zu weiterem Nachdenken einladen mag: Geben die verschiedenen Gedanken von Steiner einen Impuls, das menschliche Lebens-Grundthema «Berufsarbeit» parallel zur Dreigliederung des sozialen Organismus in einer eigenen Dreigliederung zu fassen? Etwa so:

1. Wahl des Berufes möglichst frei aufgrund der individuellen Talente, der Befähigung und Begabung, auch aufgrund des Elternhauses (dazu D.25)? Ins Geistesleben wirken ja Elemente aus früheren Erdenleben (C.85). Bei der Wahl des Berufes herrsche individuelle Freiheit!

2. Für die Zeit des irdischen Arbeitslebens gelten gleichmäßige Regeln der Arbeitszeit und anderer Arbeitsbedingungen wie Berechnung des Lohnes, der Überstundenvergütung, des Urlaubs etc. Für diesen Bereich «Arbeitsrecht» herrsche wie allgemein im Staatsleben Gleichheit! Wirkungen in diesem irdischen Leben!

3. Bei einer weiter realisierten Dreigliederung des sozialen Organismus erhält der Arbeitende nach dem Sozialen Hauptgesetz nicht einen auf seine Arbeit bezogenen Lohn, sondern arbeitet brüderlich für die Gemeinschaft. So herrsche Brüderlichkeit! Und das Wirtschaftsleben hat Auswirkungen auf künftige Inkarnationen (oben C.85). Zusatz: Auch wenn eine Dreigliederung des sozialen Organismus noch nicht allgemein realisiert ist, könnte jeder einzelne Mensch durch Verzicht auf ein eigenes Entgelts-Einkommen auf diese Weise brüderlich wirken und in seine künftigen Inkarnationen hineinwirken.[412]

6. WEITERE EINZELTHEMEN DES WIRTSCHAFTSLEBENS

a. Geld- und Bankwesen

D.197 In seinem Vortrag vom 30.11.1918, kurz nach Ende des Weltkrieges, verurteilte Steiner das banktübliche Zinseszins-Wirtschaften.[413]

D.198 Zum Verhältnis zwischen Staat und Geld äußerte sich Steiner in einer Fragenbeantwortung am 5.8.1922 (GA 341,81 – QR 294; siehe auch D.200).

b. Steuern und Steuerrecht

D.199 Hierzu gibt es mehrere Äußerungen von Steiner, die noch weiterer Untersuchungen bedürfen.[414]

c. Leitgedanken für eine zu gründende Unternehmung

D.200 Diese Leitgedanken waren bestimmt für eine konkret geplante Gründung eines «bankähnlichen Instituts».[415]

d. Produktion nach Bedarf?

D.201 Steiner hat mehrfach dafür plädiert, dass man nur nach Bedarf produzieren solle. Als gutes Beispiel erwähnte er am 23.4.1919 seinen Verlag, der nur so viele Bücher produziert habe, wie verkauft werden konnten.[416]

e. Schiedsgerichte

D.202 Dadurch dass Steiner die Unabhängigkeit des Wirtschaftslebens vom Staat anmahnt, stärkt er auch die allgemein zu beobachtende Tendenz der Wirtschaft, Streitigkeiten nicht durch staatliche Gerichte, die manchmal erst nach fünf bis acht Jahren ein rechtskräftiges Urteil liefern, sondern durch Schiedsgerichte entscheiden zu lassen, die nach wenigen Monaten eine abschließende, verbindliche Entscheidung herbeizuführen vermögen (zu diesem Thema bereits oben D.69, 124).

IX. Rechtswissenschaft

1. RECHTSWISSENSCHAFT IST GEISTESLEBEN

D.203 Klar ist: Die Rechtswissenschaft gehört zum Geistesleben und muss von der Devise Freiheit geleitet werden. Bei uns gewährleistet Art. 5 Abs. 3 GG die Freiheit der Kunst und Wissenschaft, Forschung und Lehre (Text oben D.82). In der Tat sind Eingriffe der Staatsorgane in die rechtswissenschaftliche Lehr- und Forschungstätigkeit nicht zu beobachten.

D.204 Freilich wird auch die Rechtswissenschaft vorwiegend an staatlichen Universitäten gepflegt, die vom Staat finanziert werden. Zu Studiengebühren und deren (Nicht-)Erhebung oben D.92.

Das private Hochschulwesen ist in Deutschland auch für eine Rechtsausbildung nicht weit entwickelt – einige Daten im Anhang.[417]

2. Ist die Jurisprudenz eine Wissenschaft?

D.205 Rudolf Steiner hat im Jahre 1887 angemerkt: Was «Rechtswissenschaft» genannt werde, sei nur eine «Notizensammlung» (GA 1,206 – QR 3.27). Am 6.4.1920 äußerte er, Rechtswissenschaft könne eine «formale Wissenschaft» sein, wenn sie sachgemäß ausgestaltet sei. In einem Gespräch mit Bruno Krüger bezeichnete Steiner im Jahre 1923 die *Rechtswissenschaft als die bedeutendste Wissenschaft.*[418]

Auch in der allgemeinen Wissenschaftslehre taucht immer wieder einmal die Frage auf, ob die Rechtswissenschaft eine Wissenschaft sei.[419] Vielleicht hilft auch bei der Beantwortung dieser Frage die Geisteswissenschaft Anthroposophie:

Wie die hier vorgelegte Arbeit darzulegen sucht, hat Steiner gezeigt, dass in der geistigen Welt ein Urphänomen «Gerechtigkeit» urständet. Dies gilt es weiter zu erforschen, und das irdische Recht, das Rechtsleben, ist mit dieser Wesenheit zu verbinden. Damit wird – hoffentlich künftig verstärkt – versucht, einen Urgrund für das Recht zu finden. Auch die Gedanken zur Mathesis (unten Abschnitt E) sollen diesem Ziel dienen. Das alles ist seiner Natur nach evident Wissenschaft.

Zudem mag die Erforschung der Widersachermächte im Rechtsgebiet eine besondere geisteswissenschaftliche Aufgabe sein:

- Wie wirkt Luzifer auf das Recht, auf das Rechtsleben? Luzifer will alles «formlos», den Willen «automatisch» machen (GA 182,143 – QR 111. 17ff.).
- Wie wirkt Ahriman, der durch eine geradezu unheimliche Gesetzgebungshypertrophie die Gerechtigkeit unterdrücken will und vielleicht auch schon unterdrückt? Ahriman will zur Verhärtung des Lebens und der Gesellschaft möglichst viele Gesetze, möglichst nur aufgrund spröden, intellektuellen «bloßen Nachdenkens» (GA 176,218 – QR 95), ohne Blut und Leben. Ahriman will viele Akten und Bücher sehen und alles Geschehen riesigen Paragraphen-Komplexen «unterordnen»: Ahriman will dadurch das Leben verhärten und entseelen.
- Ahriman freut sich über den «Einheitsstaat».

Und wer – Luzifer oder Ahriman? – ist für die allgemein beobachtete Prozesslust «zuständig»:

- Luzifer, weil jemand lustvoll so gern dem anderen eins auswischen will, oder

- Ahriman, weil ein Lebenssachverhalt mit Hilfe eines leblos eingesetzten Paragraphenkomplexes in das mechanistische Korsett eines Gerichtsverfahrens gepresst werden soll? «Wir haben ein Gesetz!» (Oben C.75.)

Dies alles zu ergründen erscheint bei sachgemäßer Betrachtung als Forschungsaufgabe, die nur wissenschaftlich genannt werden kann.

So mögen auch die geisteswissenschaftlichen Bemühungen dieser Arbeit die Wissenschaftlichkeit der Jurisprudenz mit einer neuen Stütze begründen helfen.

3. CONCLUSIO

D.206 Rudolf Steiner hat damit insgesamt der Rechtswissenschaft eine Fülle von Gedanken und Anregungen geschenkt – der Rechtswissenschaft, die er die bedeutendste Wissenschaft genannt hat (oben A.9): Immerhin soll ja die Jurisprudenz den Menschen in dieser Welt ein nicht durch Willkür-Macht des Stärkeren vergiftetes und damit ein menschenwürdiges Zusammenleben sichern helfen.

Gleichzeitig gab Steiner für die Rechtswissenschaft mehrere Impuls-Leitlinien:

- Jurisprudenz soll wirklich Geistes-Leben werden: «Wir brauchen eine Verlebendigung des Rechts!» (Oben C.96.)
- Rechtswissenschaft als lebendige «Rechtskultur» entwickeln!
- Nicht *l'art pour l'art,* sondern *l'art pour l'homme* = Rechtskultur nicht um ihrer selbst willen, sondern Rechtskultur für die Menschen und um der Menschen willen!
- Weniger Dogmatik! Weniger «Konservenbüchsen» des Geistes!
- Die Rechtswissenschaftler sollten im alltäglichen Leben lebendig agieren. Dazu gehören auch eine lebendig-fruchtbare Ausbildung der jungen Juristen und eine menschlich-geistige Streitkultur!

Merke: Rechtswissenschaft gehört zum Geistesleben und damit zum Wirkbereich der Freiheit!

X. Rechtsausbildung

1. Mängel der Gegenwart und Chancen positiver Zukunfts-entwicklungen

D.207 Den Abschluss der Einzelthemen bilde nun die Rechtsausbildung. Ihr Zustand mag manchem Beobachter als Wurzel mancher Mängel des Rechtslebens erscheinen – und deshalb sollte hier eine gründlich-positive Zukunftsentwicklung einsetzen.

Die Rechtsausbildung liegt in Deutschland fast vollständig in der Hand des Staates: das Jura-Studium zumeist an staatlichen Universitäten bis zum «Ersten Staatsexamen» (sog. Referendarexamen), dann die in staatlicher Obhut geleistete Referendarzeit bis zum «Zweiten Staatsexamen» (sog. Assessorexamen), das die «Befähigung zum Richteramt» und damit auch zum Rechtsanwalt vermittelt.[420]

D.208 Steiner hat dem Jura-Studium seiner Zeit vorgeworfen, es sei einseitig und ihm fehlten eine Vermittlung von Lebenskenntnis und Menschenerfahrung sowie eine allgemein-wissenschaftliche, philosophische Grundlegung.[421]

D.209 Ein Motto von Rudolf Steiner mag uns auch zum Thema Rechtsausbildung leiten:

«Lebendig werdende Wissenschaft!
Lebendig werdende Kunst!
Lebendig werdende Religion!»[422]

2. Lebenskenntnis und Menschenerfahrung vermitteln!

D.210 Die mehrfache Anregung von Rudolf Steiner, in der juristischen Ausbildung Lebenskenntnis und Menschenerfahrung zu vermitteln, ist heute aus vollem Herzen zu begrüßen und sollte endlich realisiert werden. Über 90 % der juristischen Berufsarbeit (außerhalb der Universitäten) haben mit dem praktischen Leben, mit sozialen Lebenssachverhalten zu tun – und darauf werden die Jura-Eleven allgemein zu wenig vorbereitet. Lebenserfahrung im Studium zu vermitteln forderte auch *Albert Schweitzer:* Denn in Verwaltung und Rechtsprechung seien «Kenntnis der Mentalität und der Bedürfnisse der

Kreise, die den täglichen Kampf um die Existenz führen,» unvollständig vorhanden.[423]

D.211 Natürlich müssen im Jurastudium die vielfältigen juristischen Grund- und Detailkenntnisse der verschiedenen Rechtsgebiete, ihre Entwicklungen und ihre Zusammenhänge, die Subsumtionsregeln, Argumentationsketten, Interpretationsarten, Paragraphen, Artikel u. v. a. m. gründlich und nach allen Regeln der Kunst gelehrt werden. Sie sind selbstverständlich notwendig, sie sind vom Lehrenden zusammen mit einem Grundverständnis für Recht und Gerechtigkeit nachhaltig zu vermitteln und vom Studierenden fruchtbar für seine Berufsarbeit aufzunehmen.

D.212 Aber: Die Arbeit am Sachverhalt kommt beim Jura-Studium auf der Universität bisher meist zu kurz. Praktische Fragen und Probleme sowie deren Lösungen werden zu selten vermittelt. In einem Bericht über den «Akademiker-Arbeitsmarkt» in iwd vom 2.11.2006 (S. 7) heißt es über die Juristenberufe, der Trend zur eigenen Rechtsanwaltskanzlei sei ungebrochen, und dann lapidar: «Doch sind viele Anwälte auf diesen Schritt schlecht vorbereitet.»

Man kann zwar Menschen- und Lebens-«Erfahrung» als solche nicht lehren. Aber der Lehrende sollte, möglichst aufgrund eigener Erfahrungen, seinen Studenten auch praktische Anregungen und Ratschläge für ihr künftiges Berufsleben vermitteln, z. B.

- Hinweise für eine gute, menschliche Organisation, Personalführung, Gesprächsführung und Konferenztechnik – mit der besonderen Anleitung, wie überflüssige Konferenzen, die ja so viel Zeit und Lebenskraft kosten, zu vermeiden sind und wie die verbreitete Praxis zu verhindern ist, dass 40 % der Zeit (nutzlos) über die letzte Konferenz geredet wird, vielleicht 30 % der Zeit über die Sache selbst und 30 % über die Vereinbarung eines neuen Termins (zum Leiden durch Konferenzen auch oben D.97).
- Die Notwendigkeit, beim Sprechen und beim Schreiben den «Empfängerhorizont» zu bedenken: Wenn ein Rechtsanwalt einem schlichten Mandanten klarmachen will, dass dessen Klage-Begehren keine Aussicht auf juristischen Erfolg hat, hat er anders, einfach-durchdacht und liebevoll, zu formulieren als in einem Revisions-Schriftsatz für ein Obergericht. *Prof. Dr. Walter Odersky*, der frühere Präsident des BGH, hat in einem Interview mit *Rudolf Gerhardt* erklärt, wichtig sei auch, dass der

Richter «die Argumente und die Gedankengänge des Verlierers würdigt. Der Gewinner [...] liest den Entscheidungssatz, und die Gründe wird er gar nicht mehr so kritisch zur Kenntnis nehmen, aber dem Verlierer sollte man nach Kräften zeigen, dass man ihn wirklich ernst genommen hat. [...] Das ist vor allem eine menschliche Aufgabe.»[424]

- Überhaupt Sprachpflege (dazu oben D.12).
- Die Erfahrung, dass man sich in der Regel *zusammen-sprechen,* aber *auseinander-schreiben* kann.
- Die Notwendigkeit, als Rechtsanwalt dem Mandanten in jeder Lage des Verfahrens das sichere Gefühl zu vermitteln, dass man nur für diesen Mandanten da ist und sich z. B. in der mündlichen Verhandlung nicht zurückhält, um beim Richter nicht «anzuecken».
- Das Fundamental-Gebot, Fristen einzuhalten.
- Grundsätze der Beweiswürdigung mit den Fragen der Glaubhaftigkeit von Zeugenaussagen und anderen Beweismitteln.
- Eine gründliche Einführung in die Prozessordnungen, deren Kenntnis schon manchen Prozess hat gewinnen helfen: theoretisch und praktisch mit Planspielen u. v. a. m.

So sollte die Rechtsausbildung künftig fruchtbar Elemente der Menschenerfahrung und der Lebenskenntnis sowie praktische Ratschläge vermitteln. Dies ist durch eine erweiterte Rechtswissenschaft vorzubereiten.

D.213 Vielen Juristen fehlt Praxiserfahrung – z. B. dem behütet aufgewachsenen 28-jährigen Assessor, der kurz nach dem Zweiten Staatsexamen plötzlich über schwierige soziale Verhältnisse zu Gerichte sitzen soll. Würde es nicht zu lebensnäheren Entscheidungen führen können, wenn nur derjenige Jurist Richter werden könnte, der fünf oder zehn Jahre in einer anderen juristischen Tätigkeit Erfahrungen gesammelt und sich dort bewährt hat – wie z. B. in Großbritannien?[425]

3. ALLGEMEIN-WISSENSCHAFTLICHE, PHILOSOPHISCHE GRUNDLEGUNG DES RECHTSSTUDIUMS

D.214 Zudem fehlt dem üblichen Jura-Studium weitgehend eine allgemein-wissenschaftlich-philosophische Grundlage. Das an den Universitäten angebotene «Studium generale» wird leider nicht von allen angenommen (und erweckt in seinem Angebot auch gelegentlich den Eindruck einer ungeliebten Pflicht-übung). Dazu hat Rudolf Steiner schon vor hundert Jahren Defizite angepran-gert und Anregungen gegeben.[426]

4. Zur Praxis der Lehre

D.215 Dies alles setzt natürlich voraus, dass die «Lehrpersonen», die Professoren selbst, neben einer soliden allgemein-wissenschaftlichen Grundlegung prak-tische Menschenkenntnis und entsprechende Lebenserfahrung haben. Viele Jura-Professoren haben aber nie einen Betrieb von innen erlebt und haben auch keine Praxiserfahrung in Rechtsprechung oder allgemeiner öffentlicher Verwaltung – die Universitätsverwaltung selbst ist ja zumeist das Gegenteil eines lebendigen, sozialen Betriebsorganismus.[427]

Rudolf Steiner hat auch angeregt, für die Lehrenden einen Wechsel zwi-schen Universität und Praxis zu fördern (GA 305,239f.). Dies wäre naturge-mäß eine Möglichkeit, das Studium lebendiger und fruchtbarer zu gestalten. Sie wird auch gelegentlich in die Debatte geworfen und dann meist wieder vergessen – jedenfalls (zu) selten realisiert.

Steiner merkte einmal an, dass auch ein Professor sich weiterentwickeln könne: Er nannte als Beispiel *Rudolf von Jhering* (GA 53,449 – QR 45.5). Des-halb hier ein einschlägiger Hinweis auf *Jherings* «Scherz und Ernst in der Ju-risprudenz»: In seinem «Fünften Brief» beschäftigt sich *Jhering* mit Anträgen von *Volkmar* über die Reform des juristischen Studiums und Examens, in de-nen u. a. gefordert werde: «Bei der Besetzung der Professuren ist auch auf die praktische Vorbildung des Docenten Gewicht zu legen.» *Jhering* stimmt dem insgesamt zu.[428]

Zu einem menschlichen Rechtsleben gehört auch eine menschliche Ab-wicklung der notwendigen Prüfungen. Mein hochverehrter Doktorvater, *Gerhard Kegel,* sagte dazu, man solle bei Prüfungen herausfinden, was der Kandidat weiß, nicht, was er nicht weiß.[429]

5. Zum Schluss

D.216 Rechtsausbildung ist freies Geistesleben!

Nach *Friedrich Schiller* ist der größte Künstler der Staats- und Erziehungs-künstler, der mit dem Sozialen zu tun hat. Das ist derjenige, der am kostbars-ten Material arbeitet: dem Menschen.[430]

Rudolf Steiner:

«Wir können nur hoffen, dass in die Fachwissenschaften ein neues Leben kommt.» (GA 53,480)

Rechtsausbildung ist höchste Verantwortung und eine königliche Kunst!

Der Gerechtigkeit halber sei zum Schluss angemerkt, dass das Jura-Studium trotz aller Mängel bisher zehntausende hochqualifizierte Richter, Rechtsanwälte, Justitiare, Unternehmer etc. hervorgebracht hat. Und ungezählten großen Künstlern und Geistern unserer Geschichte hat ein Jurastudium jedenfalls nicht geschadet. Genannt seien hier nur *Martin Luther, Georg Friedrich Händel, Johann Wolfgang von Goethe, Ludwig Uhland* («Als ich mich des Rechts beflissen / gegen meines Herzens Drang»), *Carl Philipp Emanuel Bach, Heinrich Heine, Robert Schumann, E. T. A. Hoffmann, Wassily Kandinsky, Paul Cézanne, Kurt Tucholsky, Emmerich Kálmán, Dr. iur. Franz Kafka, Dr. iur. Karl Böhm, Dr. iur. Gerhard Jussenhoven* («Ich möchte noch mal zwanzig sein»), *Prof. Dr. iur. Friedrich Oberkogler.*

E. Mathesis der Jurisprudenz

1. MATHESIS BEI RUDOLF STEINER

E.1 Steiner hat in seinem Vortrag über die Juristische Fakultät am 18.5.1905 erklärt, «auch in Bezug auf die Jurisprudenz» gebe es eine «Mathesis» (GA 53,459f. – QR 45.25ff.). Damit stellt sich am Schluss dieser Arbeit die Frage: Ist eine Mathesis der Jurisprudenz auszumachen – mit welchen Aussagen?

E.2 Sucht man nach einer Erklärung des heute nicht allgemein gebräuchlichen Wortes «Mathesis», so findet man, dass Steiner von einer Mathesis mehrfach gesprochen hat. Ein Beispiel:

> «‹Die Gnosis ist die Mathesis›, sagten sie [die Gnostiker]. Nicht meinten sie damit, dass durch eine mathematische Anschauung das Wesen der Welt zu ergründen sei, sondern nur, dass die in diesem Anschauen zu erzielende Übersinnlichkeit die *erste Stufe* sei in der geistigen Erziehung des Menschen. Wenn der Mensch dazu gelangt, so von der Sinnlichkeit frei über andere Eigenschaften der Welt zu denken, wie er durch die Mathesis über geometrische Formen und arithmetische Zahlenverhältnisse denken lernt, dann ist er auf dem Wege zur geistigen Erkenntnis.»[431]

E.3 Zu dem Vortrag am Abend vor dem Brand des Goetheanum gibt es in den Notizbucheintragungen von Rudolf Steiner eine Kurve, die von der *Mathesis* über *Elementenquell, Magie, Wissenskunst, Kunstreligion, Wissenschaft* zur *reinen Bildkunst* aufsteigt (siehe Abbildung S. 158).[432]

E.4 Mit seinen Äußerungen betont Rudolf Steiner zugleich, dass Mystik eben nicht, wie ein allgemeines Vorurteil laute, etwas Dunkles, Rätselhaftes, Ungenaues sei, sondern etwas exakt Klares.[433]

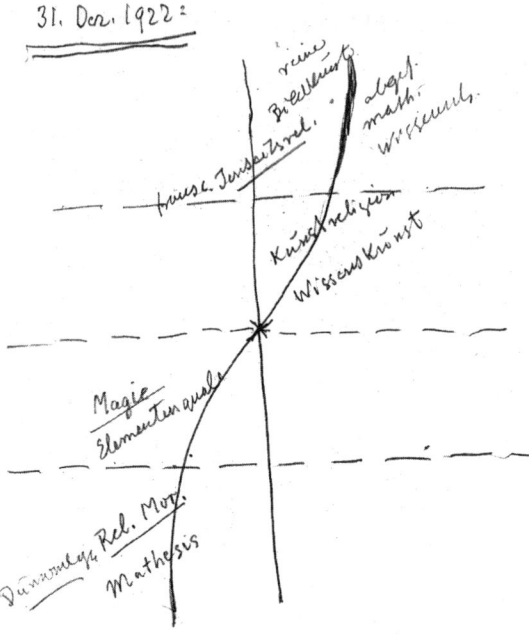

31. Dez. 1922:

Dazu gehört auch die wiederholte ernste Mahnung, im Übersinnlichen rein die Wahrheit walten zu lassen.

E.5 Aus den Äußerungen von Steiner folgt insbesondere:

- Wenn der Mensch lernt, über Eigenschaften der Welt so sinnlichkeitsfrei wie in der Mathematik zu denken, dann kann er auf dem Wege zur geistigen Erkenntnis sein.
- Um Organisches, Lebendiges, seine Individualität erkennen zu können, bedarf der Mensch einer höheren Mathesis, eines klaren, lebendigen «Denkens in freien Gedanken», das gestaltend wirkt.
- Bei alledem hat Mathesis im Verständnis von Steiner eine enge Beziehung zur «Mystik», auch zur geistigen Welt.
- In seinem Vortrag über die Juristische Fakultät hat Rudolf Steiner erklärt, es bestehe die Erkenntnis, dass es eine der Mathematik ähnliche Denkweise für das ganze Leben gebe: Diese Erkenntnis und nichts anderes sei die Anthroposophie![434]

2. Zum allgemeinen Verständnis einer «Mathesis universalis»

E.6 Der Begriff «Mathesis» gehört nicht zum allgemeinen Sprachgebrauch der Gegenwart – einige Definitionen im Anhang.[435]

Zum Thema Mathesis ist die gründliche Habilitationsschrift von *Volker Peckhaus*, «Logik, Mathesis universalis und allgemeine Wissenschaft» (Juli 1995), eine wahre Fundgrube. Dort erläutert *Peckhaus* «die Idee der mathesis universalis bei Leibniz» (S. 25ff.) und stellt sie in Beziehung zur modernen Logik (S. 56ff.). Bei der Betrachtung der frühen Rezeption der Leibniz'schen Mathesis geht *Peckhaus* auch auf Kant ein und sieht in den Äußerungen von Kant «eine deutliche Absage an die Möglichkeit einer Mathesis universalis» (S. 117f.): Mathematik und Philosophie seien – so Kant – unterschiedliche Dinge. Bei Hegel stellt *Peckhaus* dagegen eine «Identifikation von Logik und Metaphysik» fest (S. 130).[436]

E.7 Für Pythagoras hingen Kosmos, Musik und Mathematik zusammen. Die Philosophie, zu der Mathematik, Musik und Astronomie gehörten, galt als der beste Weg zur Reinigung der Seele und für deren künftige Wandlungen (zu Pythagoras oben C.4).

E.8 Zu dieser Erwähnung der Musik sei angefügt, dass Steiner in seinem herrlichen Vortrag am 25.10.1909 darlegte, wie sich das logische Denken aus der Musik entwickelt hat (GA 116,25). Dies wird vielleicht auch von der Überlegung getragen und bestätigt, dass Musik ebenso wie Denken eine Fülle rhythmischer, schwingender Prozesse ist.[437]

Hier sei auch auf die Erfahrung hingewiesen, dass oft, wenn auch nicht immer, gute Juristen gute Mathematiker sind und dass bei guten Juristen oft ein hohes Musikverständnis begegnet, manchmal gepaart mit hochklassiger aktiver Musikausübung: Letzteres mag seinen Grund darin haben, dass Jurisprudenz und Musik in tiefstem Sinne Rhythmen pflegen, rhythmisch sind. Die Kammermusikorchester der Reichsgerichtsräte in der Musikstadt Leipzig hatten einen exzellenten Ruf!

E.9 Das bedeutet zusammengefasst: Im allgemeinen Verständnis erscheint Mathesis als mathematische Klarheit oder generalisierte Mathematik in nicht-mathematischen Bereichen. Sie soll es ermöglichen, auf allen Gebieten der Erkenntnis von bestimmten grundlegenden Vernunftwahrheiten aus folgerichtige Schlüsse zu ziehen – nach den allgemeinen Definitionen freilich nur manchmal mit Beziehung zur geistigen Welt: Dies ist wohl ein wesentlicher Unterschied zu dem oben berichteten Verständnis bei Rudolf Steiner.

3. Mathesis der Jurisprudenz?

E.10 Nun zu der Frage: Können wir heute eine «Mathesis der Jurisprudenz» feststellen? Mit welcher Aussage? Gibt es Grundwahrheiten der Jurisprudenz oder für die Jurisprudenz – Grundwahrheiten von Steiner, die durch lebendiges Denken folgerichtige Schlüsse zu ziehen erlauben?

E.11 Gewissermaßen als Einstimmung auf diese Frage sei angemerkt, dass 1770 in Leipzig ein Werk von *Johann Friedrich Polack* erschienen ist, der Beziehungen zwischen Mathesis und Jurisprudenz dargestellt hat: «Mathesis forensis, worinnen die Rechenkunst, Geometrie, Baukunst, Mechanik, und Hydrostatik, wie auch Chronologie, nach ihren Grundsätzen hinlänglich abgehandelt, zugleich die Anwendung derselben auf die in der Rechtsgelehrsamkeit, bei allen obern und niedern Gerichten, vielfältig vorkommende Fälle, in besonderen Abhandlungen gezeiget wird. [...]». Beschrieben wird das Buch als «erfolgreiches mathematisches Werk, das speziell für die technische Praxis der Juristen entwickelt wurde». – 1829 wurde bei J. A. Barth in Leipzig ein «Handbuch für juridische und staatswirtschaftliche Rechnungen» verlegt, mit dem der Autor *Friedrich Löhmann* «die Tradition der juridischen Rechenkunst (Mathesis forensis)» fortsetzte.

4. Grundwahrheiten im Werk von Rudolf Steiner

E.12 Als Grundwahrheiten im Sinne des gezeichneten Mathesis-Verständnisses kommen in Betracht die grundlegenden, auch in dieser Arbeit dargestellten Erkenntnisse und Äußerungen von Steiner über

- Makrokosmos und Mikrokosmos,
- Hierarchienlehre mit den Erzengeln, besonders Michael,
- Impulse und Gebote «von oben», insbesondere von der geistigen Wesenheit «Gerechtigkeit»,
- Wesensglieder des Menschen,
- Seelenkräfte des Menschen,

- Dreigliederung des Menschen,
- Dreigliederung des sozialen Organismus,
- Interpretation: Freiheit – Gleichheit – Brüderlichkeit,
- Rhythmus – auch mit dem Ausgleich zwischen Luzifer und Ahriman,
- These – Antithese – Synthese.

Steiner nannte auch «Grundwahrheit», dass «die menschlichen Einrichtungen von den Menschen selber aus ihrem bewussten Leben herauskommen sollen».[438]

Diese Elemente und ihre Zusammenhänge mit Recht und Gerechtigkeit sollen nun hier zum Thema Mathesis – zum Teil in Zusammenfassung der bisherigen Erörterungen – skizziert werden.

a. Makrokosmos/Mikrokosmos – Hierarchien – Gerechtigkeit

E.13 Das Erkennen der Zusammenhänge zwischen Mikrokosmos und Makrokosmos ist ein Grundelement der Geisteswissenschaft Anthroposophie (Leitsatz 1, zitiert oben B.4).

E.14 Für unser Thema scheint dazu spontan das Bild vom irdischen Recht und von der Gerechtigkeit in der geistigen Welt auf:

- Diese Gerechtigkeit soll aus der geistigen Welt heraus das Recht im irdischen Leben befruchten:
- Irdisches Recht als Abbild, Schattenbild, Abglanz, Reflex, Widerschein der geistigen Wesenheit Gerechtigkeit!
- Dafür ist das Walten der Erzengel, insbesondere des Erzengels Michael, bedeutsam.
- Das irdische Recht darf «Recht» nur dann genannt werden, wenn es an dieser Wesenheit Gerechtigkeit ausgerichtet ist. Dabei ist es ganz natürlich, dass die «Abbilder» der Gerechtigkeit zu verschiedenen Zeiten und unter verschiedenen Völkern und Volksgruppen durchaus unterschiedliche Formen haben. Unser BGB unterscheidet sich nicht nur von den Streit-Beilegungsregeln der Fidschi-Inseln, sondern auch von den Regeln des deutschen Mittelalters («Sachsenspiegel») und der Germanen (auch oben C.108, 120; D.40, 52).

b. Wesensglieder des Menschen

E.15 Die von Steiner beschriebenen Wesensglieder des Menschen vermögen für die Rechtswissenschaft und für das Rechtsleben bestimmte Grundgedanken zu vermitteln (schon oben B.6; D.110ff., 127, 161). Dazu zusammengefasst das Folgende:

aa. Physischer Leib

E.16 Der physische Leib des Menschen, das Äußerlich-Materielle des Menschen, ist zunächst – zusammen mit dem Ätherleib – Essential eines Rechtslebens. Denn für den Menschen beginnt mit der Vollendung seiner Geburt seine Rechtsfähigkeit (§ 1 BGB), und sie begleitet ihn sein irdisches Leben lang bis zu seinem Tod. Der physische Leib kann außerdem jura-relevant sein, wenn es um Körperverletzung, Mord und Totschlag, aber auch um physisch-persönliche Anwesenheit bei bestimmten Terminen und Vertragsschlüssen geht (z.B. bei der Eheschließung). Auch die modernen (Rechts-)Fragen um die Gen-Technik und das Klonen betreffen den physischen Leib (und andere Wesensglieder).[439]

Zusatz: Die Durchdringung des physischen Leibes mit der Entwicklung zum Geistesmenschen wird, wenn auch erst in ferner Zukunft, wohl auch für die Abläufe und für die Beurteilung von Handlungen, ihren Subjekten und Objekten Auswirkungen haben.

bb. Ätherleib

E.17 Der Ätherleib, Lebensleib, Bildekräfteleib (GA 73,29, 49), der lebendige Leib des Menschen ist wie der physische Leib Voraussetzung für die Rechtsfähigkeit des Menschen. Eine Totgeburt erlangt nicht nach § 1 BGB Rechtsfähigkeit (*Palandt-Heinrichs*, Rn 2 zu § 1 BGB).

Der Ätherleib ist auch betroffen, wenn rechtlich das Leben oder die Entwicklung der körperlichen Freiheit (Art. 2 Abs. 1 GG) sowie ihre Gegenstücke, z.B. die Tötung oder die Freiheitsberaubung, zu beurteilen sind. Außerdem ist wichtig, dass der Ätherleib Fähigkeiten, Wissen, Gewissheiten speichert. Im Ätherleib wurzeln auch menschliche Gewohnheiten. Gewohnheiten (immer wieder dasselbe tun oder denken) können Verhärtungen sein: ein Wirken ahrimanischer Wesenheiten. Ahriman hat sich in den

Ätherleib hineingesetzt, will den Menschen erstarren lassen. Deshalb «sitzt» im Ätherleib auch die «Wiederholung» (GA 107,28f.).

Zusatz: Ein Ziel der Entwicklung des Menschen und der Menschheit ist die Verwandlung des Ätherleibes hin zum Lebensgeist (dazu GA 130,151, 203ff.).

cc. Astralleib

E.18 Der Astralleib des Menschen trägt die Begierden, Triebe, Leidenschaften, Affekte, Gefühle der Lust und der Unlust, die Habgier, auch einen hochgradigen Egoismus – und der Egoismus trübt den Sinn für Gerechtigkeit (GA 116,65, 74). Der Astralleib ist also zu berücksichtigen, wenn etwa ein Straftäter auf Mordmotive, Absichten, Affekte, Triebe etc. zu untersuchen ist oder wenn es um das Verhältnis zwischen Mensch, Recht und Gerechtigkeit geht (oben C.42, 64; D.1, 66, 162ff.).

Das Geistselbst mag künftig die Entwicklung zum *aus Erkenntnis Handelnden* fördern und damit aus der Astralität heraus begangene Straftaten mindern helfen.

E.19 Leider ist gelegentlich auch beim Urteilen, bei der Rechtsprechung und bei der Gesetzgebung zu viel Astralität zu beobachten. Wer ein Gesetz «aus Hass» gegen eine Volksgruppe schaffen hilft oder wer als Richter den Angeklagten, die Klägerin oder den Zeugen «nicht leiden kann» und/oder plötzlich die «Geduld verliert», handelt aus Astralität – unzulässigerweise, denn das Ich-Denken und das «aus Erkenntnis Handeln» gehören elementar zu Gesetzgebung und Rechtsprechung (oben D.51ff., 66).

dd. Das Ich

E.20 Das Ich, die Individualität, die Entelechie, ist allein dem Menschen eigen, keinem Naturwesen sonst. Das Ich hat für unser Thema eine ganz herausragende Bedeutung: Nur der Mensch – kein Naturwesen sonst – kann dank seines Ich denken, beurteilen, urteilen und damit Recht leben. Das Ich ist der göttliche Teil des Menschen (GA 58,281, auch zur Bergpredigt).

Johann Wolfgang von Goethe meint in seinem herrlichen Gedicht «Das Göttliche» wohl genau dies (HA I, S. 147):

«Edel sei der Mensch,
Hilfreich und gut! [...]
Nur allein der Mensch
Vermag das Unmögliche:
Er unterscheidet,
Wählet und richtet;
Er kann dem Augenblick
Dauer verleihen.

Er allein darf
Den Guten lohnen,
Den Bösen strafen,
Heilen und retten [...]»

Der Mensch ist eben nicht nur ein vielleicht gut ausgebildetes Tier.[440] Dass er aber nur dies sei, will Ahriman erreichen: Und erreicht er es nicht schon bei zu vielen Menschen in unserer Zeit?[441]

Das Ich des Menschen, seine Entelechie und Individualität, verdient an dieser Stelle eine besondere Betrachtung. Es wird nämlich hier die These vertreten: Das Recht wurzelt im Ich. Dazu folgende Gedanken:

Das Recht setzt Geist, Denken, Beurteilen, Urteilen voraus. Steiner erklärte, innerhalb des Sinnesmenschen lebe ein Geistesmensch, ein innerer Mensch (GA 35,177; Zitat oben B.4).

Daraus ist zu folgern, dass Recht eine Angelegenheit ausschließlich des Menschen ist. Ohne Denken, ohne Urteilen, ohne Freiheit – alles Exklusiv-Merkmale des Menschen – kann es keine Schuld und damit keine Möglichkeit der entsprechenden rechtlichen Beurteilung und Verurteilung geben. Und das Urteilen, das Entscheiden-Können, das Richten unterscheidet den Menschen von allen anderen Naturwesen, von Tier und Pflanze und Mineral. Tiere haben Instinkte, um zu überleben. Sie haben kein «Recht» im Sinne einer irdisch-menschlichen Rechtsordnung. Der Älteste oder der Stärkste bestimmt, was gemacht wird. Und wenn zwei Tiere unterschiedliche Ziele verfolgen, dann kämpfen sie, bis einer siegt oder einer aufgibt, ohne dass ein Dritter «Recht spricht» (siehe auch oben B.13f.). Interessant dazu eine Bemerkung in GA 60,116f.: Beim Tier sehen wir schon «ein gewisses Rechtsleben, ein moralisches Leben» ausgeprägt: «Wir verstehen aber das Rechtsleben, das moralische Leben, das Staatsleben [...] nur, wenn wir beim Menschen die Emanzipation des Geistes von der Leiblichkeit sehen [...].»

E.21 Damit erscheint auch ein gesundes Ich als Voraussetzung für ein gesundes Rechtsleben. Dazu ist auf das Bild vom Ich als zweischneidigem Schwert zu weisen, von dem Rudolf Steiner in seinem Vortrag vom 25.6.1908 spricht:

«Auf der einen Seite ist dieses Ich die Ursache dessen, dass die Menschen in sich selbst sich verhärten, dass sie alles, was ihnen zur Verfügung stehen kann an äußeren Dingen und inneren Gütern, in den Dienst dieses ihres Ichs einbeziehen wollen. [...] Aber auf der anderen Seite dürfen wir nicht vergessen, dass dieses Ich zugleich dasjenige ist, was dem Menschen seine Selbstständigkeit, seine innere Freiheit gibt, was den Menschen im wahrsten Sinne des Wortes erhöht. In diesem Ich ist seine Würde begründet. Es ist die Anlage zum Göttlichen im Menschen.»[442]

E.22 In das Ich wirkt danach «von unten» der Astral-Leib

- einerseits mit dem Bösen, mit dem Egoismus, mit dem Streben, sich alles als sein Eigentum zu Eigen machen zu wollen,
- andererseits mit dem Guten, mit guten Empfindungen, mit dem sozialen Bestreben, anderen helfen zu wollen,
- auch mit dem Rechtsgefühl, das von Rudolf Steiner mehrfach als Korrektiv genannt wird (oben C.61).

So beeinflussen Elemente im Astralleib und aus dem Astralleib in das Ich hinein das Recht mit schlechten und mit guten Impulsen. Im Zeitalter der Bewusstseinsseele entsteht in jeder gesunden Menschenbrust Rechtsbewusstsein, das die Rechts-Idee befruchtet, den Rechtsgedanken im Ich. Siehe auch GA 107,116f., 121: Im Ich einen Funken, einen Ausfluss der höchsten, mächtigsten Göttlichkeit empfinden.

«Der Mensch muss lernen, Gerechtigkeit bewusst zu üben. Das kann er nur durch Überwinden der astralen Kräfte.»[443]

E.23 «Von oben», aus der geistigen Welt, vom Erzengel Michael mit Waage und Schwert, können im höheren Ich göttliche Samen für das Recht erscheinen. Und da Michael Künder und Vorbote Christi ist, erscheint als unsere Aufgabe, das Recht zu durchchristen.[444]

E.24 Im Zusammenhang damit mag erwähnt werden, dass das von Steiner für das Ich herangezogene Schwert ein altes Symbol für Recht und Rechtsprechung ist.[445]

c. Seelenkräfte des Menschen

E.25 Steiner unterscheidet drei Seelenkräfte des Menschen: Denken – Fühlen – Wollen. Das Bedenken der drei Seelenkräfte, die durchaus ineinander übergehen (GA 293,78), kann wichtig sein für die rechtlichen Beurteilungen.[446]

Steiner erklärt – was wichtig ist auch für unser Thema: «Den meisten Menschen fehlt heute noch der Glaube an die Möglichkeit, von den Einzelwillen aus eine sozial befriedigende Gesellschaftsordnung zu begründen.» (GA 24,247)

Dass es oft am Willen und am Glauben an den Willen fehlt, wird von der allgemeinen Organisationslehre bestätigt. Dort wird heute allgemein beobachtet, dass in den Betrieben und anderen Unternehmungen nicht das Denken und Planen, sondern das willensstarke Umsetzen, das Durchsetzen das Schwierigste ist – und dass es oft daran mangelt.

Anmerkung: Das Wollen ist ein Keim, der in das nachtodliche Leben hinein wirkt; Gleiches gilt auch für das Wirtschaftsleben. Demgegenüber liegen Wurzeln für das Denken (Geistesleben) im Vorgeburtlichen, und das Fühlen (Rechtsleben) wirkt zwischen Geburt und Tod.[447]

Eine schöne Gesamtsicht gibt Rudolf Steiner in seinem «Ecce Homo» von Weihnachten 1919:

> In dem Herzen
> Webet Fühlen,
>
> In dem Haupte
> Leuchtet Denken,
>
> In den Gliedern
> Kraftet Wollen.
>
> Webendes Leuchten,
> Kraftendes Weben,
> Leuchtendes Kraften:
> Das ist – der Mensch.[448]

Im Leitsatz 79 ist zu lesen:

> «Das Denken stellt zunächst nur *Bilder,* nicht ein Wirkliches in die Welt. Das Fühlen webt in diesem Bildhaften; es spricht für ein Wirkliches im Menschen, kann es aber nicht ausleben. Das Wollen entfaltet eine

Wirklichkeit, die den Leib voraussetzt, aber an seiner Gestaltung nicht bewusst mitwirkt.»[449]

Diese Aussage ist auch für unser Thema bedeutend: Dass in der Rechtswissenschaft und im Rechtsleben «Denken» angesagt ist, erscheint als Allgemeinplatz. Steiner betonte aber eindringlich, dass das Recht aus der Menschenbrust kommt: Dort wurzelt das Gefühl, das Rechtsgefühl, das sich zum Rechtsbewusstsein wandeln und mittels Grundwahrheiten zu klaren Ergebnissen führen kann. Und Rechtsleben ist nicht nur Denken und Fühlen, sondern Wollen und wirkliche Tat!

E.26 Wesentlich und hoffentlich zukunft-tragend ist auch für unser Thema die Aufforderung, das Denken nicht nur intellektualistisch ablaufen zu lassen, sondern zu einem «Herzdenken» weiterzuentwickeln.[450]

d. Dreigliederung des Menschen und des sozialen Organismus mit Freiheit – Gleichheit – Brüderlichkeit

E.27 Steiner unterscheidet im Menschen ein Nerven-Sinnes-System, ein rhythmisches System und ein Stoffwechsel-Gliedmaßen-System.[451] Bei seinem großen Vortrag am Abend vor dem Brand des Goetheanum skizzierte er dazu (GA 219,182):

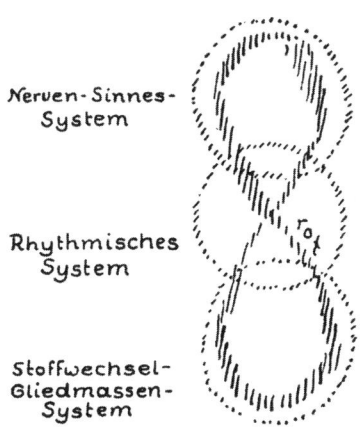

Nerven-Sinnes-System

Rhythmisches System

Stoffwechsel-Gliedmassen-System

Aus dieser Dreigliederung des Menschen hatte Steiner ja die Dreigliederung für den sozialen Organismus abgeleitet und je einem dieser Glieder einen der drei Aufrufe Freiheit – Gleichheit – Brüderlichkeit zugeordnet:

- Freiheit für das Geistesleben!
- Gleichheit durch das Staatsleben!
- Brüderlichkeit im Wirtschaftsleben!

Hieraus konnten für das Verständnis des Rechts, der Gerechtigkeit und des Rechtslebens oben schon wesentliche Gedanken und Impulse abgeleitet werden (oben D.15ff., 189 et al.).

e. Rhythmus: Rechte und Pflichten

E.28 Das elementare Lebensprinzip *Rhythmus* begegnet uns im Rechtsleben ständig:

- Rechte und Pflichten,
- Gläubiger und Schuldner,
- *Do ut des* (= ich gebe, damit du gibst),
- Angebot und Annahme,
- Kauf und Verkauf,
- Recht und Unrecht u. v. a. m.[452]

f. These – Antithese – Synthese

E.29 Die Trias *These – Antithese – Synthese* gehört zum Grundbestand des Rechtslebens und der Rechtswissenschaft. Auch für den juristischen Laien erscheint sie etwa im Strafprozess augenscheinlich:

1. Anklage des Staatsanwaltes,
2. Verteidigung des Angeklagten und seines Rechtsanwaltes,
3. Urteilsspruch des Richters

... und dieser Rhythmus wiederholt sich oft in weiteren Instanzen.

E.30 Wie das Leben lehrt, muss dabei keiner der Beteiligten völlig Recht oder völlig Unrecht haben. Wir erinnern uns ja, dass Steiner mehrfach erklärt hat, eine und dieselbe Sache könne von durchaus unterschiedlichen Standpunkten betrachtet werden – und sie ist doch dieselbe Sache.[453]

Wie schwierig Entscheidungen im Rechtsleben sein können, zeigt auch die Erfahrung, dass ein und dieselbe Sache von den verschiedenen Gerichtsinstanzen oft unterschiedlich, ja gegensätzlich entschieden wird. Auch eine 4:4–Entscheidung eines achtköpfigen Senats des Bundesverfassungsgerichts offenbart die Schwierigkeit einer Entscheidung: Beide Richter-Gruppen haben ihren Standpunkt – und beide haben sicher in gewisser Weise «Recht».

5. Conclusio zu einer Mathesis der Jurisprudenz

E.31 Die skizzierten Grundwahrheiten von Rudolf Steiner vermögen also in der Jurisprudenz folgerichtige Schlüsse zu erleichtern und damit die Frage nach einer Mathesis der Jurisprudenz begründet zu bejahen.

Die Mathesis weist uns den Weg zu der *Rechtskultur*, die wir im Staatsleben, im Geistesleben und im Wirtschaftsleben anstreben sollten.

Rechtskultur kann dabei – wie die Kultur allgemein – als eine lebendige Kombination von *Wissenschaft, Kunst und Religion* erscheinen:

1. *Wissenschaft:* Die *Rechtswissenschaft* ist die traditionelle, klare, unbestrittene Grundfeste der Rechtskultur. Dieser Bereich der Rechtsregeln und der Subsumtion, des Forschens, des Ich-Denkens und der Argumentationsreihen hat in seiner Exaktheit eine natürliche Verwandtschaft mit der Mathematik, die ja beide lebendig sein sollen.
2. *Kunst:* So wie das Schöpferische allgemein ein Essential der Kunst ist, erscheint eine schöpferische *Rechtskunst* als Element der Rechtskultur. Das irdische Recht kunstvoll-schöpferisch mit der Gerechtigkeit zu verbinden, ist unsere Aufgabe. Ein Urteil, ein Gutachten, ein Votum ist ein von Herz-Denken und Ich-Willen gestalteter Schöpfungsakt.[454]
3. *Religion:* Zur Rechtskultur gehört auch das glaubende Wissen um die Gerechtigkeit als Wesenheit in der geistigen Welt. «Mystik» im besten Sinne des Wortes: spürende, fühlende, klare Verbindung zur geistigen Welt (oben C.45; E.2).

Und so wie Rudolf Steiner für die Kultur allgemein eine Vereinigung der drei Bereiche *Wissenschaft – Kunst – Religion* wie drei Geschwister angeregt hat (D.78), mögen diese drei Glieder gemeinsam unter wechselseitiger Befruchtung die Rechtskultur der Zukunft formen:

- Der Richter gestalte rechtsschöpferisch unter menschlicher und lebendiger Anwendung der Rechtsregeln und im Bewusstsein der geistigen Wesenheit Gerechtigkeit sein Urteil.
- Die am Staatsleben, am Geistesleben und am Wirtschaftsleben beteiligten Menschen mögen ihr Rechtsleben klar und fundiert, schöpferisch mit Herz-Denken im Bewusstsein der geistigen Wesenheit Gerechtigkeit formen.

Der Dreiklang *Wissenschaft – Kunst – Religion* mag das Rechtsleben zum Schwingen und zum Leben bringen.

Entsprechend der ideellen Zielsetzung für die Waldorfpädagogik (GA 293,206):

«Lebendig werdende Wissenschaft!
Lebendig werdende Kunst!
Lebendig werdende Religion!»

können wir für unser Thema als Gesamtziel nennen:

LEBENDIG WERDENDE RECHTSKULTUR!

Anhang

Anmerkungen

1 GA 332a,77. – Zum «Egoismus als Grundzug unserer Zeit» *Leber, Stefan*, Kommentar, Band I, S. 48ff.; auch A.13; E.18, 22.

2 So betitelt *Otto Schily* ein Kapitel in seinem Buch «Flora, Fauna und Finanzen», S. 71. – Zu «mater» und «Materie» auch *Bastiaan Baan,* a. a. O., S. 143: «Der Alchimist erkannte, dass der Materie ein geistiges Wesen zugrunde liegt, das für die Schöpfung wie eine Mutter ist.»

3 *Goethe* setzte dem als zu rasch empfundenen Tempo – vor 200 Jahren! – die Entdeckung der Langsamkeit entgegen. Siehe das lesenswerte Büchlein von *Manfred Osten*, «Alles veloziferisch» oder Goethes Entdeckung der Langsamkeit, sowie *Roder, Florian*, «Vom Geheimnis der Verlangsamung», in: Kunst der Seele, S. 68ff. – In diesen Kontext gehört auch die Herrschaft des modernen Computers als überschneller Vollidiot, der nur bis zwei zählen kann – dies freilich in unvorstellbarem Tempo. Zum Irrwahn der Zweizahl GA 194,20ff. sowie *Prokofieff, Sergej O.*, Von der Beziehung zu Rudolf Steiner, S. 139f.

4 Genannt seien nur *Prokofieff, Sergej O.*, Begegnung mit dem Bösen; *Schweitzer, Albert*, a. a. O.; *Lauer, Hans Erhard*, Das Gesetz der Evolution und die Zukunft des Menschen; *Hardorp, Benediktus*, Anthroposophie und die sozialen Herausforderungen; *Bell, Daniel*, a. a. O.; *Abendroth, Walter*, Rudolf Steiner, S. 47, u. a. – In letzter Zeit erschienen mehrere zeitkritische Äußerungen bedeutender Politiker: z. B. das Gespräch mit *Richard von Weizsäcker* über die Frage: «Was für eine Welt wollen wir?»; *Biedenkopf, Kurt*, Die Ausbeutung der Enkel, Plädoyer für die Rückkehr zur Vernunft; *Hamm-Brücher, Hildegard*, In guter Verfassung? – Außerdem *Kirchhof, Paul*, Das Gesetz der Hydra; *ders.*, Die Erneuerung des Staates; *Di Fabio, Udo*, Die Kultur der Freiheit. – Weitere Hinweise bei A.5.

5 GA 270 I,13ff.; auch GA 73,18, 365; zur «Stumpfheit» der Menschen GA 130,129ff.

6 GA 53,136 und GA 284,168, auch GA 286,109. – *Sergej O. Prokofieff* konstatiert in seiner aufrüttelnden Schrift «Die Begegnung mit dem Bösen», «dass die Todeskräfte in den meisten Bereichen der gegenwärtigen Zivilisation die Führung ergriffen haben und diese allmählich dem Abgrund zutreiben» (S. 9). *Florian Roder* nennt zwei Kapitel seiner lesenswerten Schrift «Die Kunst der Seele»: «Apokalypse

der Gegenwart» und «Rudolf Steiner – ein therapeutischer Gegenentwurf» (a.a.O., S. 8, 23). *Günter Kollert* spricht in seiner «Apokalypse des Denkens» von einer «Verdrängung der Bildungsinhalte durch die Information» (a.a.O., S. 9). Siehe auch *Mögle-Stadel, Stephan*, Menschheit an der Schwelle, sowie *Ratzinger, Joseph*, Jesus von Nazareth, S. 200f. et al. – Weitere Hinweise A.2.

7 GA 153,163 – QR 72. Zu dem Vortrag vom 14.4.1914 siehe *A. Strakosch*, Lebenswege, I, S. 275ff.; in der Ausgabe 1994: S. 175ff. Siehe auch Vortrag vom 31.12. 1916, GA 173,348 – QR 90. – Steiner erwähnt seinen Vortrag vom 14.4.1914 wieder am 17.2.1918 (GA 174a,230) und am 26.8.1918 (GA 183,120 – QR 107); GA 297,195 mit Hinweis auf S. 322. – Siehe auch Nachrichten der Rudolf Steiner Nachlassverwaltung, 24/25, S. 6f. – Zur Produktion nach Bedarf D.201. Siehe auch GA 334,80 – QR 233.12; GA 104,152. – Am 15.12.1919, nach Beendigung des Weltkrieges, erklärte Rudolf Steiner: «Die anglo-amerikanische Welt mag die Weltherrschaft erringen: Ohne die Dreigliederung wird sie durch diese Weltherrschaft über die Welt den Kulturtod und die Kulturkrankheit ergießen [...].» GA 194,235; auch Vortrag vom 16.11.1917, GA 178,70; dazu auch *Prokofieff, Sergej O.*, Begegnung mit dem Bösen, S. 42f.

8 GA 330,226 (erstes Zitat), GA 130,140 (zweites Zitat).

9 GA 337b,145 – QR 236.17; auch GA 24,257; GA 192,334 – QR 191.17ff.; GA 197, 195 – QR 262. – Außerdem: «Dieses Rechtsleben wird erst gedeihlich schöpferisch wiederum, wenn es von intuitiver Erkenntnis durchzogen wird.» (GA 72, 177f.)

10 GA 73,165 – QR 101.22; GA 192,39 – QR 165.10; GA 328,87 – QR 138.3.

11 Dies berichtet *Bruno Krüger*, Leben und Schicksal, Vom Weg eines Wahrheitssuchers, Freiburg 1993, S. 44f.; siehe auch *Brüll*, Sozialimpuls, S. 284. – In einem Brief an Marie von Sivers hatte Rudolf Steiner am 28.4.1905 geschrieben: «Alle unsere Theologie, Jurisprudenz, Pädagogik sind von Zersetzungsstoffen angefüllt»; GA 262,108. Siehe auch die Äußerung von Rudolf Steiner im Vortrag am 29.1.1918, GA 181,33 – QR 106.3.

12 Dazu *Lindenberg, Christoph*, Chronik, S. 49ff., 95ff., 108; *Beck, Walter*, Rudolf Steiner – das Jahr der Entscheidung, S. 47. Steiners Dissertation ist als Band V der Rudolf Steiner Studien und erweitert als Band 3 der GA, «Wahrheit und Wissenschaft», publiziert.

13 Zur WRV *Böckenförde, Ernst-Wolfgang*, Recht, Staat, Freiheit, S. 330ff.; *Mitteis/ Lieberich*, Rechtsgeschichte, S. 456ff.; *Willoweit*, Deutsche Verfassungsgeschichte, S. 283ff.

14 Dazu ausführlich *Werner, Uwe*, Anthroposophen in der Zeit des Nationalsozialismus (1933–1945), unter Mitwirkung von Christoph Lindenberg; *Schroeder, Hans-Werner*, Die Christengemeinschaft, Entstehung – Entwicklung – Zielsetzung, S. 131f. – *Fritz von Hippel* hat diese braune Umstülpung des Rechts in einer eindrucksvollen, heute noch lesenswerten Arbeit dargestellt: Die Perversion von Rechtsordnungen, Tübingen 1955. Weiter dazu C.102 sowie *Rüthers, Bernd*, Die unbegrenzte Auslegung.

15 *Radbruch/Zweigert,* Einführung in die Rechtswissenschaft: das tradierte Grundwerk, nicht nur für den juristischen Anfänger interessant und lesenswert!
Schlusssatz des Abschnitts Strafrecht: «Das Strafrecht der Zukunft kann nur dann
fruchten, wenn dem Strafrichter der Zukunft auch das Wort ins Herz geschrieben ist, das Goethe von ‹Mahadöh, dem Herrn der Erde› spricht: ‹Soll er strafen oder schonen, / Muss er Menschen menschlich sehn.›» (a.a.O., S. 169) –
Weiter *Rüthers, Bernd,* Rechtstheorie, mit den Grundfragen «Was ist Recht?» (Rn
48ff.), mit ausführlichen Gedankenfolgen und Quellen, auch mit der Feststellung, dass die Rechtswissenschaft trotz aller Bemühungen in den überschaubaren
2500 Jahren keinen allgemein akzeptierten, eindeutigen Rechtsbegriff zustande
gebracht hat (Rn 71). – Außerdem die Einführungswerke von *Engisch* und *Baur/
Walter,* a.a.O., sowie *Haft, Fritjof,* Aus der Waagschale der Justitia, Ein Lesebuch aus 2000 Jahren Rechtsgeschichte. – Auch im Internet finden sich gute Einführungen, z.B. von *Hermann Reichold,* Tübingen. Weiter: *Kaufmann, Arthur /
Hassemer,* Rechtsphilosophie; *Radbruch,* Rechtsphilosophie; *Zippelius,* Das Wesen
des Rechts; *ders.,* Rechtsphilosophie; *Kriele, Martin,* Rechtsphilosophie; *Rehbinder, Manfred,* Rechtssoziologie; dort S. 2: Die Rechtssoziologie untersucht «nicht
das Recht als Summe der geltenden Normen (law in books), sondern das lebende
Recht (law in action)»; *Rawls,* Eine Theorie der Gerechtigkeit. Einen hervorragen-
den historischen Überblick gibt *Prodi, Paolo,* Eine Geschichte der Gerechtigkeit. –
Der auch von Rudolf Steiner anerkennend zitierte *Rudolf von Jhering* schrieb
schon vor über hundert Jahren: «Das Recht ist nicht bloßer Gedanke, sondern
lebendige Kraft. Darum führt die Gerechtigkeit, die in der einen Hand die Waagschale hält, mit welcher sie das Recht abwägt, in der anderen das Schwert, mit
dem sie es behauptet.» (Recht und Sitte: Der Kampf ums Recht, S. 7; zu Jhering
auch *Haft, Fritjof,* Waagschale der Justitia, S. 166ff., sowie GA 53,448f. – QR
45.4ff.). – Siehe auch *Larenz, Karl,* Methodenlehre der Rechtswissenschaft: Schon
das Inhaltsverzeichnis und das Vorwort (zur ersten Auflage vom August 1960)
mögen den positiven Wandel der Zeit seit Rudolf Steiner zeigen. Auch *Welzels*
«finale Handlungslehre» für das Strafrecht ist dem Menschen näher als die frühere
Dogmatik; D.159f.

16 Klassisch ist der «Badewannenfall»: Um eine junge Bauerntochter, die ihrer Schwes-
ter «nur helfen» wollte, ihr uneheliches Kind in der Badewanne zu töten, vor der –
damals für eine «Tötung aus Überlegung» unausweichlichen – Todesstrafe zu retten, hat das Reichsgericht im Februar 1940 eine neue strafrechtliche «subjektive»
Teilnahmetheorie entwickelt (Entscheidungen des Reichsgerichts in Strafsachen
[RGSt] 74. Band, S. 84). – Dem Verfasser ist auch noch in guter Erinnerung, wie
ein bekannter Strafrechtslehrer in der Vorlesung aus seiner Richtertätigkeit berichtete: Ein Senat des Oberlandesgerichtes Jena habe ein mit Verkündung einer
rechtskräftigen Verurteilung um 9 Uhr eigentlich abgeschlossenes Revisionsver-
fahren noch einmal aufgenommen, weil am späteren Vormittag plötzlich der Angeklagte persönlich aufgetaucht sei: ein kleiner, nachkriegsgeschwächter Mann,
der bestimmt nicht den streitgegenständlichen Zwei-Zentner-Sack Roggen hatte

stehlen können. Deshalb hob das OLG seine zwei Stunden vorher verkündete Entscheidung wieder auf: eigentlich juristisch-prozessrechtlich unmöglich, aber menschlich und wohl in einem höheren Sinne gerecht.

17 *Goethe,* Faust, II, Zeilen 11151ff., 11239ff. – Dabei ist nicht zu übersehen, dass jeder natürlich «anders sieht, was ein anderer erlebt». Trivial ausgedrückt: «Der Grad der [inneren] Betroffenheit wächst mit dem Grad der [äußeren] Betroffenheit.»

18 Dazu GA 195,36; GA 346,91ff., 274 (Tafelzeichnung). – Mit Vorträgen im Mai 1913 hat Steiner seine Hinweise auf das für die Gegenwart bedeutsame Wirken des Erzengels Michael intensiviert (GA 152,33ff.; GA 195,6ff.). Siehe auch *Wegman, Ita,* in: *von Baditz, Michael,* S. 11ff. – In der Vortragsreihe «Die Sendung Michaels» bezeichnet Rudolf Steiner den Erzengel Michael als «Geist der Stärke» (GA 194,42). Rudolf Steiner stellt auch klar, dass es unter Michael aufsteigende, ebenso aber auch absteigende Entwicklungen geben kann (GA 194,45ff.): Diese Signatur ist für das vergangene 20. Jahrhundert spontan zu bestätigen. – Zum Erzengel Michael auch *Leber, Stefan,* Kommentar, Band I, S. 44; *Dietz, Karl-Martin,* Wenn Herzen beginnen, Gedanken zu haben, S. 22f.; *Lievegoed, B. C. J.,* Dem einundzwanzigsten Jahrhundert entgegen, S. 9ff.; *Krüger, Manfred, Michael,* Dornach 2007. – Auf die besondere Bedeutung des Jahres 1879 weist auch *Florian Roder* hin (Mondknoten, S. 334). – Die allgemeine Bedeutung des Erzengels Michael spiegelt sich auch in seinem Festtag, dem 29. September, und in zahlreichen Michael-Wallfahrtsorten: Genannt seien insbesondere der süditalienische Monte Gargano sowie Le Mont-Saint-Michel in der Normandie und sein südenglisches Gegenüber St. Michael's Mount. – Zum Erzengel Michael C.30ff.

19 Dazu auch *Reubke, Lothar,* Michaeli-Mappe, S. 7. – So wie zweitens zur Entwicklung im Michael-Zeitalter auch Stürme im Weltgeschehen gehören, an denen das 20. Jahrhundert wahrlich reich war, so mögen auch negative Gestalten des letzten Jahrhunderts in diese Übersicht gehören, von denen hier nur *Stalin, Hitler* und *Mao Tse-Tung* genannt seien.

20 GA 211,195, 216.

21 *Kirchhof, Paul,* Der sanfte Verlust der Freiheit, Für ein neues Steuerrecht – klar, verständlich, gerecht. Dass die Gedanken von *Prof. Dr. Paul Kirchhof* im politischen Bundestags-Wahlkampf 2005 zerfleddert wurden, ist nicht seinen Gedanken anzulasten, sondern erscheint als eine Signatur für die politische (Un-)Kultur. Für unseren Themenkreis bedeutsam sind auch die beiden neuen Bücher von *Paul Kirchhof:* «Das Gesetz der Hydra – Gebt den Bürgern ihren Staat zurück!» und «Die Erneuerung des Staates – eine lösbare Aufgabe».

22 Zu den verfassungsrechtlichen Fragen des Umweltschutzes interessante Ausführungen von *Dieter Suhr* in: Fragen der Freiheit, 241, S. 3ff.

23 *Rüthers,* Das Ungerechte, S. 34. Siehe auch A.13. – Wichtig: Das Grundgesetz schützt die «Menschenwürde» in Art. 1 ganz besonders, und Art. 79 Abs. 3 GG schließt eine Änderung des Grundgesetzes insoweit absolut aus (A.12, D.38f.).

24 Leitsatz 1, GA 26,14. – Dazu *Unger, Carl,* Aus der Sprache der Bewusstseinsseele, Schriften, Band III, S. 16f.

25 A.a.O., S. 38.

26 Demgegenüber mögen einige rein technische Rechtsregeln als Anthroposophie-
neutral gelten (manche Formalien wie Fristen, Zahl der Unterschriften, Hypothe-
ken- und Bilanzrecht, technische Normen u.a.m.), und einige Bereiche der Anthroposophie haben für ein Verständnis des Rechts und der Gerechtigkeit wenig
unmittelbare Bedeutung (z.B. Teile der anthroposophischen Weltentwicklungs-
lehre; zu Beziehungen zwischen Weltentwicklung und höherem Selbst siehe GA
130,257f.).

27 Zur Befruchtung der Wissenschaften durch Anthroposophie schon *Lauer, Hans
Erhard,* Die Krisis der Wissenschaft und die Anthroposophie, Stuttgart 1921. – In
neuerer Zeit hat es den Anschein, dass Impulse anthroposophischer Menschen
aufgrund entsprechender Aktivität bei Politikern mehr und mehr Widerhall finden; z.B. Bericht von *Sebastian Jüngel* in: Das Goetheanum, 7, 2006, S. 1ff.

28 GA 26,14.

29 Dazu siehe auch GA 257,76; GA 35,177; GA 116,53; ebenso GA 130,244.

30 *Strakosch,* Lebenswege, I (1947), S. 168; in der Ausgabe von 1994: S. 112; auch
GA 93,136; GA 107,310.

31 GA 35,177.

32 C.47ff.; E.20. – Steiner wollte seine Impulse auch sehr praktisch verstanden wissen; GA 332a,172. Dazu ein ganzer Vortrag am 23.10.1905, GA 93,243. Und er
hat sich wiederholt dagegen gewehrt, dass ihm einfach blind geglaubt werde;
GA 77a,14, auch GA 13,14f. Gegen Autoritätsgläubigkeit auch GA 121,200f.; GA
130,55, 79. Zu diesem Thema ist auch das letzte Kapitel der «Theosophie» wichtig (GA 9,172ff., 176). Dies entspricht einer wiederholten Forderung von *Albertus Magnus:* «Mitdenken, nicht Verzückung!» *(Streit, Jakob,* Albertus Magnus, Am
Wendekreis des abendländischen Denkens, S. 26).

33 *Kugler, Walter,* Einführung; *ders.,* Rudolf Steiner und die Anthroposophie; *Gut,
Taja,* «Aller Geistesprozess ist ein Befreiungsprozess», Der Mensch Rudolf Steiner
(auch als Hörkassette); *Lutterbeck, Ernst,* Anthroposophie verstehen; *Prokofieff,
Sergej O.,* Was ist Anthroposophie?; *Heisterkamp, Jens,* Was ist Anthroposophie?;
Fränkl-Lundborg, Otto, Was ist Anthroposophie?; *Zimmermann, Heinz / Schmidt,
Robin,* Anthroposophie studieren; *Lauer, Hans Erhard,* Rudolf Steiners Lebenswerk; *Hemleben, Johannes,* Rudolf Steiner; *Abendroth, Walter,* Rudolf Steiner und
die heutige Welt; *Wehr, Gerhard,* Rudolf Steiner, Wirklichkeit, Erkenntnis und Kulturimpuls; *ders.,* Rudolf Steiner zur Einführung; *Schiller, Paul Eugen,* Der anthroposophische Schulungsweg; *Carlgren, Frans,* Der anthroposophische Erkenntnisweg;
Rittelmeyer, Friedrich (Hrsg.), Vom Lebenswerk Rudolf Steiners. – Reiche Fundgru-
ben sind zwei grundlegende Werke von *Christoph Lindenberg:* Chronik und Biographie, a.a.O., sowie *von Plato, Bodo,* Anthroposophie im 20. Jahrhundert, mit zahlreichen Biographien bedeutender Anthroposophen; wertvoll dazu die Möglichkeit
der aktuellen Online-Recherche unter www.biographien.kulturimpuls.org. –
Weiter: *Dietz/Messmer* (Hrsg.), Grenzen erweitern – Wirklichkeit erfahren, mit
sehr reichhaltigen Artikeln von *Jochen Bockemühl, Karl-Martin Dietz, Michaela*

Glöckler, Manfred Klett, Stefan Leber, Frank Teichmann, Heinz Zimmermann u. a; *Unger, Carl,* a. a. O., Schriften, I, II und III; *Hartmann, Otto J.*, Menschenkunde. – Eine gute, lebendige Einführung bietet auch die recht umfängliche «Erinnerungs-Literatur»: z. B. *Krück von Poturzyn, M. J.* (Hrsg.); *Beltle, Erika / Vierl, Kurt; Rittelmeyer, Friedrich; Hahn, Herbert; Mücke, Johanna / Rudolph, Alwin Alfred; Turgenieff, Assja,* jeweils a. a. O.; *Hiebel, Friedrich,* Entscheidungszeit mit Rudolf Steiner; *Wortmann, Michael,* Wir erlebten ihn noch: Rudolf Steiner; auch *Waage, Peter Normann,* Eine herausfordernde Begegnung. – Eine Auswahl-Übersicht über die Erinnerungsliteratur bringt *Beck, Walter,* Rudolf Steiner – das Jahr der Entscheidung, S. 110, Anmerkung 9. – Einführende Sammlungen von Steiner-Texten gibt es z. B. von *Walter Kugler* (Einführung in die Anthroposophie) und von *Axel Burkart,* Rudolf Steiner Buch, Texte aus seinen wichtigsten Werken; außerdem die Reihe «Quellentexte für die Wissenschaften» (siehe Literatur von *Herrmann, Kiersch* und *Selg*). – Siehe auch die Bekenntnisse, Zeugnisse und Aufrufe allgemein prominenter Köpfe, z. B. *Christian Morgenstern,* der am 24.8.1913 in einem Brief an Friedrich Kayßler schrieb: «Es gibt in der ganzen heutigen Kulturwelt keinen größeren Genuss, als diesem Manne zuzuhören, als sich von diesem unvergleichlichen Lehrer Vortrag halten zu lassen.» – Zu *Christian Morgenstern* und *Rudolf Steiner* siehe auch das ganze Heft BeitrGA, 33, mit zahlreichen Äußerungen der beiden Geister übereinander; außerdem *Steiner, Rudolf,* Christian Morgenstern – der Sieg des Lebens über den Tod, Esoterische Betrachtungen, Dornach 1935; *Ende, Michael* (Spiegel Spezial, 3, 1990, zitiert nach BeitrGA, 106, Ostern 1991, S. 63); *Walter, Bruno* (dazu *Emil Bock,* Zeitgenossen, Weggenossen, S. 77ff.; *Kon, Alfred,* in: Nachrichten für Mitglieder, 45, 2006, S. 7; auch *Walter, Bruno,* Von den moralischen Kräften der Musik). – Auch aktuelle Aspekte der Anthroposophie finden Sie erörtert in Flensburger Hefte, 72, 2001, mit interessanten Interviews mit *Gerald Häfner, Rudolf Gädeke, Michael Debus, Johannes Kiersch* und *Karl-Dieter Bodack.* – Hingewiesen sei schließlich auf das «ABC der Anthroposophie – Ein Wörterbuch für jedermann» von *Adolf Baumann* sowie auf *Rudolf Steiner,* Selbstzeugnisse, hrsg. von Walter Kugler.

34 13.1.1923, GA 348,258. Hierüber erschien aus dem aktuellen Anlass z. B. am 1.12.2000 eine Meldung im *Münchener Merkur.* – Bemerkt sei in diesem Zusammenhang, dass die Dr.-Hauschka-Kosmetika dadurch einen positiven Umsatzschub erfahren haben, dass sie von «Hollywood-Größen» wie Julia Roberts öffentlich anerkannt werden (z. B. FAZ vom 1.11.2006, S. 22).

35 Weiteres D.38ff., 161ff.; E.15ff. – Zu den Wesensgliedern GA 9,56 – QR 28; GA 13,60, 69 – QR 34; sehr ausführlich und gründlich *Leber, Stefan,* Kommentar, Band I, S. 541ff., 562f. et al.; *Kranich, Ernst-Michael,* Der innere Mensch und sein Leib, eine Anthropologie; *Kugler, Walter,* Einführung, S. 144ff., 154; *Kiersch, Johannes,* Menschenkunde, S. 38ff.; *Hartmann, Otto Julius,* Psychologie, S. 15 et passim; *ders.,* Der Mensch als Selbstgestalter seines Schicksals. – Eine reiche Zusammenstellung von entsprechenden Steiner-Texten bei *Selg, Peter,* Texte zur Medizin, Teil I, S. 43ff.; außerdem *Steiner, Rudolf,* Das Wesen des Menschen, hrsg. von *Taja Gut.*

36 GA 12,30ff. – QR 331; siehe auch GA 94,68. – Interessant außerdem die Anregungen in GA 10,90ff., 102ff. (mit bedeutenden Bedingungen). – Lesenswert auch *Roder, Florian,* Die Kunst der Seele, insbesondere S. 23ff. – Dazu eine kleine Ergänzung aus der «Geisteswissenschaftlichen Menschenkunde»: «Es zehrt an der Gesundheit eines Menschen, wenn wir nachträgerisch sind.» (GA 107,91) – Dementsprechend sieht *Dr. med. Fritz Spielberger* eine wesentliche Wurzel für die Entstehung von Krebskrankheiten darin, dass der betreffende Mensch «nachtragend» ist; *Spielberger, Fritz,* Krebs verhindern, S. 25.

37 *Zippelius,* Rechtsphilosophie, § 1. – *Immanuel Kant* schrieb 1781: «Noch immer suchen die Juristen eine Definition zu ihrem Begriffe vom Recht.» *Uwe Wesel* setzte im Jahre 2003 hinzu: «Sie suchen noch heute.» *(Wesel,* Recht, Unrecht, S. 11) – Weiteres hierzu, mit Aussagen von Rudolf Steiner, siehe C.94ff. – Einige Werke zur Einführung in die Rechtswissenschaft sind in Anmerkung 15 genannt. – In dieser Arbeit wird jeweils auf einige wichtige Fundstellen der allgemeinen Rechtsliteratur und Rechtsprechung hingewiesen, freilich nur in einem überschaubaren Umfang. Dies gilt auch für die (insgesamt eher seltenen) Äußerungen anthroposophisch orientierter Juristen.

38 GA 4,172 – QR 11.48. – Zur «Menschenkunde» sind die drei Bände von *Stefan Leber* eine unerschöpfliche Fundgrube, ebenso *Kiersch, Johannes,* Menschenkunde, und *Selg, Peter,* Bände 3 und 4 der Quellentexte für die Wissenschaften: Texte zur Medizin. – Klassisch: *Hartmann, Otto J.,* Menschenkunde, 3. Auflage, Frankfurt/Main 1979. – Weiteres zur Menschenkunde auch unter den Stichwörtern Wesensglieder, Seelenkräfte, Dreigliederung des Menschen, z. B. E.15ff.

39 Der griechische Ausdruck «zoon politikon», den auch Steiner zitiert (GA 171,26; GA 292,125), erfasst auch bei *Aristoteles* nicht (nur) das Tier, sondern allgemein das «Lebewesen». Gemeint ist mit «zoon politikon»: Der Mensch ist seinem Wesen nach ein soziales Wesen, ein Lebewesen in der Gesellschaft. So versteht *Ernst-Wolfgang Böckenförde* «zoon politikon» als «auf die Polis hingeordnetes Wesen» (Geschichte, S. 107); siehe auch die Herausgeber-Anmerkung in GA 95,167 zu S. 55.

40 *Schweitzer, Albert,* Aus meinem Leben und Denken, Leipzig 1947, S. 145, sowie *ders.,* Die Ehrfurcht vor dem Leben, S. 21, 111. – Auch Rudolf Steiner hat Albert Schweitzer sehr geschätzt (ungeachtet einiger kritischer Bemerkungen); GA 36,100ff.; GA 225,51f.; GA 226,91; *Emil Bock,* Zeitgenossen, Weggenossen, Wegbereiter, S. 11; *ders.,* Briefe, S. 327.

41 GA 79,180f. und viele andere Zitate in dieser Arbeit.

42 Rudolf Steiner am 5.11.1920 für Edith Maryon; GA 40,298 und GA 263/1,182 – QR 260.

43 Weiteres D.192ff. – Die *Sekundärliteratur zur sozialen Frage* bei Rudolf Steiner ist fast unüberschaubar. Überblicke, Einführungen, eindrucksvolle Abhandlungen und weiterführende Hinweise z.B. in den zitierten Werken von *Stefan Leber, Walter Kugler, Christof Lindenau, Hans Georg Schweppenhäuser, Dietrich Spitta, Wilhelm-Ernst Barkhoff, Dieter Brüll* (Brüll definiert «sozial» z.B. auf S. 8 seines «Sozialimpuls» als «die Not des Mitmenschen zum Motiv des eigenen Handelns ma-

chen» und damit enger als bei Rudolf Steiner und hier). Auch die meisten in den Anmerkungen 33 und 175 genannten Werke sind für das Gesamtthema «soziale Frage» relevant.

44 Z.B. GA 191,46. – Dies deckt sich mit den beruflichen Erfahrungen des Verfassers: Entscheidend sind die Menschen, nicht die äußerlichen juristischen Konstruktionen.

45 Zitiert in Fragen der Freiheit, 241, Innenumschlagseite.

46 Zum Erzengel Michael mit der Waage und dem Schwert C.30ff.

47 Dazu GA 332a,158 – QR 205.23; GA 267,61. – *Roman Boos* gibt eine interessante Bemerkung von Rudolf Steiner wieder: «Wie sich Recht und Moral zueinander verhalten, das ist ein Problem, dessen Lösung man bei Parsifal finden muss.» (*Boos,* Vom Grundstein des Christentums, Februar 1928, S. 17).

48 Zu diesen Fällen auch *Kirn, Michael,* in: *Leber, Stefan* (Hrsg.), Der Staat, S. 195f. – Zur Frage sog. «rechtsfreier Räume» C.109.

49 Heute ist die «culpa in contrahendo» in § 311 Abs. 2 BGB erfasst. – Auch im öffentlichen Recht gibt es diese Fragen des Übergangs oder einer eher unbestimmten Verbindlichkeit. *Thomas Oppermann* spricht von «soft law», z.B. für die OSZE mit einer «flexiblen, mehr politischen als völkerrechtlichen Rechtsgestalt» (Europarecht, § 3 Rn 18). – Zum Übergang von einer freien Aussprache (Geistesleben) zu einem Beschluss (Rechtsleben) D.97.

50 Zu den Zehn Geboten auch GA 93,223; GA 130,161f.; GA 57,129ff. – QR 64. – «Moses und sein Zeitalter» ist der Titel eines bedeutenden Werkes von *Emil Bock.* – Papst *Benedikt XVI.* bezeichnete bei seiner ersten Pfingstmesse 2005 die Zehn Gebote als «Grundlage der wahren Freiheit». – Die Fülle der Aussagen über die «Gerechtigkeit» im Alten Testament ist allgemein bekannt; sie ist aber hier, wo es um die Ausschöpfung des Werkes von Rudolf Steiner geht, nicht das Thema. Zur «Gerechtigkeit» im Alten Testament z.B. *Rüthers,* Das Ungerechte, S. 17ff.; auch *Ratzinger, Joseph,* Jesus von Nazareth, S. 100 et al.

51 GA 8,50; ähnlich GA 51,26.

52 Zu *Pythagoras* ausführlich *Capelle, Wilhelm,* Die Vorsokratiker, S. 98ff.; siehe auch *Wedemeyer, Inge von,* Die Goldenen Verse des Pythagoras, Lebensregeln zur Meditation.

53 Rätsel der Philosophie, GA 18,69; vgl. dazu auch 2 Petr. 2.21. – Über *Sokrates* als Vorbereiter des Mysteriums von Golgatha GA 194,64ff.; auch GA 8,56ff.; GA 130,38f., 96f., 148. – Zu *Sokrates,* auch als Begründer der Menschenrechte, siehe *Adomeit,* Rechts- und Staatsphilosophie, I, S. 25ff.; *Kaufmann/Hassemer,* Rechtsphilosophie, S. 37ff.; *Haft, Fritjof,* Waagschale der Justitia, S. 39ff. – Zu *Sokrates* auch D.114.

54 GA 284,73, 177; zu Platon auch GA 8,54ff.

55 GA 155,105; ähnlich GA 159,23; GA 223,84f. und GA 170,78ff. (mit einer Skizze auf S. 78).

56 GA 170,80 und GA 18,73. – Deshalb wohl wählte *Friedrich Gädeke* in seiner Übersetzung des Lukas-Evangeliums (1.17) für *dikaiosyne* den Ausdruck das «Gött-

lich-Gute» (a.a.O., S. 384). – Steiner erwähnte auch, dass an der Eingangspforte der Schule Platons die Worte standen: «Keiner soll hier Einlass finden, der nicht durch die Geometrie oder die Mathematik hindurchgegangen ist.» (GA 54,403) – Am 30.5.1912 merkte Steiner an, für die nächste, sechste nachatlantische Kulturperiode sei ein Ideal die «Lebensweisheit», die Platon die «Gerechtigkeit» genannt habe (GA 155,128). Bedeutsam ist auch, dass Platon die Wiederverkörperung der Seele mit der allgemeinen Gerechtigkeit der Welt zusammengebracht hat (GA 51,35).

57 So *Böckenförde*, Geschichte, S. 78, 81. – Siehe auch: «Letzter Zuordnungspunkt für die Bestimmung der Gerechtigkeit eines Gemeinwesens sind die Individuen.» *(von der Pfordten*, Rechtsphilosophie, S. 17; dort S. 16ff., 43ff. Textbeispiele) – Zu Platon, seiner Politeia und der Entwicklung der Menschen zur Untugend siehe *Adomeit*, Rechts- und Staatsphilosophie, I, S. 40ff., 51ff.; *Rüthers*, Rechtstheorie, Rn 346, 419; ders., Das Ungerechte, S. 68ff.; *Zippelius*, Geschichte der Staatsideen, S. 17ff.; *Kaufmann/Hassemer*, Rechtsphilosophie, S. 38ff.; *Kelsen, Hans*, Was ist Gerechtigkeit?, S. 28: «Der klassische Vertreter des metaphysischen Typus der Gerechtigkeit ist Platon»; *Haft, Fritjof*, Waagschale der Justitia, S. 115ff.; *Kutter/Roßner*, a.a.O., S. 30f.; *Rittelmeyer/Klünker*, a.a.O., S. 22ff., 62ff., 70ff.

58 Hierzu etwa *Böckenförde*, Geschichte, S. 97ff., 246; *Rüthers*, Rechtstheorie, Rn 420; *Zippelius*, Rechtsphilosophie, § 16 II; ders., Geschichte der Staatsideen, S. 28ff.; ders., Staatslehre, § 17 I, 1; *Adomeit*, Rechts- und Staatsphilosophie, I, S. 82ff.: Aristoteles habe auch erklärt, dass zwischen einem (geschriebenen) Gesetz und Gerechtigkeit «eine Spannung und Differenz besteht» (a.a.O., S. 90; dort S. 85 auch zum Naturrecht bei Aristoteles); *von der Pfordten*, Rechtsphilosophie, S. 21ff., 61ff. (mit instruktiven Übersichten S. 23f.); *Kelsen, Hans*, Was ist Gerechtigkeit?, S. 43ff.; *Haft, Fritjof*, Waagschale der Justitia, S. 118ff.; *Kutter/Roßner*, a.a.O., S. 31f. (mit Übersicht). – Zur Weiterentwicklung durch Thomas von Aquin C.19f.

59 GA 53,431.

60 GA 171,9, 23. – Siehe auch *Prokofieff, Sergej*, Beziehung des späteren Tomberg, S. 35ff., 39: «An der Vorbereitung dieses zukünftigen Christentums in der Michaelschule haben beide Gruppen, Aristoteliker wie Platoniker, gleichermaßen teilgenommen und tragen seitdem im tiefsten Sinne die Impulse des neuen michaelischen Christentums in sich.» Bemerkenswert auch *Deggeller, Lore*, Platoniker und Aristoteliker in der Gegenwart, S. 23ff. und passim, sowie *Lavecchia, Salvatore*, Anthroposophie und die Auferstehung des Platonismus, in: Anthroposophie weltweit – Mitteilungen Deutschland, 239, I, 2007, S. 20ff. – Zu *Platon* und *Aristoteles* als Vorbereiter des Mysteriums von Golgatha GA 194,64ff., zum Aristotelismus GA 187,38. Dazu auch *Kirchner-Bockholt*, a.a.O., S. 46ff. – «Menschheitsrepräsentant» ist die monumentale Holzplastik, die Rudolf Steiner geschaffen hat und die den Menschheitsrepräsentanten, die Christusgestalt, mit den Gegenkräften Luzifer und Ahriman zeigt. Diese 9 m hohe Holzplastik sollte in der Ost-Apsis des ersten Goetheanum aufgestellt werden. Da sie Ende 1922 noch nicht ganz fertig war und deshalb noch nicht im Goetheanum stand, hat sie den Brand des ersten

Goetheanum Silvester 1922 überstanden und steht heute im (zweiten) Goetheanum, Dornach. Ausführlich *Fant, Ake / Klingborg, Arne / Wilkes, A. John,* Die Holzplastik Rudolf Steiners in Dornach; auch *Biesantz, Hagen / Klingborg, Arne,* Das Goetheanum, Der Bau-Impuls Rudolf Steiners; außerdem mit Fotos *Hasler, Hans,* Das Goetheanum, S. 83, 87ff.; *Selg, Peter,* Die Kultur der Selbstlosigkeit, S. 34f.; *Kemper,* Der Bau, S. 119. – Foto des geplanten Standortes siehe Abb. 15 in GA 286 sowie in GA K 13 – 16, S. 178. Siehe auch GA 181,313ff.

61 Dazu Vortrag vom 16.9.1916, GA 171,9 – QR 83; auch Vortrag vom 10.10.1919, GA 191,68, 80 – QR 198. – Signifikant und zugleich eine Bestätigung für die von Steiner apostrophierte Betonung des formalen Rechts gegenüber der Gerechtigkeit im alten Rom ist die Tatsache, dass in dem «Handlexikon zu den Quellen des römischen Rechts» von *H. G. Heumann,* Jena 1895, zu «iustitia» (Gerechtigkeit) nur vier Fundstellen ausgewiesen sind, zu «ius» (Recht), «iudicium» (Gericht und Klage), «iurisdictio» (Gerichtsbarkeit) und anderen Stichwörtern des praktischen Rechtslebens aber mehrere Dutzend. – Zur Ermordung des großen Juristen *Papinian,* der «mit Seelenhaftigkeit sich der Jurisprudenz gewidmet» hatte, durch Kaiser *Caracalla* siehe GA 171,19f.

62 Hauptfundstellen für «Gerechtigkeit» im Neuen Testament: Mt 5.1ff.; 6.1, 33; 23.23; Lk 1.17; 11.42; Joh 16.8–10; Apg 13.10; 17.31; 24.25; Röm 1.17; 3.5,21–26; 4.1–11, 22; 5.16f., 21; 6.13–20; 8.10; 9.30–32; 10.3, 10; 14.17: «Das Reich Gottes ist nicht Essen und Trinken, sondern Gerechtigkeit und Friede und Freude in dem Heiligen Geist.» – Hierzu weiter *Bock, Emil,* Das Evangelium, S. 132ff., 341f., 825ff. et al.; *Steinmann, Jean,* Johannes der Täufer, S. 80f.; *Rüthers,* Das Ungerechte, S. 17ff.; *Walz/Schrey,* Gerechtigkeit in biblischer Sicht, mit dem Zitat der These BI der Konferenz von Treysa: «Unsere Erkenntnis von Wesen, Ursprung, Gültigkeit und Funktion des menschlichen Rechts entspringt aus dem Glauben an das Evangelium von Jesus Christus. Darum ist rechtes Verständnis des menschlichen Rechts nur dort möglich, wo die Gerechtigkeit Gottes, die in Jesus Christus und in seinem Evangelium erschienen ist, vom Menschen im Glauben empfangen wird.» (a. a. O., S. 106; im hessischen Treysa hat vom 2. bis 7.8.1950 eine Ökumenische Konferenz über das Thema «Gerechtigkeit in biblischer Sicht» stattgefunden.) – Thema des Deutschen Katholikentages vom 24.–28.5.2006 in Saarbrücken war «Gerechtigkeit vor Gottes Angesicht».

63 1. Fassung 1905: GA 268,326; 2. Fassung 1910: GA 268,327.

64 GA 97,96. – Zur Bergpredigt auch *Ratzinger, Joseph,* Jesus von Nazareth, S. 100ff., 119f.

65 Dazu C.91ff. – Siehe dazu auch Röm 3.21; 10.3; Gal 2.21: «Ich missachte die Gnade Gottes in keiner Weise; denn käme die Gerechtigkeit durch das Gesetz, so wäre Christus vergeblich gestorben.» – Siehe auch die Schilderung von Rudolf Steiner, wie im Jahre 1510 Martin Luther in Rom die Treppe Stufe für Stufe hinaufgerutscht sei und plötzlich die Imagination gehabt habe: «Die Gerechtigkeit suche im Glauben!» (GA 176,364f.; siehe auch Röm 1.17).

66 GA 155,188, auch dort S. 193; weiter dazu GA 94,287, 297; GA 112,278; GA

155,188, 193; GA 175,219. – Zum Karma weiter C.21ff., 86. – In seinen Vorträgen über christlich-religiöses Wirken interpretiert Steiner auch die Apokalypse des Johannes: Der auf dem «Weißen Pferd» saß, sei der, «der der Welt das Heil bringen soll, der der Welt die Gerechtigkeit bringen soll» (14.9.1924, GA 346,144 zu Offb 19.11). – Zum Osterglauben als «Überzeugung von dem Siege des Gekreuzigten über den Tod, von der Kraft und der Gerechtigkeit Gottes» siehe GA 53,441. – In diesem Zusammenhang mag erwähnt werden, dass nach den Worten von Steiner ein Mensch in den Essäerorden nach einer Probezeit nur dann aufgenommen wurde, wenn er u.a «durch seinen Sinn für Gerechtigkeit, Menschengleichheit, durch seinen Sinn des Nichtachtens äußerer menschlicher Güter und dergleichen [zeigte], dass er würdig war, eingeweiht zu werden.» (GA 148,66)

67 Dig. 1.1.10 pr. – *Klaus Adomeit* resümiert für diese Rezeption nach der Befruchtung des Römischen Reiches durch die christliche Geisteswelt: «Es wird also, im Sinne des Aristoteles, die Gerechtigkeit als Tugend verstanden.» (Rechts- und Staatsphilosophie, I, S. 147ff.) – Das «suum cuique» («Jedem das Seine») gilt seit alters als Maxime des formalen Gerechtigkeitsbegriffs; *Walz/Schrey*, a.a.O., S. 19. – Anmerkung: Ein menschenverachtendes Regime hat das *suum cuique* als Schlagwort zur Vernichtung Andersdenkender verwendet, z.B. am Tor des KZ Buchenwald. Dasselbe NS-Regime hat das von *Walther Kniebe* geschaffene Denkmal «Michael hilf!» zerstört (*Häussler, Heinz Georg / Kniebe, Georg*, Michael, Dornach 1984; *Krüger, Manfred*, in: Anthroposophie weltweit – Mitteilungen Deutschland, 237, III, 2006, S. 201ff.).

68 GA 74,131,117ff.; zu *Thomas* auch GA 7,39 mit Anmerkung S. 153; GA 8,171f.; GA 26,60; *Wulf, Berthold*, Thomas von Aquin, Doctor Angelicus; *Kirchner-Bockholt*, Menschheitsaufgabe, S. 70ff.; *Zippelius*, Geschichte der Staatsideen, S. 62ff.; *ders.*, Rechtsphilosophie, § 16 II 1; *Prodi*, a.a.O., S. 107f.; *Streit, Jakob*, Albertus Magnus, S. 27ff.; *Schmidt-Brabant, Manfred*, in: *Sease/Schmidt-Brabant*, Denker, Heilige, Ketzer, S. 79ff., 91ff.; *Haft, Fritjof*, Waagschale der Justitia, S. 122ff.

69 Zur Gerechtigkeit bei Thomas von Aquin siehe *Böckenförde*, Geschichte, S. 214ff., 247; *Kaufmann/Hassemer*, Rechtsphilosophie, S. 49ff.

70 GA 88,228.

71 GA 224,47.

72 GA 53,189.

73 GA 228,77; siehe auch GA 170,89.

74 GA 32,56, 63. – Zum Karma weiter die Karmavorträge des Jahres 1924 (GA 235–240), insbesondere die Arnheimer Vorträge (GA 240,141ff.). Siehe auch Leitsätze Nr. 44ff., 92ff. in GA 26,36ff., 73ff. Weiter GA 116,56: «Ein Lebenskraftgesetz ist das Karmagesetz [...].» – Außerdem Vortrag vom 17.6.1909, GA 107,295, 310; Vortrag 12.11.1910 in BeitrGA, 45, S. 2ff. – GA 185,212: Belohnende und bestrafende Gerechtigkeit im Jenseits. GA 54,460: Der Gedanke der Gerechtigkeit des Karma und der Ostergedanke der Erlösung werden meist nicht richtig verstanden. In der Vortragsreihe «Christus und die menschliche Seele» in Norrköping sprach Steiner intensiv und eindrucksvoll über Schuld und Sünde und über das Karma als objektive Gerechtigkeit (GA 155,182ff.).

75 Weiteres zum Thema Karma finden Sie bei den «Schlussgedanken» C.121ff.

76 A.15f.; B.14. Weiteres D.78. – Zu den sieben Erzengeln auch GA 240,297, 313f.; *Bock, Emil*, Michael, S. 35 et al. – Erörterungen des Kampfes Michaels mit dem Drachen (Offb 12.7): GA 36,338ff. und GA 194,94f.; *Schmidt-Brabant*, Michael-Gedanken und Drachenkräfte, passim; ausführlich und begeisternd: *Bock, Emil*, Michael, S. 22f. et passim.

77 Ausführlich *Kiersch, Johannes*, Zur Entwicklung der Freien Hochschule für Geistes-wissenschaft, Die Erste Klasse, Dornach 2005. Weiter: *von Plato, Bodo*, Entwicklung der Anthroposophischen Gesellschaft, S. 59ff.; *Witzenmann, Herbert*, Prinzipien der Allgemeinen Anthroposophischen Gesellschaft, S. 42ff.; *Prokofieff*, Der Jahreskreislauf als Einweihungsweg, S. 17ff.; dort auch die Erklärung, dass Michael mit dem Flammenschwert des Weltendenkens zum höheren Ich des Menschen weist; a.a.O., S. 35; *ders.*, Grundlegung der neuen Mysterien, S. 337ff.; *Zimmermann, Heinz*, in: Nachrichten für Mitglieder, 44, 2006. – Die 1924 geschaffenen Anthroposophischen Leitsätze enthalten einen eigenen Teil «Der vor-michaelische und der Michaels-Weg» (Leitsätze Nr. 103ff.; GA 26,76ff.). Dazu *Unger, Carl*, Aus der Sprache der Bewusstseinsseele, Schriften, III, S. 164ff. – Steiner hat auch wiederholt auf die soziale Tragweite eines Michael-Festes hingewiesen (z.B. Vortrag vom 23.5.1923, GA 224,210f.; vom 1.10.1923, GA 223,158 – QR 308.1).

78 GA 31,259 (erstes Zitat); GA 190,54 – QR 154.2 (zweites Zitat). – Zum *Mut* auch GA 132,15f.

79 «Erzengel der Gerechtigkeit»: Paralip. Jeremiae 9,5; siehe *Riessler*, a.a.O., S. 917; auch *Bock, Emil*, Michael, S. 22ff., 35 et al.; *ders.*, Jahresfeste, S. 192ff., 201ff.

80 *von Baditz*, Michael, S. 33.

81 GA 194,11, 18f.

82 GA 194,19, ähnlich dort S. 79 und 165, jeweils mit Zeichnung. – Zum satanischen Streben nach der Zweizahl, auch im Zusammenhang mit der binären (= nur zwei Einheiten oder Zeichen verwendenden) Computertechnik, A.2.

83 Diese und andere Abbildungen bei *Sandkühler, Martin*, Sankt Michael; auch *Stracke*, Rosenkreuzer, S. 145ff., 152ff. – Weiteres zu Rudolf Steiner über Michael und Gerechtigkeit bei *Bock, Emil*, Michael, passim.

84 GA 223,50f. – QR 304.3f.; ähnlich GA 260a,258 – QR 322.3f. – Zur Spiegelung der Jahre 1841 (Anstoß zum Kampf Michaels mit dem Drachen im 19. Jh.) und 1917 (Entscheidungsjahr, auch für die Dreigliederung des sozialen Organismus) im Jahre 1879 mit dem Beginn des Michael-Zeitalters siehe Vortrag vom 14.10.1917, GA 177,159; auch *Roder, Florian*, Mondknoten, S. 340f.

85 Zu der Frage: *Wer würde gegenüber der Natur von Gerechtigkeit und Ungerechtigkeit sprechen?* siehe GA 88,226.

86 GA 330,42; ähnlich GA 329,145 – QR 159; GA 330,128 und GA 192,29. Dazu auch C.77; D.23, 75.

87 Das wichtigste Mittel, den Ätherleib zu kultivieren, ist die Religion; dazu *Gädeke, Wolfgang*, Anthroposophie und die Fortbildung der Religion, Flensburg 1990, S. 202; siehe auch E.31.

88 GA 31,227 – QR 14.4. Dazu auch C.122.

89 Zur Dynamik der Rechtsordnung auch C.108 und D.52.

90 GA 330,25f. – QR 163.

91 GA 83,310 – QR 286.44f.

92 GA 196,128; weiter dazu C.84ff., 121.

93 GA 329,26 – QR 149.27 (erstes Zitat); GA 330,95 – QR 166.10 (zweites Zitat); GA
    329,112 – QR 157.3, ähnlich dort Rn 14 (drittes Zitat). Weiter GA 330,25 – QR
    163.3. Ähnlich GA 23,69ff.; GA 330,142 – QR 172.6; GA 333,17 – QR 176.1ff.; auch
    GA 329,209 – QR 200.4. – Weitere konzentrierte Ausführungen zum Recht und
    zum Rechtsbewusstsein finden Sie in dem großen Vortrag vom 26.10.1919 (GA
    332a,88, 97 – QR 204).

94 Zu weiteren Betrachtungen und Folgerungen C.68, 96; E.22ff., 31.

95 Dazu D.100ff. – Zum unterschiedlichen «Funktionieren» des Rechtsbewusstseins
    schon A.1.

96 GA 330,281.

97 GA 158,145 – QR 75.11.

98 *Zippelius,* Im Irrgarten der Gerechtigkeit, S. 15ff. mit Hinweis auf *Lampe, E. J.,*
    (Hrsg.), Das sogenannte Rechtsgefühl, 1985, S. 12ff.

99 Zu diesem Thema z. B. *Storch, Maja,* a.a.O., passim; *Scholz & friends* (Hrsg.), Lore's
    Law (mit einem bemerkenswerten Nachwort von *Kurt Biedenkopf),* S. 45ff.; *Hüther,*
    Gerald, Wo genau passiert es?, Die vergebliche Suche der Hirnforscher nach der
    Region, in der das Bewusstsein entsteht, in: Die Drei, 1, 2006, S. 52ff. – Eine inter-
    essante Zwischen-Summierung von *Ralf Sonnenberg* in: Die Drei, 3, 2006, S. 43ff.;
    siehe auch weitere Beiträge in: Die Drei, 3, 2006. – Weiter: *Kranich, Ernst-Michael,*
    Was geschieht im Gehirn beim Erkennen?, in: Das Goetheanum, 40, 2005, S. 5ff.;
    auch *van Laack, Walter,* Ohne Geist läuft wenig!, in: Die Drei, 2, 2005, S. 31ff., und
    3, 2005, S. 25ff.; *Kenning, Peter,* in: FAZ vom 17.8.2007, S. 12. – Auch D.153, 165,
    E.26. – Den hieran anknüpfenden Fragen kann in dieser Arbeit nicht weiter nach-
    gegangen werden, sie bedürfen für das Gesamtthema weiterer Durchdringung.

100 GA 199,154 zu *G. W. F. Hegel;* GA 330,133 zu *Karl Christian Planck;* GA 332a,19
    zu *Woodrow Wilson;* auch GA 192,37, 39; GA 334,287; GA 337b,141.

101 *Von der Pfordten,* Rechtsphilosophie, S. 31, mit dem Text von Radbruch dort S. 118;
    zu Gustav Radbruch auch *Adomeit,* II, S. 148ff.; *Röschert,* Kunst des Rechts, S. 33ff.;
    Rüthers, Das Ungerechte, S. 76ff.; *Haft, Fritjof,* Waagschale der Justitia, S. 177ff.

102 GA 191,207 – QR 206; auch D.11. – Siehe dazu die Bemerkung des Pedanten
    Wagner nach Fausts Gedankenflug und kurz vor Fausts Bekenntnis zu «zwei See-
    len in meiner Brust»: «Man sieht sich leicht an Wald und Feldern satt, / Des Vo-
    gels Fittich werd' ich nie beneiden. / Wie anders tragen uns die Geistesfreuden /
    Von Buch zu Buch, von Blatt zu Blatt!» *(Goethe,* Faust, I, Zeilen 1100–1105); siehe
    auch Zeilen 1966f.: «Denn was man schwarz auf weiß besitzt [...]».

103 GA 83,310 – QR 286.44f.

104 Dazu C.115ff.; D.51ff. – Zur Einrichtung eines «Normenkontrollrates», der Geset-
    zesinitiativen auf ihre Erforderlichkeit und Kosten überprüfen soll, siehe *Kirchhof,*

Paul, Das Gesetz der Hydra, S. 52, 352; *Karpen, Ulrich*, in der FAZ vom 11.7.2006, S. 7; Bundesgesetz vom 14.8.2006 (BGBl I, S. 1866). – Ein Ondit unter Rechtsanwälten: *Ein Drittel der Vorschriften wenden wir an, ein Drittel müsste reformiert werden, und ein Drittel müsste gestrichen werden.*

105 GA 337a,204f. – QR 242.9. – Ähnlich wohl der Satz von *Friedrich Schiller:* «Das Recht hat nur Entscheidungen für denkbare Fälle.» So *Lüderssen, Klaus,* Schiller und das Recht, S. 13.

106 GA 184,169 – QR 109.1ff.

107 Dazu auch A.18 und unten D.54; *Bock, Emil, Michael,* S. 153.

108 Dazu etwa *Rüthers,* Rechtstheorie, Rn 71, 228.

109 Dazu *Dellbrügger, Günther,* Pfingsten, S. 11, 13: «Gemeinschaft entsteht durch das Pfingsterleben.»

110 Dazu weiter D.21, 75, 87, 97. – Anmerkung: Es ist erschütternd, wenn man wiederholt beobachten muss, dass Einrichtungen, die sich gemeinnützige, arbeitnehmerstützende, geisteswissenschaftliche oder gar religiöse Aufgaben stellen, von den Betroffenen und von ihrer Umgebung oft als besonders unsozial oder rechtlos empfunden werden. Besonders dort mag doch jeder bedenken: Ein gebrochenes Versprechen schwächt das Ich! Eine Lüge in der irdischen Welt ist ein Mord in der Astralwelt! Dazu Weiteres D.148.

111 Zum Naturrecht etwa *Rüthers,* Das Ungerechte, S. 53ff.; *Ellscheid,* in: *Kaufmann/Hassemer,* Rechtsphilosophie, S. 179ff.; *Zippelius,* Rechtsphilosophie, § 12: «Das Naturrecht»; *Kriele,* Rechtsphilosophie, S. 163ff.; *Lüderssen,* a.a.O., S. 41f.

112 *Goethe,* Faust, I, Zeile 1978.

113 GA 36,77. – Rudolf Steiner wies auch darauf hin, dass *Hegel* und *Fichte* je ein «Naturrecht» geschrieben haben; GA 162,59.

114 GA 1,205. – Zum Naturrecht auch GA 192,112 – QR 174.3; GA 83,288 – QR 286.3f. – Zur Wandelbarkeit von Rechtsanschauungen auch C.108.

115 Siehe z.B. Bundesverfassungsgericht am 22.8.2006, in: NJW 2006, S. 3409 (Marlene Dietrich); BGH NJW 2007, S. 684 (kinsky-klaus.de). – Das Recht am eigenen Bild schützt bis zu 10 Jahre nach dem Tod des Abgebildeten vor unerlaubter Verwendung eines Bildnisses (§ 22 Satz 3 Kunsturhebergesetz [KUG]).

116 GA 164,74 – QR 79.6; siehe auch C.21ff., 29. – Gegen ein sog. Täterstrafrecht und für ein Tatstrafrecht D.166.

117 GA 34,390 – QR 31.4. Dazu aus seiner richterlichen Praxis *Ernst-Martin Krauss* in: Flensburger Heft Nr. 27, S. 28.

118 GA 164,74 – QR 79.7.

119 Dazu z.B. *Zippelius/Würtenberger,* Staatsrecht, § 48 III.

120 *Rüthers,* Das Ungerechte an der Gerechtigkeit, S. 7 und passim; dort S. 24 die Anmerkung, dass «auch religiöse Fragen nicht nach Belieben verbannt werden können»; insgesamt aber unternimmt *Rüthers* einen Versuch der «Entmythisierung» der Gerechtigkeitsdebatte (S. 133). – *Hans Hermann Walz* formuliert in der ökumenischen Studie «Gerechtigkeit in biblischer Sicht» (S. 15): «Bildlich gesprochen könnte man sagen, dass die Gerechtigkeit – und in ihr eben das Sein selbst – zum

Recht drängt, und dass das Recht von der Gerechtigkeit lebt.» – Umgekehrt ist für *Hans Kelsen* Gerechtigkeit nur «ein schöner Traum der Menschheit» (so *Uwe Wesel*, Recht, Unrecht, S. 17; *Haft, Fritjof,* Waagschale der Justitia, S. 184ff.); *Kelsen, Hans,* «Was ist Gerechtigkeit?» (Stuttgart 2000) – am Ende mit dem Eingeständnis, dass auch er, *Kelsen,* die Frage «Was ist Gerechtigkeit?» nicht beantwortet habe (a.a.O., S. 52); siehe auch den Beitrag von *Horst Dreier,* SZ vom 13.2.2006, S. 14: die «Reine Rechtslehre» von Hans Kelsen gelte «zu Recht als die am konsequentesten vorangetriebene Theorie des Rechtspositivismus». – Zum Thema «Gerechtigkeit» weiter: *Rawls, John,* Eine Theorie der Gerechtigkeit; *von der Pfordten,* Rechtsphilosophie, S. 40f.; *Prodi, Paolo,* Geschichte der Gerechtigkeit: Bemerkenswert, wie *Prodi* darstellt, dass wir am Anfang des 21. Jh. vor der «eindimensionalen» Norm, vor dem Forum des positiven Rechts, stehen, ohne dass, wie früher, «Antikörper» die Degenerationsprozesse zu stoppen und ein Gleichgewicht herzustellen vermögen (S. 325ff.); dort auch S. 11: Wir erleben «zurzeit den Selbstmord des Rechts auf der Höhe seines Triumphs»; *Wesel,* Recht, Unrecht (mit dem Überblick über die Geschichte der Weimarer Republik bis heute); *Röschert,* Kunst des Rechts (mit einem eindrucksvollen Gedenken an Gustav Radbruch, S. 33ff.); *Witzenmann, Herbert,* Vom vierfachen Quell lebendigen Rechts; *Lüderssen,* mit dem signifikanten, «Maria Stuart» von *Friedrich Schiller* entlehnten Titel: «Dass nicht der Nutzen des Staates Euch als Gerechtigkeit erscheine» (a.a.O., S. 177); *Kriele, Martin,* Rechtsphilosophie, S. 13 et al. – Es gibt in einer Reihe «Abitur-Wissen» auch einen ordentlich gearbeiteten Band «Recht und Gerechtigkeit» von *Ingrid Roßner* und *Sieglinde Kutter* mit instruktiven Übersichten. – *Prof. Dr. Horst Sendler* (Präsident des BVerwG i.R.) begann seine interessante, auch amüsante Anthologie von Definitionen von «Recht und Gerechtigkeit» mit dem Satz: «Gerechtigkeit: Zentralbegriff der Juristen, von dem diese selbst nicht oder nur ganz ungefähr wissen, was er bedeutet.» (In: ZRP 1998, S. 378).

121 Z.B.: Die Rechtsbegriffe seien im hohen Grade abhängig geworden vom wirtschaftlichen Leben, GA 332a,78f. – QR 204.3. Rechtsbegriffe, die später aufgetaucht sind, seien alle auf das römische Recht zurückzuführen; GA 175,272. Weiter GA 72,146, 266; GA 96,275; GA 104,75; GA 109,250; GA 176,108, 122; GA 191,80, 92.

122 Vortrag vom 22.11.1920, GA 197,202 – QR 262.26; auch GA 337b,139 – QR 236.2; GA 83,310 – QR 286,24, 45.

123 Z.B. das NS-Gesetz «zur Wiederherstellung des Berufsbeamtentums» vom 7.4. 1933, die NS-Rassengesetze 1935 *(Uwe Wesel:* «Rechtsverwüstung des Nationalsozialismus») und die Gesetze zum Schutze der DDR-Mauer *(Wesel,* Recht, Unrecht, S. 11, 135ff.). – Weiteres bei C.102.

124 Zum «Widerstandsrecht», dem Recht zum Widerstand gegen Versuche zur Beseitigung unserer freiheitlich-demokratischen Ordnung siehe Art. 20 Abs. 4 GG; auch Art. 79 Abs. 3 GG. – Zu *Michael Kohlhaas* siehe *Christl Kiewitz,* in: Die Drei, 10, 2005, S. 30ff.; *Ewertowski, Ruth,* in: Die Drei, 11, 2000, S. 41.

125 GA 116,127; auch GA 98,106 über «ungerechte, schlechte Gesetze» (auch D.53). – Zur Lüge als Mord in der astralen Welt D.148. – Außerdem: «Weisheit und

Gerechtigkeit können wir nicht üben, ohne dass wir [...] selbstlos werden. Derjenige kann nur ungerecht sein, der selbstsüchtig ist.» (GA 159,35)

126 *Kriele,* Rechtsphilosophie, S. 13.

127 Lk 6.31. – Zu dieser «regula aurea», die man auch auf innere Gedanken beziehen kann, *Kelsen, Hans,* Gerechtigkeit, S. 38f. – Siehe dazu den positiv gewendeten Aufruf in Mt 7.12: «Alles, was ihr wollt, dass euch die Leute tun sollen, das tut ihnen auch!»

128 Dort findet sich auch eine Aussage von *Adolf Hitler* in einem Gespräch mit seinem ehemaligen Leib-Juristen *Hans Frank* am 6.4.1944: «Wenn ich siege, dann war alles recht, wenn ich nicht siege, war alles unrecht. Das ist nun einmal so in der Welt. Und die Juristen werden das auch nicht ändern, glauben Sie mir!» (a.a.O., S. 92, FN 25) – Zu diesem Thema eindrucksvoll *Rüthers, Bernd,* Die unbegrenzte Auslegung, Zum Wandel der Privatordnung im Nationalsozialismus; *ders.,* Entartetes Recht, Rechtslehren und Kronjuristen im Dritten Reich. Siehe auch C.98 und C.115.

129 C.115ff. – Zusammenstellung dieser sog. PGM von *Fritz von Hippel* durch den Verfasser aus dem Sachregister, a.a.O., S. 202ff.

130 GA 1,185; kursiv in der Originalausgabe. Weiteres zum Urphänomen dort S. 191, 226, 266ff.: ein ganzer Abschnitt «Das Urphänomen». – Außerdem GA 6,168f.: Goethe habe es als müßige Spekulation angesehen, über ein Urphänomen weiter nachzudenken, denn im reinen Phänomen offenbare sich ein ideeller Zusammenhang sinnlicher Wahrnehmungen, der sich durch sich selbst erkläre. – In ein Notizbuch hat Steiner zu den Faust-Vorführungen 1918 eingetragen: «Goethe [...] theoretisiert gar nicht. Er geht auf die Urphänomene.» (Nachrichten der Nachlassverwaltung, 10, S. 15). – Zur modernen Diskussion um das Thema «Naturgesetz» siehe z.B. Philosophia Naturalis, 37, Frankfurt/Main 2000, mit Beiträgen von *Mittelstaedt, Peter, Vollmer, Peter,* u.a; dort *Vollmer, Peter,* S. 193: «Jede Disziplin hat Grundgesetze, die innerhalb dieser Disziplin nicht mehr abgeleitet oder begründet werden.» Zu der damit korrespondierenden Frage einer Mathesis E.1ff.

131 GA 186,176. – Kurz darauf spricht Steiner von dem «Urphänomen der Ausbreitung des Britischen Reiches»; GA 186,178. – Siehe auch GA 338,134; GA 192,59: Das «Urphänomen der heutigen Erkenntnis» sei ein «Aufwachen». – GA 191,21: «Urphänomen des heutigen sozialen Strebens». – Zum «Urphänomen des gegenwärtigen Soziallebens» *Lauer, Hans Erhard,* Das Gesetz der Evolution und die Zukunft des Menschen, S. 8ff.

132 Siehe dazu auch E.12ff.

133 Auch C.80; E.14. – Zur Dynamik der Rechtsordnung auch D.52.

134 Z.B. Materialien des Akademietages vom 17.11.1993 «Der rechtsfreie Raum».

135 GA 51,275.

136 Zu Art. 2 Abs. 1 GG siehe D.40. – Zu einer Dreigliederung des Schutzes der Persönlichkeit in Identität, Selbstbestimmung und Ehre siehe *Herrmann,* Rundfunkrecht, § 5 Rn 71ff. – Auch die anderen Grundrechtsnormen sollen «rechtsfreie Räume» gewährleisten: So soll z.B. Art. 4 GG für Bekenntnis und Glauben und

Religionsausübung einen weiten freien Raum sichern etc. – Weiter zu den Grundrechtsnormen D.36ff.

137 Siehe Zitate D.148; auch das Zitat C.99. – Zur Ehebrecherin und ihrem Karma C.17.

138 Anmerkung: Wenn jemand das Vorhandensein «rechtsfreier Räume» verneint, meint er möglicherweise *gerechtigkeits-freie Räume*.

139 C.102. – Den Bürger beschleichen auch Zweifel, ob die Gerechtigkeit oberste Richtschnur richterlichen und staatsanwaltschaftlichen Handelns ist, wenn Strafprozesse dadurch erledigt werden, dass die Angeklagten durchaus verhältnismäßig überschaubare Beträge zahlen und sich so einer Bestrafung nach der Strenge des Gesetzes entziehen (Beispiele: Mannesmann-Prozess 2006, Untreue-Manager-Prozess 2007): Kommentare wie «Ablasshandel» und «Mauschelei» sind die Folge. Siehe dazu auch *Rüthers, Bernd*, VW: Gemeinsamer Verrat an der Mitbestimmung?, in: NJW 2007, S. 195; *Meyer-Lohkamp, Jes*, in: NJW 52/2006, Editorial; *Zachert, Ulrich*, in: NJW 7/2007, Editorial; *Götz, Heinrich*, Strafprozessuale und aktienrechtliche Anmerkungen zum Mannesmann-Prozess, in: NJW 2007, S. 419ff.

140 Siehe auch GA 226,70f. – Im Märchen von den zwei Brüdern wird erzählt, die Traumweisheit der Nacht habe sich zu Gold verdichtet *(Vietor-Fischer, Jutta*, Bildmappe Epiphanias, a. a. O., S. 6). – Zu diesem «Überschlafen» sei auf die Beispiele bei *Lievegoed, B. C. J.*, Dem einundzwanzigsten Jahrhundert entgegen, S.19, hingewiesen.

141 Für eine frühere Verknüpfung zwischen Staatsführung und höheren Wesenheiten bringt Steiner ein Beispiel in GA 57,129 – QR 64.1. – Siehe auch D.68. – Einen Blick in die Zukunft der Parlamente wirft Rudolf Steiner mit seinen Aussagen GA 179,120 (Mitreden der Toten).

142 Zwischenfrage zum weiteren Nachdenken: Ist die sog. «pluralistische Gesellschaft» eine Signatur für eine Entwicklung weg vom Ich zurück zur Gruppenseele? ... weil der Bürger sich primär als Mitglied des Tanzclubs, Schützen- oder Fußballvereins X, der Partei Y oder der Mega-Gruppe Z fühlt, vielleicht weil er meint, als Einzelmensch «nichts wert» zu sein? Dazu etwa GA 332a,93.

143 www.dhm.de/lemo/html/biografien/WeizsaeckerRichardV vom 2.8.2007. – Zur «Rolle der Parteien» ebenfalls kritisch *Strawe, Christoph*, in: *Leber, Stefan* (Hrsg.), Der Staat, S. 74ff. Siehe auch *Frei, Dieter W.*, Menschengemäße Politik, Die soziale Herausforderung. – Trauriger Höhe-, besser: Tiefpunkt ist die Veröffentlichung einer Rechtsverordnung und mehrerer (!) widersprüchlicher Änderungen und Bekanntmachungen in ein und derselben Ausgabe des Bundesgesetzblattes (BGBl. I vom 13.1.2006; dies berichtet *Ludger-Anselm Versteyl* in der NJW 9/2006, Editorial). Bundespräsident *Horst Köhler* erklärte im «Spiegel»-Gespräch Ende 2006, er wundere sich, «wenn mir [zur Unterschrift] zum Beispiel ein Gesetz vorgelegt wird, für das bereits ein Korrekturgesetz in Arbeit ist. Ich denke dann an die Bürger, die das alles verstehen sollen.» (Der Spiegel, 1, vom 30.12.06, S. 23) – Siehe auch *Karpen, Ulrich*, in: ZRP 2005, S. 199.

144 Außerdem die zitierten Werke von *Kurt Biedenkopf* und *Paul Kirchhof*. – Politiker landen nach den gängigen Meinungsumfragen im Ansehen der Bevölkerung zusammen mit Gewerkschaftsführern regelmäßig auf hinteren Rängen (z. B. www. ifd-allensbach.de; siehe auch *Weischenberg/Malik/Scholl,* Die Souffleure der Mediengesellschaft, S. 15). – Siehe auch das Zitat *Kerssenbrock,* C.119. – Zu kritischen Wertungen der Politiker und Parlamente durch Rudolf Steiner und Albert Schweitzer D.28.

145 Politische Führung und Demokratie, in: www.rewi.hu-berlin.de/online/hfr/7-1996 vom 26.5.2006. – Bei allem Vorbehalt gegenüber derartigen Umfragen wirkt es schon erschreckend, dass nach dem sog. ARD-Deutschlandtrend vom 3.11.2006 die Frage, ob in Deutschland die Demokratie gut funktioniere, von 51 % der Bevölkerung verneint wurde. Und die Frage, ob es in Deutschland «alles in allem eher gerecht» zugehe, wurde zwischen Mitte 2006 und Mitte 2007 – monatlich wechselnd – von 49 % bis 67 % verneint! (www.tagesschau.de vom 3.8.2007)

146 *Goethe,* HA I, S. 367. – Siehe auch den Wochenspruch 51: «Es findet sich der Weltengeist / Im Spiegelbild des Menschenauges, / Das seine Kraft aus ihm / Sich neu erschaffen muss.» (GA 40,48) – Zu dem von Rudolf Steiner gewählten Ausdruck «banale Gerechtigkeit» C.46.

147 Zu Michael Kohlhaas C.98; zu Karl Moor siehe *Lüderssen,* a. a. O., S. 104ff. («Selbstjustiz», die heute und hierzulande unmöglich wäre).

148 Hierzu schon C.21ff., 86f.; auch D.180. – Die karmische Entwicklung wird wesentlich auch durch *innere* Gedanken geprägt, die für den Juristen bei juristischen Bewertungen zumeist nicht relevant sind. Gegenbeispiel: Heimtücke beim Mord; D.162ff.

149 Dazu etwa Galater 2.16–21; auch oben Anm. 65. – Deshalb wohl mochte Rudolf Steiner nicht die Darstellungen Christi als Weltenrichter, eben weil Christus eine noch höhere Aufgabe hat. Siehe GA 195,20 – QR 210.7; GA 199,194, 226 – QR 250.7; GA 335,263, 476; GA 200,17 – QR 258.2; GA 83,212 – QR 285.4; GA 305,212 – QR 296.17ff.; GA 195,20 – QR 210.6: Christentum wurde die «große Jurisprudenz, die man römisch-katholische Religion nennt». – Dass Steiner am 25.12.1907 vom «Christus-Prinzip, die Sonne der Gerechtigkeit» gesprochen hat (C.16), steht dazu nicht im Widerspruch; denn es ist ein Unterschied, ob Christus als aktiver Weltenrichter dargestellt wird oder ob er als Gerechtigkeit ausstrahlende Sonne erscheint. Das Gleiche gilt für die Aussage bei C.36. – Siehe auch die Äußerung des *Thomas von Aquin:* «Recht ohne Barmherzigkeit ist Grausamkeit» (zitiert von *Kutter/Roßner,* a. a. O., S. 28).

150 Trefflich dazu das Evangelium über die Begegnung Christi mit der Ehebrecherin; C.17. – Zu Christus als Herrn des Karma auch GA 130,166, 179.

151 Eindrucksvoll *Prokofieff, Sergej O.,* Die okkulte Bedeutung des Verzeihens; auch *Gleide, Corinna / Gleide, Ralf,* Zur Christus-Wirksamkeit im sozialen Leben, Wie entsteht soziale Entwicklungskraft? – Zur «Durchchristung des Rechtslebens» E.23.

152 GA 152,163 (erstes Zitat, ebenso GA 193,63; GA 226,94, 100), nach Galater 2.20; GA 187,19 (zweites Zitat).

153 Dazu *Gleide, Corinna und Ralf,* Zur Christus-Wirksamkeit im sozialen Leben, passim; *Selg, Peter,* Die Kultur der Selbstlosigkeit, S. 27 et al.

154 GA 104,149; auch GA 127,164 – QR 67.3. Siehe auch *Bos, Lex,* Christus-Wirken im Sozialen.

155 GA 197,189 – QR 262.28.

156 *Goethe,* Faust, II, Zeilen 11936f.

157 GA 4,172 – QR 11.48; ähnlich GA 107,11.

158 GA 4,170 – QR 11.42.

159 GA 4,166 – QR 11.7.

160 Siehe dazu die doch sehr erschütternden Aussagen von *Hildegard Hamm-Brücher* in ihrem Buch: «In guter Verfassung? Nachdenken über die Demokratie in Deutschland», München 2006. – Auf der Website des FDP-Bundesvorstandes findet man im Kapitel «Eine Geschichte als Herausforderung» den Satz: «Der Liberalismus begann seinen historischen Weg mit der Philosophie der Freiheit» (womit wohl leider nicht das Grundwerk von Rudolf Steiner gemeint ist); www.fdp-bundesvorstand.de.

161 Kommentierung und Rechtsprechung zu § 242 BGB – Leistung nach «Treu und Glauben» – füllen dicke Folianten; sie spiegeln auch eine Fülle lebensnaher Entscheidungen und enthalten zahllose Anregungen für menschliche Lösungen schwieriger Fälle. Der vielbändige Großkommentar zum BGB «Staudinger» (Verlag Sellier – de Gruyter, Berlin) widmet den §§ 241–243 BGB, und damit wesentlich dem § 242 BGB, einen ganzen Lexikonband mit 690 Seiten.

162 Zu dem Streik im Öffentlichen Dienst Anfang 2006 kritisch *Leisner, Walter* (NJW 2006, S. 1488) und *Hirte, Heribert* (NJW 2006, S. 1490).

163 GA 334,96f. – QR 233.2f.; auch GA 175,33f., 84. – Zur Lüge D.148. – Zur Phrase auch GA 260a,258 – QR 322.3; auch in *Kugler, Walter,* Rudolf Steiner – Drei Ansprachen an die Jugend, Dornach 2006. – Außerdem etwa GA 185a,138 – QR 116.8; GA 189,120 – QR 146.9; GA 296,28 – QR 192.15; GA 83,311.

164 Beispiele: 1. Die Definition der Eisenbahn durch das Reichsgericht im Urteil vom 17.3.1879 («Die Eisenbahn ist zunächst eine Bahn aus Eisen zur Bewegung von Gegenständen [...]. Ein Unternehmen, gerichtet auf wiederholte Fortbewegung von Personen oder Sachen über nicht ganz unbedeutende Raumstrecken auf metallener Grundlage [...]»; RGZ 1,247). – 2. Überschriften und Inhalte von EG-Verordnungen; z.B. 78/764/EWG vom 25.7.1978 über «Führersitze von land- und forstwirtschaftlichen Zugmaschinen auf Rädern [...]»; dazu treffender Kommentar im EG-Grünbuch von Baden-Württemberg: Diese umfängliche Richtlinie sei «überflüssig, da überhaupt keine Notwendigkeit besteht, dass Traktorensitze europaweit einheitlich gestaltet sein müssen.» – 3. Sachlich-treffende, aber unfreiwillig komische Sätze wie: «Stirbt ein Bediensteter während einer Dienstreise, so ist damit seine Dienstreise beendet.» (In einem Kommentar zum Bundesreisekostengesetz.) – 4. Abschreckendes Beispiel aus einem Grundbuch: «Die Aufhebung des Aus-

schlusses der Brieferteilung wird aufgehoben.» (Statt etwa: «Briefe dürfen nicht erteilt werden.») – 5. Erschütternd ein Zitat aus einer – in mehrfachem Sinn unverständlichen – NRW-Richtlinie für den Geschichtsunterricht aus dem Jahre 1993: «Lehrerdominantes sozial- und lehrerzentriert asymmetrisches Kommunikationsverhalten werden bei den Schülerinnen und Schülern rezeptive Lern- und Verhaltensmuster erzeugen. Orientierung an den Lernbedürfnissen und Erkenntnisinteressen der Schülerinnen und Schüler, Unterstützung bei der Entwicklung eines Geschichtsbewusstseins, Selbständigkeit bei der Anwendung von Methoden werden deshalb nur über symmetrische Kommunikationsformen und -situationen zu erreichen sein, in denen Herrschaft mittels der Sprache durch sprachliche Hilfe ersetzt ist.» (Zitiert und kommentiert von *Paul Kirchhof*, Das Gesetz der Hydra, S. 22.) – *Helmut Ebert* hat in seinem «Handbuch Bürgerkommunikation» wichtige «Übersetzungen» aus dem Bürokratischen ins Deutsche zusammengefasst (Berlin 2006). Erschreckende Beispiele aus der Gesetzgebung bei *Karpen, Ulrich*, in: ZRP 2005, S. 199.

165 Hingewiesen sei beispielhaft auf *Ingo von Münch*, Sprechen und Schweigen im Recht, NJW 2002, S. 1995 (mit dem Zitat aus der Gemeinsamen Geschäftsordnung der Bundesministerien [GGO]: «Gesetze müssen sprachlich einwandfrei und so weit wie möglich für jedermann verständlich gefasst sein.») – *Rüthers, Bernd*, Das Ungerechte, S. 58ff.; *ders.*, Rechtstheorie, S. 88 Rn 150ff.: dort finden sich ein Aufruf an die Juristen, sensibel für die Sprache zu sein, und ein Wort von Konfuzius: «Wenn die Sprache nicht stimmt, dann ist alles, was gesagt wird, nicht das, was gemeint ist»; *Kopp, Hans W.*, Verschleiernde Rechtssprache, 2004; dort S. 10 auch Zitate aus einem Gespräch zwischen *Rudolf Gerhardt* und *Prof. Dr. Walter Odersky* (Präsident des BGH i.R.): *Odersky* hat dort erklärt, die Suche nach der richtigen Lösung sei auch ein «Suchen um die richtige, treffende, genügend differenzierte, menschlich schonende Formulierung» (aus ZRP 1996, S. 455ff.; siehe auch D.212); *Fritjof Haft* mit einem schönen Beitrag «Recht und Sprache» in *Kaufmann/Hassemer*, Rechtsphilosophie und Rechtstheorie, S. 269ff., mit einem treffenden Hinweis auf das immer noch aktuelle Buch «Stilkunst» von *Ludwig Reiners*. – Siehe auch *Kirchhof, Paul*, Die Erneuerung des Staates, S. 131ff., 158. – Signifikant und lehrreich auch der Artikel von *Mathias Schreiber*, «Deutsch for sale», in: Der Spiegel, 40, 2006, S. 182ff.

166 Zu den Rednerkursen (GA 338, Auszüge QR 266–270) siehe *Lindenberg, Christoph*, Chronik, S. 445f., 449, 454f. – Interessant eine Bemerkung im Rahmen der Sprachgestaltung: «Was du für das Rechtsleben zu sagen hast, muss in dir eine Art dramatischen Charakter haben.» (GA 280,184) – Siehe auch *Zimmermann, Heinz*, Vom Sprachverlust zur neuen Bilderwelt des Wortes, Dornach 1995; *Lauer, Hans Erhard*, Weltenwort und Menschensprache: *Lauer* hält ein beeindruckendes Plädoyer für eine lebendige, geistvolle, durchseelte Sprache und weist darauf hin, wie Steiner und die Anthroposophie Möglichkeiten für eine solche positive Entwicklung geben (S. 154 et passim). Siehe auch *Sam, Martina Maria*, Im Ringen um eine neue Sprache. – Zusatz: Sicher ist auch der Verfasser nicht frei von

Sprachsünden, wohl auch in diesem Buch – aber streben und aufrufen dürfen wir doch! Jedenfalls hat sich der Verfasser ernsthaft bemüht, auch schwierige Gedankenfolgen in einer möglichst verständlichen Sprache zu vermitteln.

167 Aktuelle, lebende Beispiele sollen hier aus naheliegenden Gründen nicht genannt werden. – Nur eine historische Anekdote über Sprach-Welten-Humor, den Menschen offensichtlich bei der Abfassung eines Gesetzes im eher spröden «Sachenrecht» aufzubringen in der Lage waren: § 923 Absatz 1 BGB vom 18.8.1896 liest sich wie ein lupenreiner Hexameter: «Steht auf der Grenze ein Baum, so gebühren die Früchte und, wenn der Baum gefällt wird, auch der Baum den Nachbarn zu gleichen Teilen.» Dass diese Formulierung kein Zufall ist, mag man aus der Nähe dieses § 923 zu § 919 Absatz 1 BGB schließen, in dem geregelt ist, welche Pflichten ein Nachbar hat, «wenn ein Grenzzeichen verrückt oder unkenntlich geworden ist»: Das BGB spricht also von einem «verrückt gewordenen» Grenzzeichen ... – Wie wichtig das Thema «Sprache» bei den Staatsrechtslehrern genommen wird, erhellt aus der Tatsache, dass auf der Jahrestagung 2005 über «Sprache als Kultur- und Rechtsgut» Vorträge und eine lebendige Aussprache stattgefunden haben. Siehe die Referate von *Schweizer, Rainer J. / Kahl, Wolfgang* sowie die Aussprache in: VVDStRL, 65. Band, S. 346ff.

168 Hierzu *Smit, Jörgen*, Soziales Üben, S. 51ff.

169 GA 188,257 (zusammenfassende Inhaltsangabe).

170 *Attali, Jacques*, Brüderlichkeit, Nachwort von *Gerald Häfner*, S. 217.

171 Zum «Erleben des anderen Menschen» siehe *Gleide, Corinna und Ralf*, Zur Christus-Wirksamkeit im sozialen Leben, S. 41ff. et al.; *Smit, Jörgen*, Soziales Üben, S. 96ff.: «Auf dem Wege zur Brüderlichkeit».

172 Siehe GA 93,280f.; GA 23,87 – QR 169.59ff. – Zu diesen Themen *Hofmann, Hasso*, Die Grundrechte 1789 – 1949 – 1989, in: NJW 1989, S. 3177; *Zippelius*, Staatslehre, § 34; *Herzog, Roman*, Ein neues Zeitalter der Demokratie, Rede in der Paulskirche am 18.5.1998, Bulletin Bundesregierung, 34, 1998, S. 401; dort findet sich der Satz: «Demokratie ist gewiss zuerst eine Sache der Vernunft – aber sie ist auch eine Sache des Herzens.» – Zur «eigentlichen Revolution der Zeit um 1800» vgl. *Roder, Florian*, Zusammentreffen der Gegensätze, in: Das Goetheanum, 47, 2005, S. 8f. Zum Entstehen dieses Dreiklangs aus der Freimaurerbewegung auch GA 93,276. Zu dem Geschehen 1848/1849: *Willoweit*, Deutsche Verfassungsgeschichte, S. 229ff. – Weiter *Lauer, Hans Erhard*, Das Gesetz der Evolution, S. 45ff.; *di Fabio*, Die Kultur der Freiheit, S. VII et al. – Interessant ist auch der Artikel von *Michael Kloepfer*, Verfassungsdenken in Schillers «Don Carlos», in: NJW 2006, S. 560ff. (allgemein bekannt ist ja der Ausruf des *Marquis von Posa*: «Geben Sie Gedankenfreiheit!»; *Schiller*, Werke, II, S. 126, Don Carlos, Zeilen 3213f.). – Zur Entstehung und Einführung des Dreiklangs siehe *Pelzer, Erich*, Freiheit – Gleichheit – Brüderlichkeit: Utopie oder Realität? In: Brockhaus multimedial. – *Wladimir Solovjeff* merkte in seiner ersten Vorlesung über das Gottmenschentum an, die Französische Revolution habe den Versuch (des Westens) offenbart, «die ganze Erdenkultur und die Organisation der Gesamtmenschheit auf rein irdischen, rein äußerlichen Prinzipien aufzubauen. [...]

Die große französische Revolution hat den Menschen Freiheit, Gleichheit und Brüderlichkeit verkündet. [...] aber [...] diese Worte sind nur leere Worte geblieben»
(Zwölf Vorlesungen über das Gottmenschentum, a. a. O., S. 4).

173 Ausführlich in dem großen Vortrag vom 18.6.1919, «Freiheit für den Geist,
Gleichheit für das Recht, Brüderlichkeit für das Wirtschaftsleben» (GA 330,272 –
QR 186). Außerdem GA 297a,70 – QR 272.4ff.; GA 83,308ff. – QR 286.39ff.

174 *Hippel, Fritz von,* Ideologie und Wahrheit in der Jurisprudenz, S. XXXII und
S. 239f. FN 20 a. E.

175 GA 23,61ff. – QR 169.12ff.; GA 197,74, 82f. – QR 243; weitere Hinweise in den
Anmerkungen 173 und 179. – Über die «Dreigliederung des sozialen Organis-
mus» gibt es eine 90jährige, vielgestaltige Arbeit und Literatur. Hier können nur
einige Autoren genannt werden (zumeist materialreich und mit weiterführenden
Hinweisen, auch mit Anmerkungen zum Rechtsleben): *Boos, Roman,* Die Drei-
gliederungs-Idee, das Goetheanum und das Dreigliederungs-Ideal im Lebensgang
Rudolf Steiners und im Schicksal der Welt, Münchenstein & Lörrach [1929]; *Brüll,
Dieter,* Der anthroposophische Sozialimpuls; *Kugler, Walter,* Rudolf Steiner und die
Anthroposophie, S. 199ff., 243 (dort S. 200 Hinweis auf *Daniel Bell* mit ähnlichen
Gedanken); *Strawe, Christoph,* Soziale Dreigliederung; *Hardorp, Benediktus,* An-
throposophie und Dreigliederung; *Buchleitner, Karl,* Wer macht die Realität?, Das
Schicksal der Dreigliederungsidee; *Smit, Jörgen,* Soziales Üben; *Herrmannstorfer,
Udo,* Individualität und Staat, Dreigliederung des sozialen Organismus; *Schmundt,
Wilhelm,* Der Soziale Organismus in seiner Freiheitsgestalt; *Bos, Lex,* Was ist Drei-
gliederung des sozialen Organismus?; *ders.,* Leitbilder für Sozialkünstler; *Frei,
Dieter W.,* Menschengemäße Politik, S. 43ff.; *Kühn, Hans,* Dreigliederungszeit;
Vogel, Diether, Selbstbestimmung und soziale Gerechtigkeit; *Schweppenhäuser,
Lindenau, Spitta,* jeweils a. a. O.; *Schmelzer, Albert,* Die Dreigliederungsbewegung
1919, Stuttgart 1991. – Einen besonderen Hinweis verdienen die Aktivitäten von
Christoph Strawe, der unermüdlich in «Wort und Schrift» die Dreigliederung des
sozialen Organismus erörtert und publiziert; siehe seinen regelmäßigen «Rund-
brief Dreigliederung des sozialen Organismus, Sozialimpulse»; dort z. B. in der
Nummer 3, 2005, S. 22ff. «Über das Rechtsleben im sozialen Organismus»; in
Nr. 3/98 ein bemerkenswerter Artikel über die «Dreigliederungsbewegung 1917–
1922 und ihre aktuelle Bedeutung»; Weiteres aktuell unter www.sozialimpulse.
de; siehe auch unten D.183. – Zu erwähnen sind außerdem die Aktivitäten des
Instituts für Dreigliederung: www.dreigliederung.de. – Zu den beachtlichen Aktivitäten Rudolf Steiners gegenüber führenden politischen Persönlichkeiten (z. B.
zwei Memoranden von 1917, GA 24,339 und 362; QR 96–97) siehe *Lindenberg,
Christoph,* Chronik, S. 392; *Boos,* Rudolf Steiner während des Weltkrieges. – Zur
Trennung von Staat und Gesellschaft *Böckenförde,* Recht, Staat, Freiheit, S. 209ff.

176 So der treffende Ausdruck von *Lex Bos,* Leitbilder für Sozialkünstler, S. 67.

177 GA 329,185 – QR 159.8. – Weiteres hierzu schon C.44; D.21 sowie D.75, 97, 188.

178 GA 199,211f. – QR 251.3. – Zur Vollstreckung von Urteilen durch den Rechtsstaat
GA 23,139.

179 GA 330,328 – QR 187.11; GA 195,24 – QR 210.17; GA 335,93 – QR 232.4; GA 338,69f. – QR 267.16f.; GA 51,249. – Zu *Wilhelm von Humboldt* ausführlich und mit zahlreichen Bezügen zu Steiner *Dietrich Spitta,* Die Staatsidee Wilhelm von Humboldts, Berlin 2004; *ders.,* Menschenbildung und Staat, Stuttgart Berlin 2006; siehe auch *Humboldt, Wilhelm von,* Ideen zu einem Versuch, die Grenzen der Wirksamkeit eines Staates zu bestimmen, mit einem Nachwort von *Dietrich Spitta.* – Staatsrechtliche und auch allgemein-rechtliche Gedanken hat Steiner wohl außerdem bei folgenden Wissenschaftlern aufgenommen: *Rudolf von Jhering* (GA 53,448ff. – QR 45.4ff.; GA 176,108f. – QR 94.3; GA 190,190f. – QR 160.9); *v. Blume* (Anmerkung in GA 296,121; *Leinhas,* Aus der Arbeit mit Rudolf Steiner, S. 57ff.). Bei *Hugo F. Brachelli* hörte Rudolf Steiner staatsrechtliche Vorlesungen und legte eine Prüfung ab (A.9). – *Prof. Dr. Kurt Wolzendorff* hat in seiner Arbeit «Der reine Staat» die Dreigliederungsgedanken von Rudolf Steiner gelobt («geniale Intuition») und in seiner Darstellung des «reinen Staates» genutzt; er meinte auch, die Weimarer Verfassung habe einige Gedanken der Dreigliederung realisiert; a.a.O., S. 8; Tübingen 1921, wieder herausgegeben 1969 von *H. G. Schweppenhäuser.* Dazu auch die Anmerkung in GA 255b,531.

180 *Zimmermann, Heinz,* in: *Schiller, Friedrich,* Über die ästhetische Erziehung des Menschen, S. 9 et al. Siehe auch GA 51,244 und D.39. – Zum Staat bei Rudolf Steiner siehe auch *Leber, Stefan* (Hrsg.), Der Staat (mit Beiträgen von *Christoph Strawe, Michael Kirn, Martin Kriele, Jürgen Erdmenger, Günter Röschert, Dietrich Spitta* u.a); *Karl Heyer,* Die neuere Zeit, S. 106ff.

181 Z.B. *Zippelius,* Staatslehre, § 17. – Zum Sinn des Staates aufgrund der Bedürfnisse der Menschen im Laufe der Entwicklung *Herzog, Roman,* Staaten der Frühzeit, S. 71ff.

182 Zu diesen Fragen etwa *Zippelius,* Staatslehre, § 17 III; *Leber, Stefan,* Der Staat, S. 37ff.; auch *Schweitzer, Albert,* Wir Epigonen, S. 217f.

183 Etwa GA 55,162; GA 131,129; GA 226,68; auch GA 193,26 – QR 135.3.

184 Für die zahlreichen Immigranten unterschiedlichster Provenienz gibt die Frage schon die Antwort: Wer für seinen Lebensmittelpunkt ein bestimmtes Land wählt, unterwirft sich – hoffentlich bewusst und nachhaltig – auch dessen Rechtsordnung.

185 Zur Gewaltenteilung in Legislative, Exekutive und Jurisdiktive *Zippelius/Würtenberger,* Staatsrecht, § 1, 12 III 1. – Dazu eine aufgrund mancher Vermischung notwendige Anmerkung: Die auf *Montesquieu* zurückgehende dreigliedrige Gewaltenteilung in der Organisation *des Staates* darf nicht mit der von Rudolf Steiner vertretenen Dreigliederung des gesamten sozialen Organismus verwechselt werden; siehe z.B. GA 83,306f.; *Leber, Stefan,* Der Staat, S. 35ff.

186 GA 332a, 85 – QR 204.18. – Außerdem GA 335,41; GA 83,280f., 290ff., 302f.; GA 24,204 – QR 222.11. – Zum Thema Steiner und Demokratie auch *Lindenberg, Christoph,* Demokratie als Problem, in: *Leber, Stefan* (Hrsg.), Der Mensch in der Gesellschaft, S. 13ff.

187 GA 338,28 – QR 266.6; GA 339,79 – QR 280.18. Ähnlich kritisch äußerte sich *Albert Schweitzer,* Wir Epigonen, S. 217ff. et al. *Friedrich Schiller* ließ *Sapieha* aus-

rufen: «Mehrheit ist der Unsinn, Verstand ist stets bei den wen'gen nur gewesen.» (*Schiller*, Demetrius, Werke, III, S. 24). Siehe auch den Schiller-Satz «Nicht Stimmenmehrheit ist des Rechtes Probe» (*Lüderssen*, a. a. O., S. 14). – Bei der Wiedergabe einer Korruptions-Anekdote durch Steiner findet sich der mittelbare Aufruf, auch in der Demokratie sich nicht «durch abstrakte Begriffe [...] einlullen» zu lassen, sondern wach zu sein (GA 177,265 – QR 100.3). – Kritik an der Parlamentsarbeit unserer Zeit schon C.115ff. – Weiter zur Gesetzgebung D.51ff.

188 Zum Gewissen GA 116, 21ff., 124ff.; eine gute Zusammenschau der Äußerungen von Rudolf Steiner bringt *Gundhild Kačer* in: Anthroposophie, Johanni 2006, S. 131ff.

189 GA 197,198, 202 – QR 262.27f.; zum Wahlrecht auch GA 185a,217 – QR 118.5.

190 GA 330, 303 – QR 187.3; D.93.

191 Zur Staatsordnung des Grundgesetzes *Zippelius/Würtenberger*, Deutsches Staatsrecht; *Zippelius*, Allgemeine Staatslehre; *Stein, Ekkehart*, Staatsrecht; *Grimm, Dieter*, Die Verfassung und die Politik; ausführliche Kommentierungen der Artikel des Grundgesetzes in: *Maunz/Dürig*, Grundgesetz. – Siehe auch *Denzlinger, Karl-Heinz*, Auf der Suche nach dem Rechtsstaat Mitteleuropas.

192 In: *Leber, Stefan* (Hrsg.), Der Staat, S. 200ff. – Ähnlich *Kriele, Martin*: «In Wirklichkeit steht der Staat der Dreigliederung nicht im Wege.» (In: *Leber, Stefan* [Hrsg.], Der Staat, S. 219.)

193 Siehe dazu eine interessante Äußerung im Zweiten Memorandum: GA 24,371f. – QR 97.10.

194 Das Bundesverfassungsgericht spricht von einem Gestaltungsauftrag an den Gesetzgeber zum Ausgleich der sozialen Gegensätze (BVerfGE 100,271, 284). Und der Grundsatz dieses Verfassungsgebotes kann auch durch verfassungsändernde Mehrheiten nicht «berührt» werden (Art. 79 Abs. 3 GG). – Zum «Sozialstaat» detailreich die Tagung der Vereinigung der Deutschen Staatsrechtslehrer 2004: Referate und Diskussionen in VVDStRL, 64. Band, S. 7ff.; außerdem die in Anmerkung 191 genannten Staatsrechtswerke; auch *Herrmann*, Fernsehen und Hörfunk in der Verfassung, Tübingen 1975, S. 374f. – *Ernst Forsthoff* prägte für die sozialen Aktivitäten des Staates den Begriff «Daseinsvorsorge»; *Bachof/Stober*, Verwaltungsrecht I, § 1 Rn 11, § 22 Rn 22, § 57 Rn 2. – Zur Krankenversicherung im Lichte des Grundgesetzes der – so früh verstorbene – Staatsrechtslehrer-Kollege *Dieter Suhr*, in: Fragen der Freiheit, 238, 1996, S. 5ff.

195 Zu der sog. «Gesundheitsreform 2006/07» siehe *Christof Schnürer*, Die hilflosen Helfer, in: Die Drei, 11, 2006, S. 6ff.; *Sodan, Helge*, Gesundheitsreform 2006/2007 – Systemwechsel mit Zukunft oder Flickschusterei?, in: NJW 2006, S. 3617; *Boss, Alfred*, Ohne marktwirtschaftliches Gesamtkonzept, in: FAZ vom 20.1.2007, S. 13.

196 Die Ausbeutung der Enkel, S. 185. – Kritisch auch *Kirchhof, Paul*, Die Erneuerung des Staates, S. 80ff. – Das gesamte «Sozialbudget 2005» in Deutschland, also einschließlich der privaten und betrieblichen Sozialleistungen, wird mit rund 760 Mrd. Euro beziffert (Rundbrief Sozialimpulse, 3, September 2006, S. 7).

197 BVerfGE 7,205; auch BVerfGE 45,227ff. – Zur Geschichte der Grundrechte *Zippeli-us/Würtenberger,* Staatsrecht, § 16; *Zippelius,* Staatslehre, § 32. – Siehe auch *Zuegg, Robert,* Grundrechte als Schutz- und Entwicklungsraum gelebter Menschlichkeit, Zürich 2000: «Verfassungsfragen sind in ihrem Kern keine akademischen Fragen, sondern Lebens- und Gestaltungsfragen, die uns alle angehen.» (a.a.O., S. 38); *Frei, Dieter W.,* Menschengemäße Politik, S. 33ff.; *Kirchhof, Paul,* Das Gesetz der Hydra, S. 30ff.

198 Beispiel: GA 24,437, 440 – QR 170.8. Zu diesem Thema weiter GA 333,17: Steiner schildert dort, wie «die Seelen aus den alten patriarchalischen Verhältnissen erwachten und dass in ihnen das Bewusstsein der Menschenrechte erwachte». Dazu auch *M.S.* in: Das Goetheanum, 3, 2004, S. 1: «Leben im Interesse für andere. Wie real sind Menschenrechte?» Siehe auch Gespräch mit dem Künstler *Rainer Schnurre* und sein Roh-Entwurf für eine Deklaration der Menschenrechte, in: Das Goetheanum, 28, 2001, S. 508ff. – Bemerkenswerte Gedanken über Menschenrechte (und ihre späte Befürwortung durch die Katholische Kirche erst beim Zweiten Vatikanischen Konzil 1962–1965) äußert der Bischof von Limburg, *Dr. Franz Kamphaus,* in seinem Beitrag «Ein Dialog mit dem Islam», in: FAZ vom 2.2.2007, S.9.

199 GA 4,171 – QR 11.46. – Zu diesem Verfassungskonvent siehe die interessante Dokumentation *Fait, Barbara,* Auf dem Weg zum Grundgesetz: Verfassungskonvent Herrenchiemsee 1948; siehe auch *Prantl, Heribert,* in: SZ vom 16.10.2006, S. 8, sowie in: *Käppner/Probst* (Hrsg.), Befreit. Besetzt. Geteilt, S. 229. – Zu den Grundrechtsbestimmungen des Grundgesetzes gibt es eine reiche Literatur und Rechtsprechung; z.B. *Zippelius/Würtenberger,* Staatsrecht, §§ 17–37; *Zippelius,* Staatslehre, §§ 32–34; *Maunz/Dürig* zu den einzelnen Artikeln des Grundgesetzes; außerdem die – immer wieder lesenswerten – Entscheidungen des Bundesverfassungsgerichts, veröffentlicht in zurzeit über 116 Bänden und in ungezählten, anderen Publikationen (auch aktuell: www.bundesverfassungsgericht.de). – *Prof. Dr. Dieter Suhr* hat an einer «interaktionistischen Grundrechtsdogmatik» gearbeitet, die die Freiheit des einen nicht nur als Beschränkung des anderen begreifen sollte, sondern auch als Förderung des anderen. Bei der Gedächtnisfeier für Dieter Suhr am 2.7.1991 würdigte *Prof. Dr. Wolfgang Hoffmann-Riem* Suhrs Kampf um ein neues Paradigma der Rechtswissenschaft; in: Fragen der Freiheit, 219, November/Dezember 1992, S. 4ff.; zum philosophischen Werk von *Suhr* siehe *Knaur, Peter,* in: Fragen der Freiheit, 211, 1991, S. 40ff. Dazu die grundlegende Arbeit von *Dieter Suhr,* Entfaltung der Menschen durch die Menschen, Berlin 1976.

200 Dazu – mit weiterführenden Hinweisen – ausführlich *Herdegen,* in: Maunz/Dürig, Anmerkungen zu Art. 1 Abs. 1 GG; *Zippelius/Würtenberger,* Staatsrecht, § 21; *Stein, Ekkehart,* Staatsrecht, § 28; *von Münch, Ingo,* Die Würde des Menschen im deutschen Verfassungsrecht, a.a.O.; *Stern/Sachs/Dietlein,* Das Staatsrecht der Bundesrepublik Deutschland, Band IV/1, § 97. – Interessant auch *Laudert, Andreas,* Würde, Wie wir Menschlichkeit bewahren, Dornach 2005. – Wesentlich ist

auch hier die Rechtsprechung des Bundesverfassungsgerichts: aus neuerer Zeit z. B. das Urteil vom 15.2.2006 zum sog. Luftsicherheitsgesetz vom 11.1.2005: «[Die Menschenwürde] kann keinem Menschen genommen werden. Verletzbar ist aber der Achtungsanspruch, der sich aus ihr ergibt (vgl. BVerfGE 87,209 ‹228›).» (BVerfGE 115,118 – NJW 2006, S. 751; dazu interessant mit anthroposophischen Gedanken *Krampen, Ingo,* Die Menschenwürde bleibt unantastbar!, NJW-Editorial, NJW, 31/2006, S. III; außerdem *Hirsch, Burkhard,* in: NJW 2007, S. 1188). Weiter: Beschluss vom 6.12.2005 – BVerfGE 115,1, 14 (Namensrecht); Urteil vom 2.3.2006 – BVerfGE 115,166, 182 (Fernmeldegeheimnis); Urteil vom 31.5.2006 – BVerfGE 116,69 (Jugendstrafvollzug; auch *Ostendorf, Heribert,* in NJW 2006, S. 2073 sowie D.180); Beschluss vom 8.11.2006 – NJW 2007, S. 1933 (Strafrestaussetzung bei lebenslanger Freiheitsstrafe); Beschluss vom 25.1.2007 (Zeugnisverweigerungsrecht eines katholischen Gefängnisseelsorgers); Urteil vom 13.2. 2007 (heimlicher Vaterschaftstest); siehe www.bundesverfassungsgericht.de.

201 Zu der Fernseh-Reihe «Big brother» siehe *Herrmann, Günter,* Achten und schützen. Die Würde des Menschen: ein Rundfunkrecht. [So die redaktionelle Überschrift für rundfunkrechtliche Anmerkungen zu der Fernsehsendereihe «Big Brother».] In: epdmedien, 17, 2000, S. 6–10 mit Erörterung der Rechtsprechung des Bundesverfassungsgerichts zur Menschenwürde; *Dörr, Dieter,* Zusammenfassung seines im Auftrag von RTL 2 erstatteten Gutachtens in: epd-medien, 49/50, 2000, S. 33ff.

202 Etwa *Schönke/Schröder,* Rn 1 vor §§ 185ff. StGB; auch D.147f. – Siehe auch das Zitat aus dem Urteil des Bundesverfassungsgerichts vom 15.2.2006 in der vorletzten Anmerkung.

203 GA 51,244, auch S. 235.

204 Zu Art. 2 Abs. 1 GG siehe *Di Fabio, Udo,* in: Maunz/Dürig, Grundgesetz, Anm. zu Art. 2 Abs. 1 GG; *Stern/Sachs/Dietlein,* Das Staatsrecht der Bundesrepublik Deutschland, Band IV/1, § 104; ausführlich mit neuen Aspekten *Suhr, Dieter,* Entfaltung der Menschen durch die Menschen, passim; siehe auch D.37.

205 Dazu *Di Fabio, Udo,* in: Maunz/Dürig, Grundgesetz, Rn 44ff. zu Art. 2 Abs. 1 GG.

206 BGHSt 6,48; zitiert auch in *Hoerster, Norbert* (Hrsg.), Recht und Moral, Texte zur Rechtsphilosophie, S. 103ff., 107; dazu auch *Di Fabio, Udo,* in: *Maunz/Dürig,* Grundgesetz, Rn 45f. zu Art. 2 Abs. 1 GG.

207 Dazu *Herrmann,* Fernsehen und Hörfunk in der Verfassung, 1975, S. 201ff.

208 Zur Verantwortlichkeit GA 53,464 – QR 45.34; *Herzog, Roman,* in: FAZ vom 28.9. 2006: «Freiheit zur Verantwortung – Der Staat soll und kann nicht alles regeln.» Siehe auch D.151. Zur Verantwortung als Pendant zur Freiheit ein historisches Beispiel bei *Reubke, Lothar,* Michaeli-Mappe, S. 8. – Zur Grundrechtepraxis und zur Brüderlichkeit auch D.14, 48.

209 *Schiller,* «Aufgabe», Tabulae votivae 56, Werke, I, S. 309; auch in Goethes Werken, HA I, S. 226 («Gleich sei keiner dem andern [...]»).

210 Siehe seinen Hermannstadt-Vortrag am 29.12. 1889; BeitrGA , 61/62, S. 5 – QR 6. – Zu dem traditionsreichen Hermannstadt, das zusammen mit Luxemburg im Jah-

re 2007 Kulturhauptstadt Europas ist, siehe *Roth, Harald,* Hermannstadt, Kleine Geschichte einer Stadt in Siebenbürgen, 2006; *Königslöw, Joachim von,* Hermannstadt/Sibiu, in: Die Drei, 6, 2007, S. 9ff.

211 Ausführlich und lesenswert auch der Vortrag vom 17.11.1906, «Die Frauenfrage», GA 54,105 – QR 52. Siehe auch Vortrag in Oxford am 28.8.1922, GA 305,202, 209.

212 Siehe die leider aktuelle Feststellung von *Gerald Häfner:* «Brüderlichkeit ist nicht in Mode.» (D.14)

213 Auch C.83. – Siehe dazu auch *Smit, Jörgen,* Soziales Üben, Wege zu neuen Einsichten und Fähigkeiten; *Selg, Peter,* Die Kultur der Selbstlosigkeit.

214 GA 13,414f.; weiter GA 101,198; GA 55,95f.; GA 130,201. – Papst *Benedikt XVI.* hat seine erste Weihnachts-Enzyklika dem Thema «Deus caritas est» (= Gott ist [die] Liebe) gewidmet und dort über die unterschiedlichen Arten von «Liebe» gesprochen (25.12.2005; www.vatican.va); siehe auch *Ratzinger, Joseph,* Jesus von Nazareth, S. 236ff. – Zu erwähnen sind hier auch die bedeutenden Gedanken von *Goethe* über die drei Ehrfurchten: Ehrfurcht vor dem, was über uns ist, was um uns ist und was unter uns ist (Wilhelm Meisters Wanderjahre, 2. Buch, 1. Kapitel; dazu *Baan, Bastiaan,* a.a.O., S. 230f.).

215 GA 182,138 – QR 111. – Zu den verschiedenen Arten von Liebe auch *Lievegoed, B. C. J.,* Dem einundzwanzigsten Jahrhundert entgegen, S. 50f.

216 Zu sozialpflichtigen Grundrechten etwa *Martens,* VVDStRL 30,11ff.; *Di Fabio, Udo,* Die Kultur der Freiheit, S. 79ff. et al.

217 Zu diesem Thema bereits C.115ff., D.28.

218 In: NJW 2002, S. 2759.

219 Dazu auch C.47.

220 Zur heutigen Gesetzgebungshypertrophie auch *Kirchhof, Paul,* Das Gesetz der Hydra, S. 11, 21ff. et al.; *Karpen, Ulrich,* in: ZRP 2005, S. 202, sowie C.40, 75; D.11, 185, 205.

221 GA 4,171 – QR 11.46; siehe auch D.51. Ein positives Beispiel D.37.

222 Siehe GA 23,85; auch D.93.

223 Dazu ausführlich Flensburger Hefte, 25: «Rechtsleben und soziale Zukunftsimpulse, Von der Dreigliederungsidee Rudolf Steiners zur Volksgesetzgebung», Flensburg 1989, mit mehreren Interviews und Artikeln mit und von *Wilfried Heidt, Karl-Martin Dietz, Ernst Lutterbeck, Henning Kullak-Ublick, Karl Otto Meyer, Thomas Mayer* u.a. – Außerdem: Volkssouveränität und Volksgesetzgebung. Die Kernpunkte der Demokratiefrage, Teil I, Flensburger Hefte, Sonderheft Nr. 5, Flensburg 1990; *Wilhelmi, Kurt,* Eine Stimme für die Demokratie, in: Die Drei, 5, 2006, S. 77ff.; *Strawe, Christoph,* in: *Leber, Stefan* (Hrsg.), Der Staat, S. 55ff., 97ff.; *Kirchhof, Paul,* Das Gesetz der Hydra, S. 124ff., 360. – Am 11.5.2006 debattierte der Deutsche Bundestag Gesetzentwürfe von FDP, Grüne und Linkspartei über die Einführung plebiszitärer Elemente auch auf Bundesebene (Bundestagsdrucksache 16/680). Die Entwürfe wurden routinegemäß an die Ausschüsse überwiesen. Dazu *Heidt, Wilfried,* Ist es Zeit für eine historische Tat?, in: Das

Goetheanum, 21, 2006, S. 4f. Weiteres aktuell: www.omnibus.org; www.aktion-volksabstimmung.de; www.ngo-online.de. – Zum Thema auch *Hartmann, Bernd J.,* Volksgesetzgebung und Grundrechte, Berlin 2005.

224 Dazu etwa *Strawe, Christoph,* in: *Leber, Stefan* (Hrsg.), Der Staat, S. 97ff.

225 GA 341,40. – Siehe auch *Boos, Roman,* Rudolf Steiner und die Politik, in: *Rittelmeyer, Friedrich* (Hrsg.), Vom Lebenswerk Rudolf Steiners, S. 209ff.

226 GA 331,136f. – QR 184.1.

227 Zu Aufgaben und Funktionen des Parlaments und der Regierung siehe auch das Urteil des Bundesverfassungsgerichts vom 25.8.2005 über die Auflösung des Bundestages nach der «Vertrauensfrage» vom 1.7.2005 (BVerfGE 114,121; NJW 2005, S. 2669).

228 Wie wenig andererseits Verwaltungsbeamte an Menschlichkeit der Bürger gewöhnt sind, zeigt die herrliche Szene, in der Felix Krull auf seiner Bahnfahrt nach Paris dem Schaffner nach der Kontrolle seiner Fahrkarte zurief: «Viel Glück auch Ihnen, Herr Oberkontrolleur! Und bitte, grüßen Sie Ihre Frau und die Kinder!» Der Schaffner, überrascht, «beeilte sich weiterzukommen, strauchelte und stolperte aber etwas dabei, obgleich am Boden gar kein Anstoß vorhanden war; so sehr hatte die Menschlichkeit ihn aus dem Tritt gebracht.» *(Mann, Thomas,* Bekenntnisse des Hochstaplers Felix Krull, S. 137).

229 GA 54,100 – QR 56.14. – Bei der Besoldung von Beamten Leistungsmerkmale zu berücksichtigen ist ja eine Idee, die erst in jüngerer Zeit ernsthaft diskutiert und möglicherweise stufenweise realisiert wird. – Zur Diskussion um ein allgemeines Grundeinkommen D.193 mit Anm. 409.

230 GA 192,159 – QR 181.3; GA 332a,154f. – QR 205.13ff.

231 D.22. Siehe auch GA 332a,94f. – QR 204.44. Dazu auch *Spitta,* Humboldt, S. 132f.

232 Siehe die bemerkenswerte Äußerung von *Ernst-Martin Krauss,* zitiert D.143.

233 Freilich sind die Gerichte staatliche Institutionen und werden aus den Staatshaushalten finanziert. Zukunftweisend *Thomas Groß,* Selbstverwaltung der Gerichte als Voraussetzung ihrer Unabhängigkeit, in: DRiZ 2003, S. 298. – Zum Thema «Unabhängigkeit» trefflich der Präsident des BGH, *Prof. Dr. Günter Hirsch,* in: FAZ vom 30.4.2007, S. 8.

234 GA 4,166 – QR 11.7; D.6.

235 Siehe dazu *Fleck, Silvia,* Das Recht auf eine gute Justiz, in: NJW 2007, S. 1427. – Zur «Dämonenbildung» in der Gerichtsverhandlung GA 98,107.

236 Negative Beispiele aus der Praxis: Wenn einem Richter, der an einem Vormittag 30 Offenbarungseide abzunehmen hat, beim 23. Schuldner der Kragen platzt, weil er sich über den 19. geärgert hat, so ist dies nicht sachlich-menschliche Richtertätigkeit, sondern Astralität pur, ebenso wenn ein Richter plötzlich losschreit: «Jetzt verliere ich aber die Geduld!» – Das Bundesverfassungsgericht erklärt Entscheidungen des Bundesgerichtshofs (BGH) oder des Bundesarbeitsgerichts (BAG) für verfassungswidrig. «Aus Prinzip» beharren dann die «aufgehobenen» Richter auf ihrer früheren Linie, weil sie die BVerfG-Richter für «Seiltänzer» halten. Auch dies ist ein praktisches Erlebnis des Verfassers. Über eine Zuspitzung des Verhält-

nisses zwischen Bundesverfassungsgericht und ordentlichen Gerichten in den letzten Jahren siehe *Strate, Gerhard*, Recht oder Rivalität?, in: NJW 2006, S. 1480.

237 Dazu D.69. – Der 66. Deutsche Juristentag 2006 hat in der «Abteilung Justiz» unter dem Thema «Gute Rechtsprechung – Ressourcengarantie und Leistungsverpflichtung – Unabhängigkeit der Dritten Gewalt – Funktionsgerechte Ausstattung» mehrere Beschlüsse gefasst, denen aus vollem Herzen Realisierung zu wünschen ist (www.djt.de am 6.11.2006).

238 GA 98,139; auch GA 93,354,357 und GA 270 II, S.128. Siehe auch C.130.

239 Zitiert nach *Walz/Schrey*, Gerechtigkeit in biblischer Sicht, S. 9. – Zu religiösen Beteuerungen in Eidesformeln siehe C.116.

240 GA 24,352f. – QR 96.8; ähnlich im Vortrag vom 24.11.1918, GA 185a,219 – QR 118.10. Siehe auch «Kernpunkte der sozialen Frage» GA 23,138 – QR 169.94, auch GA 332a,95.

241 Der damalige Bayerische Justizminister *Dr. Manfred Weiß* formulierte in einem Interview am 28.8.2000: «Ab kommenden Freitag heißt es in Bayern zwingend: ‹Erst zum Schlichter, dann zum Richter.›» Einen positiven Bericht über einen bayerischen Modellversuch «Güterichter» gibt *Prof. Dr. Reinhard Greger* in ZRP 2006, S. 229f. – Zur Mediation *Krampen, Ingo*, Mediation und Freie Gerichtsbarkeit, Wege zu einer neuen Streitkultur, in: Die Drei, 11, 2000, S. 34ff.; *ders.* im Interview in den Flensburger Heften, 90, S. 130ff., 134; *Risse, Jörg*, Wirtschaftsmediation, München 2003; *Pitschas, Rainer / Walther, Harald* (Hrsg.), Mediation in der Verwaltungsgerichtsbarkeit, Speyer 2005; siehe auch § 7a BORA (mit der Regelung, wer sich «Mediator» bezeichnen darf); *Horn, Claus-Henrik*, in: NJW 2007, S. 1413; auch D.124, 202.

242 GA 54,52f. – QR 46; GA 54,179 – QR 48.

243 GA 173,330ff. – QR 89.2ff.; GA 24,339ff. – QR 96.3ff. – Zum Völkerbund, der 1919 gegründet wurde, z. B. GA 329,13 – QR 149.

244 GA 23,141ff. – QR 169.97ff.; auch GA 332a,198.

245 Zur UNO *Simma, Bruno* (Hrsg.), Charta der Vereinten Nationen, München 1991; www.unric.org.

246 BGBl. 1952 II, S. 686ff.; dazu *Oppermann*, Europarecht, § 2 Rn 22ff.; www.coe.int.

247 Dazu etwa *Oppermann, Thomas*, Europarecht, § 6 Rn 26ff.; *Erdmenger, Jürgen*, in: *Leber, Stefan* (Hrsg.), Der Staat, Aufgaben und Grenzen, S. 266ff. – Die EG/EU-Mitgliedstaaten haben am 7.12.2000 als Teil II der «Verfassung für Europa» die «Charta der Grundrechte der Union» proklamiert (Amtsblatt der EU C 310 vom 16.12.2004). Dort steht in der Präambel: «Sie [die Union] stellt den Menschen in den Mittelpunkt ihres Handelns, indem sie die Unionsbürgerschaft und einen Raum der Freiheit, Sicherheit und des Rechts begründet.» – Zur Grundrechte-Charta der EU *Häfner, Gerald / Strawe, Christoph / Zuegg, Robert*, Zur Charta der Grundrechte der Europäischen Union, in: Die Drei, 11, 2000, S. 25ff.; *Oppermann, Thomas*, Europarecht, § 6 Rn 39ff. – Auch *Schwarze, Jürgen*, Der Schutz der Grundrechte durch den EuGH, NJW 2005, S. 3459. – Das Schicksal dieser Grundrechte-Charta ist zur Stunde ungewiss, weil die ganze EU-Verfassung in einigen Mitgliedstaaten abgelehnt worden ist. Aktuelles: www.europa.eu.

248 GA 342,205.

249 Pfingsten, S. 8; auch C.77; D.21, 97.

250 Zum Selbstverwaltungsrecht des Geisteslebens ausführlich und zum Nachdenken anregend: *Kloss, Heinz*, Selbstverwaltung des Geisteslebens. Zum Selbstverwaltungsrecht allgemein *Wolff/Bachof/Stober*, Verwaltungsrecht II, § 84 Rn 33ff.; *Salzwedel*, in: VVDStRL, 22. Band, S. 237; *Herrmann*, Rundfunkrecht, § 9.27ff., § 17.41ff. – Das so geformte Selbstverwaltungsrecht wirkt «freiheit-sichernd» (*Oebbecke*, in: VVDStRL, 62. Band, S. 371).

251 GA 23,127 – QR 169.83f.; siehe auch GA 189,113 – QR 145.33, sowie D.187.

252 Siehe GA 4,155.

253 GA 223,55 – QR 304.8. – Zur Einheit von Kunst, Wissenschaft und Religion auch GA 93,264f.; GA 105,189ff.; GA 129,10; GA 219,162; auch E.31. – Weiter *Vogel, Diether*, Selbstbestimmung und soziale Gerechtigkeit, Die freiheitliche Ordnung von Kultur, Staat und Wirtschaft, S. 43ff.; *Unger, Carl*, Aus der Sprache der Bewusstseinsseele, Schriften, Band III, S. 184ff.; *Debus, Michael / Lowndes, Florin / Berger, Frank / Lin, Jean-Claude*, in: *Lin, Jean-Claude* (Hrsg.) Wirken im Zeichen von Kunst, Wissenschaft und Religion, S. 39ff., 57ff., 87ff. und 99ff.; *Husemann, Armin* (Hrsg.), Menschenwissenschaft durch Kunst, S. 13ff. et al. – Zu «Kultur – ein schillernder Begriff» siehe *Di Fabio, Udo*, Die Kultur der Freiheit, S. 18 et al.

254 Text und Kommentar dazu bei *Debus, Michael*, in: Lin, Jean-Claude (Hrsg.), Wirken im Zeichen von Kunst, Wissenschaft und Religion, S. 41.

255 Im Jahre 2005 haben *Roland Halfen* und *Walter Kugler* zwei eindrucksvolle Bände (Bildband und Textband) *Rudolf Steiner*, Das Graphische Werk, GA K 45, herausgegeben; dazu auch *Roland Halfen*, Aktives Sehen und moralische Phantasie, Entdeckungen in der Graphik Rudolf Steiners, in: Die Drei, 12/2005, 31ff. Und 2007 erschien ein neuer Band «Rudolf Steiner – Das malerische Werk», ebenfalls herausgegeben von *Roland Halfen* und *Walter Kugler* (GA K 13–16/ 52–56). – Zum künstlerischen Schaffen von Rudolf Steiner siehe *Kugler, Walter*, Rudolf Steiner, S. 93ff., 110ff.; *Zumdick, Wolfgang*, Rudolf Steiner und die Künstler; *Hammacher, Wilfried*, Die Grundelemente der Sprachgestaltung und Schauspielkunst nach Rudolf Steiner, zwei Bände; *Ernst Uehli*, Rudolf Steiner und die Kunst, in: *Rittelmeyer, Friedrich* (Hrsg.), Vom Lebenswerk Rudolf Steiners, S. 145ff.; *van der Grinten, Franz Joseph / Kugler, Walter / Zumdick, Wolfgang*, Joseph Beuys – Rudolf Steiner.

256 GA 93,274.

257 So z. B. GA 193,46 – QR 137.2; GA 189,39 – QR 140.7; GA 189,119 – QR 146.7; GA 342,204 – QR 276.10; D.74.

258 GA 23,14 – QR 169.5. – Zum Michael-Gedanken auch für die Kunst siehe das Zitat D.78.

259 Dazu ausführlich *Scholz, Rupert*, in: *Maunz/Dürig*, Grundgesetz, Anmerkungen zu Art. 5 Abs. 3 GG.

260 Zur Finanzierung durch Sponsoren D.77, D.187.

261 Dazu GA 185a,218 – QR 118.7; GA 189,39 – QR 140.7; oben D.74 mit Zitat aus

GA 199,212: «Religion muss der Mensch für sich allein hervorbringen.» – Siehe die interessanten Beiträge in *Meffert, Ekkehard* (Hrsg.), Kultus und Erkenntnis; dort S. 71 eine eingängige Skizze für das Spannungsfeld «Denkerkenntnis und Kultus». Außerdem *Sease, Virginia* (Hrsg.), Esoterik der Weltreligionen; *Schmidt-Brabant/Sease*, Alte und neue Mysterien, Geheimnisse des Christentums; *Wehr, Gerhard*, Die sieben Weltreligionen. Siehe auch *Geyer, Christian*, Rudolf Steiner und die Religion, in: *Rittelmeyer, Friedrich* (Hrsg.), Vom Lebenswerk Rudolf Steiners, S. 81ff.

262 GA 182,146 – QR 111.9.

263 Dazu ausführlich *von Campenhausen, Axel*, Staatskirchenrecht; außerdem *Zippelius/Würtenberger*, Staatsrecht, § 26 I; *Kirchhof, Paul*, Die Erneuerung des Staates, S. 69ff.

264 GA 344, 133. – Zur Historie *Gädeke, Rudolf*, Die Gründer der Christengemeinschaft; *ders.*, in: *Gädeke, Wolfgang*, Anthroposophie und die Fortbildung der Religion, S. 224ff. – Zum Thema ausführlich *Gädeke, Wolfgang* (mit *Gädeke, Johannes Wilhelm*, und *Gädeke, Rudolf*), Anthroposophie und die Fortbildung der Religion; *Schroeder, Hans-Werner*, Die Christengemeinschaft. – Zu Organisation, Gemeinden, Adressen, Hintergrund, Literatur usw.: www.christengemeinschaft.org. – Wichtig ist auch der Hinweis von Steiner, dass die Priester berufen sind, Dreigliederung zu üben (GA 342,49 – QR 275; siehe auch GA 343,55). – Zum Verhältnis zwischen Christengemeinschaft und Anthroposophie: GA 343,72ff.; *Gädeke, Wolfgang*, Anthroposophie und die Fortbildung der Religion, S. 324ff. et al. – Zum Thema «Beschlüsse im Geistesleben» siehe C.77; D.21, 75, 97.

265 Anders als z.B. in der Katholischen Kirche, in der der Bischof diverse Vollmachten und auch Weisungsbefugnis in der Lehre hat; zu den Vollmachten der katholischen Bischöfe z.B. *Ott, Ludwig*, Grundriss der Dogmatik, S. 350ff. – Zur Hierarchie in der Christengemeinschaft *Schroeder, Hans-Werner*, Die Christengemeinschaft, S. 146ff.

266 Dazu *Schroeder, Hans-Werner*, Die Christengemeinschaft, S. 71ff.

267 Zitat D.74. – Plastisch-negativ schildert Steiner am 18.5.1919 das Bild einer Wissenschaft «im Dienste des Staates»: GA 192,112f. – QR 174.4.

268 GA 298,22 – QPäd 42; auch GA 4,270.

269 GA 197,195, 199f. – QR 262.1, 20; auch GA 190,43f. – QR 153.6. – Zu der Frage: «Wie wird das Leben durchchristet werden können?» siehe *Unger, Carl*, Aus der Sprache der Bewusstseinsseele, Schriften, Band III, S. 253ff.

270 Zur Durchchristung des Rechts und der Wissenschaft siehe oben A.18; C.127f.; E.23.

271 Brief vom 4.1.1891 an Rosa Mayreder; Briefe, II, Nr. 276, GA 39,68f.

272 GA 4,271 – QR 11.69f.

273 GA 196,69 – QR 226.5. – Weiter zur Wissenschaft, auch zur Ergänzung der Naturwissenschaft durch die Geisteswissenschaft: GA 191,207 – QR 206.4 (Wissenschaft in Konservenbüchsen); GA 337b,145 – QR 236.19 (Mathematik und Rechtswissenschaft als Wissenschaften); GA 260,48 – QR 309.3 (Pflege der Wis-

senschaft durch die Allgemeine Anthroposophische Gesellschaft). – Zu internationalen wissenschaftlichen Verbindungen GA 23,141ff. – QR 169.97ff.

274 Text des Art. 5 Abs. 3 GG siehe D.82. – Dazu die Referate von *Schulte, Martin / Ruffert, Matthias,* sowie die Aussprache über Grund und Grenzen der Wissenschaftsfreiheit, in: VVDStRL, 65. Band, S. 110ff.

275 Zur Zuständigkeit der Länder für die Regelung von Studiengebühren siehe das Urteil des Bundesverfassungsgerichts vom 26.1.2005; BVerfGE 112,226. – Zur Universität siehe *Hendler, Reinhard / Mager, Ute* sowie Aussprache über: Die Universität im Zeichen von Ökonomisierung und Internationalisierung, in: VVDStRL, 65. Band, S. 238ff.: *Ute Mager* begann ihr Referat mit der Wiedergabe der allgemeinen Diagnose: «Die deutsche Universität ist krank.»; a. a. O., S. 276. – Die *Max-Planck-Gesellschaft* ist eine privatrechtliche Vereinigung mit zahlreichen Mitgliedern – freilich wird sie weitgehend aus Staatsmitteln finanziert. Zur neugegründeten «Exzellenz-Stiftung zur Förderung der Max-Planck-Gesellschaft» siehe Max-Planck-Forschung, Das Wissenschaftsmagazin der Max-Planck-Gesellschaft, Nr. 3/2006, S. 86, sowie D.187. Weiteres mit Übersichten über die vorzüglichen MPG-Institute in den Jahresberichten der Max-Planck-Gesellschaft. Dort 2004, S. 3ff.: Interview mit dem Präsidenten der MPG, *Prof. Dr. Peter Gruss,* «Die Forschung darf nicht zum Spielball der Politik werden». Siehe auch die materialreichen Jahrbücher der MPG mit datenreicher CD-ROM. – Zu Universitäten und Hochschulen in freier Trägerschaft sowie zu besonderen Fragen der Rechtswissenschaft D.203ff.

276 GA 192,37 – QR 165.3. – Ähnlich schon im Ersten Memorandum vom Juli 1917, GA 24,352 – QR 96.8. Weiter GA 24,438 – QR 170.5; GA 24,441f. – QR 171.3; GA 337a,86 – QR 178.14, 21; GA 24.35ff. – QPäd 33.

277 GA 189,41f. – QR 140.12. Weiter GA 329,167f. – QR 159.1f.; GA 193,100 – QR 183.3: Der Staat als Verwalter des Geisteslebens «hat uns das Geistesleben ruiniert». GA 188,165 – QR 129.16: «Jede Schule, die unmittelbar nur unter der Gewalt des Staates steht, ist eine unmögliche Einrichtung.» – Zu «Staatsschulen, Staatserziehung» siehe GA 193,46 – QR 137.3; auch GA 189,137 – QR 150. – Zu staatlichen Schul-Verordnungen eine drastische Aussage von Rudolf Steiner in GA 337b,28 – QR 245. – Zu staatlichen Gymnasien siehe GA 53,453 – QR 45.15 mit der ironischen Bemerkung, «nur wenige altertümliche Leute vertreten heute noch den Standpunkt, dass man auch im Gymnasium ein bisschen Logik und Psychologie treiben sollte». Weiter GA 192,327 – QR 191.7; GA 296,25 – QR 192.13; GA 53,311 – QR 44.4. – Siehe auch GA 297a,75 – QPäd 53 mit dem Tenor: *Die Person des Lehrers ist wichtiger als der Lehrplan.* Weiter GA 83,300f. – QR 286.30. – Zum Thema «Freies Geistesleben und freie Schule» siehe *Leber, Stefan,* Sozialgestalt der Waldorfschule, S. 31ff.; *ders.,* Waldorfschule heute. Siehe auch *Bauer, Michael,* Rudolf Steiner und die Pädagogik, in: *Rittelmeyer, Friedrich* (Hrsg.), Vom Lebenswerk Rudolf Steiners, S. 177ff. – Zum Gesamtthema «Erziehung» siehe *Rudolf Steiner,* Die Erziehung des Kindes, herausgegeben und kommentiert von *Cornelius Bohlen.*

278 GA 330,302f. – QR 187.3; GA 24,205f. – QR 222.13f. Auch D.97.

279 Aktuelle Daten und Hinweise des Bundes der Freien Waldorfschulen e.V.: www.waldorfschule.info; außerdem Institut für Waldorf-Pädagogik in Witten/Annen: www.wittenannen.net; Pädagogische Sektion der Freien Hochschule für Geisteswissenschaft am Goetheanum, Dornach: www.paedagogik-goetheanum.ch; die Pädagogische Sektion am Goetheanum gibt einen vierteljährlichen, hochinteressanten «Rundbrief» heraus. Hingewiesen sei auch auf die Pädagogische Akademie am Friedrich von Hardenberg Institut für Kulturwissenschaften: www.hardenberginstitut.de, sowie auf die Internetseiten www.freunde-waldorf.de und www.waldorf.net.

280 *Kiersch, Johannes,* Die Waldorfpädagogik (mit einer fundierten Einführung in die Pädagogik Rudolf Steiners und mit reichen Literaturangaben); *ders.,* Texte zur Pädagogik, Quellentexte für die Wissenschaften Band 2 (mit inhaltvoller Einführung, wertvollen Literaturhinweisen und zahlreichen Originaltexten von Rudolf Steiner sowie Übersichten über die schriftlichen und mündlichen Äußerungen von Rudolf Steiner: Erster Lehrerkurs, GA 293–295; Konferenzen mit Waldorflehrern: GA 300 a–c etc.; GA 24,266 «Die pädagogische Zielsetzung der Waldorfschulen in Stuttgart» u.v.a.m.); außerdem *ders.,* Allgemeine Menschenkunde, passim. – Weiter mehrere Werke des «Klassikers» *Stefan Leber,* insbesondere der Kommentar zu Steiners Vorträgen über seine Allgemeine Menschenkunde, Bände I–III; *ders.,* Die Sozialgestalt der Waldorfschule; *ders.* (Hrsg.), Christentum – Anthroposophie – Waldorfschule, Waldorfpädagogik im Umfeld konfessioneller Kritik. Außerdem sehr informationsreich *Kiersch, Johannes,* Fragen an die Waldorfschule; *ders.,* Fremdsprachen in der Waldorfschule; *Schad, Wolfgang,* Erziehung ist Kunst, Pädagogik aus Anthroposophie; *Kugler, Walter,* Selbstverwaltung als Gestaltungsprinzip eines zukunftorientierten Schulwesens; *Esterl, Dietrich,* Was bedeutet Anthroposophie für die Waldorfschule?; *ders.,* Welche Abschlüsse gibt es an Waldorfschulen?; *Buddemeier, Heinz / Schneider, Peter,* Waldorfpädagogik und staatliche Schule; *Götte, Wenzel Michael* (Hrsg.), Praxis der Waldorfpädagogik (mit einer sehr guten Einführung und Übersicht, mit neun Vorträgen, zwei Aufsätzen und zwei Ansprachen von Rudolf Steiner); *Rittersbacher, Karl* (Hrsg.), Elemente der Erziehungskunst; *Dietz, Karl-Martin,* Dialogische Schulführung an Waldorfschulen; *Hardorp, Benediktus,* Waldorfschule, in: *ders.,* Anthroposophie und die sozialen Herausforderungen, S. 113ff.; *Leist, Manfred,* Eltern und Lehrer, Ihr Zusammenwirken in den sozialen Prozessen der Waldorfschule; *Schneider, Marcus* (Hrsg.), Rudolf Steiner, Grundlage und Zielsetzung des Waldorfschule; *Hufen, Friedhelm / Vogel, Johann Peter* (Hrsg.), Keine Zukunftsperspektiven für Schulen in freier Trägerschaft? – Interessant ist auch das Interview mit *Kullak-Ublick, Henning,* Keine Veranstaltung des Staates!, in: Flensburger Hefte, 90, IV, 2005, S. 40ff. – Außerdem BeitrGA, 31, Michaeli 1970 (Reprint Dornach 2006; mit Notizbucheintragungen Rudolf Steiners zu den Stuttgarter Lehrerkursen 1919–1921). Weiter: *Klein, Helmut E.,* Privatschulen in Deutschland, Köln 2007.

281 Der «Bund der Freien Waldorfschulen» und die einzelnen Schulzentren haben sachkundige Rechtsabteilungen oder Arbeitskreise; siehe z. B. www.waldorfschule.info; www.waldorf-nrw.de u. a. Siehe auch *Bodack, Karl-Dieter,* «Wenn das Rechtsleben unentwickelt ist, wird die Schule unmenschlich!», in: Das Goetheanum, 36, 2002, S. 647; *ders.,* in: Das Goetheanum, 41, 2005. – Zur «Beschlussfassung» in Schulkonferenzen und zur Verbindlichkeit solcher Beschlüsse D.21, 75 und D.97. Zum Erzieher auch GA 93,245. – Anmerkung: Statt «Privatschule» wird hier zur Vermeidung von Missdeutungen soweit möglich der Ausdruck «Schule in freier Trägerschaft» oder «freie Schule» verwendet.

282 GA 329,133ff. – QR 157.26; auch GA 24,186 – QR 225.8; dazu auch GA 329,30ff. – QR 149.29ff., 40; GA 23,84.

283 Z. B. Art. 35ff. Bayerisches Gesetz über das Erziehungs- und Unterrichtswesen. – Informationen über «Home-Schooling» mit der Darstellung der Rechtslage weltweit: www.homeschooling.de. Hinweis auf eine Regelung für ein ganz anderes Gebiet: Jeder Halter eines Kraftfahrzeuges ist durch *staatliche* Vorschriften gehalten, sein privat gehaltenes Kraftfahrzeug regelmäßig beim *privat* organisierten TÜV oder DEKRA überprüfen zu lassen (§§ 19, 21, 29 StVZO).

284 GA 297a,69 – QR 272.1. Außerdem GA 231,67 – QR 175.11. Siehe auch GA 332a,85 – QR 204.20. – *Friedrich Nietzsche* hat sich in der Sache wohl anders geäußert; dazu *Adomeit* I, S. 27. – Diese überzeugenden Sätze von Rudolf Steiner waren wohl der sog. «Frankfurter Schule» und den sog. «68ern» nicht bekannt, als sie in ihrem Demokratisierungs-Streben auch Schulen, Universitäten und andere Institutionen des Geisteslebens «demokratischen» Mehrheitsbeschlüssen zu unterwerfen suchten – mit dem inzwischen allgemein bekannten negativen Erfolg. Stichwort: PISA. Über die «Frankfurter Schule und ihre zersetzenden Wirkungen» das so betitelte Buch von *Kosiek, Rolf;* zu «Demokratisierung und Emanzipation» a. a. O., S. 160ff.

285 *Lehrs, Ernst,* in: Erziehungskunst, 1988, S. 33ff. (vorher schon ein Artikel unter derselben Überschrift in: Mitteilungen Deutschland, Michaeli 1956, S. 110); *Brüll, Dieter,* in: Erziehungskunst, 1988, S. 39ff.

286 Ein schönes Beispiel hierfür berichtet *Ernst Lehrs in:* Erziehungskunst 1988, S. 35. Dort auch lesenswerte Ausführungen über den Rhythmus zwischen beauftragten «Funktionären» und dem Plenum. – Dass Mehrheiten mit der Verhältniszahl des Goldenen Schnitts (0,618033988...) nicht einfach im Kopf zu berechnen sind, ist im Zeitalter des Taschenrechners kein Gegenargument. – Zum «Goldenen Schnitt» ausführlich das herrliche Werk von *Bühler, Walther,* Pentagramm und Goldener Schnitt; dort Betrachtungen zum Goldenen Schnitt in der Figur des Menschen (S. 167ff.), im Kardiogramm des Menschen (S. 258f.) u. v. a. m.; *Baravalle, Hermann von,* Die Geometrie des Pentagramms und der Goldene Schnitt, S. 12ff. et al.; *Beutelspacher/ Petri,* Der Goldene Schnitt; *Warm, Hartmut,* Die Signatur der Sphären, S. 320ff.; siehe auch die Buchbesprechung von *Renatus Ziegler* in: Die Drei, 6, 2006, S. 86f. über *Albert van der Schoot,* Die Geschichte des goldenen Schnitts.

287 Zu den unterschiedlichen Aufsichtsformen *Gallwas, Hans-Ullrich,* Die Privatschulfreiheit im Bonner Grundgesetz. – Zur Aufsicht über das Schulwesen ausführlich

und mit reichhaltigen Literaturhinweisen *Badura*, in: *Maunz/Dürig*, Grundgesetz, Rn 45ff. zu Art. 7 GG; zur Privatschulfreiheit siehe die frühere Kommentierung von *Maunz*, in: *Maunz/Dürig*, Grundgesetz, Rn 63ff. zu Art. 7 GG. Außerdem *Zippelius/Würtenberger*, Staatsrecht, § 36 III; *Vogel, Johann Peter*, Anfragen der Waldorfschule, a.a.O., S. 336ff.

288 Zur Rechtsaufsicht z.B. *Wolff/Bachof/Stober*, Verwaltungsrecht, II, § 84 Rn 39, § 98 Rn 8ff.; *Herrmann, Günter*, Rundfunkrecht, § 14.

289 So auch *Henning Kullack-Ublick* in: Flensburger Hefte, 90, S. 40ff., 45.

290 *Otto Schily* äußerte in seinem Interview am 9.1.2007, dem Staat müsse eine Schulaufsicht verbleiben; in: Das Goetheanum, 6, 2007 vom 9.2.2007, S. 4.

291 Dazu die Entscheidungen des Bundesverfassungsgerichts: BVerfGE 27,195; 75,40; 88,40; 90,107; 112,74; außerdem *Gallwas, Hans-Ullrich*, Die Privatschulfreiheit im Bonner Grundgesetz; *Gallwas* plädiert dafür, den Begriff *freie* oder *Privatschule* «nicht ausschließlich negativ vom Begriff der öffentlichen Schule her» zu definieren (a.a.O., S. 71). Siehe dazu auch mehrere wertvolle Beiträge in: *Hufen/Vogel*, a.a.O.; die frühere Kommentierung von *Maunz*, in: *Maunz/Dürig*, Grundgesetz, Rn 63ff. zu Art. 7 GG; *Zippelius/Würtenberger*, Staatsrecht, § 36 III; *Kiersch, Johannes*, Fragen an die Waldorfschule, S. 17f.

292 Dazu etwa BVerfGE 27,195; *Zippelius/Würtenberger*, Staatsrecht, § 36 III; mehrere Artikel in: *Hufen/Vogel*, a.a.O.

293 Zu «Aufwand und Ertrag» siehe *Vogel, Johann Peter*, in: Erziehungskunst, 2005, S. 173ff.; *Leber, Stefan*, Sozialgestalt der Waldorfschule, S. 182ff.; zur Finanzierung auch *Kirn, Michael*, in: *Leber, Stefan* (Hrsg.), Der Staat, S. 199. Ausführlich *Hufen/Vogel*, a.a.O., insbesondere *Vogel, Johann Peter*, dort S. 17ff. (mit Kritik gegenüber der jüngeren Rechtsprechung des Bundesverfassungsgerichts); *Friedhelm Hufen*, dort S. 49ff., 90ff.; *Fritz Ossenbühl*, S. 95ff. (primär bezogen auf Nordrhein-Westfalen, aber darüber hinausweisend); *Feron, Lies*, und *Krampen, Ingo*, S. 163ff. (mit Blick auf Europa und auf die EU-Grundrechtcharta); auch *Martin Richter*, S. 127ff.; außerdem *Klein, Helmut E.*, Privatschulen, S. 38ff. – Zu den vielfältig-schwierigen Fragen der Abschlussprüfungen siehe *Esterl, Dietrich*, Welche Abschlüsse gibt es an Waldorfschulen?

294 Zu all diesen Fragen ausführlich mehrere Beiträge in: *Hufen/Vogel*, a.a.O., insbesondere *Vogel, Johann Peter*, S. 239ff., 243ff.; auch *Richter, Martin*, S.127ff.; *Klein, Helmut E.*, Privatschulen, S. 4, 29, 66 et al.

295 Zu dieser Massenmediengesellschaft gehören auch besondere Erscheinungen der «Öffentlichen Meinung» (die zutreffender «Allgemeine Meinung» genannt werden müsste). Zur sog. öffentlichen Meinung GA 141,116,124; *Lindenberg, Christoph*, Die Struktur der öffentlichen Meinung, Themen und ihre Handhabung, in: Die Drei, 9, 1977, S. 512; *Leber, Stefan*, Selbstverwirklichung, S. 297f.; *Herrmann*, Rundfunkrecht, § 2.165ff., auch § 22.2ff. (mit weiteren Nachweisen). Mein Staatsrechtslehrerkollege *Ernst Forsthoff* soll vor 50 Jahren gesagt haben, es gebe eigentlich gar keine öffentliche Meinung, sondern nur eine «öffentliche Aufregung».

296 GA 260a,255 – QR 322; auch in *Kugler, Walter,* Rudolf Steiner – Drei Ansprachen an die Jugend. Steiners köstliche journalistische Schilderung eines Gerichtserlebnisses unter dem Titel «Die lachende Dame» finden Sie in GA 32, 205 – QR 13. – Über Steiners Journalistenzeiten *Kugler, Walter,* Rudolf Steiner, S. 213ff.; auch GA 202,66, 285.

297 GA 29,35f.

298 GA 348,19. Siehe auch GA 130,147f. – Ähnlich eine Parenthese-Bemerkung in GA 173,122. – Anprangerung einer Pressemeldung als «erstunkene Lüge» in GA 196,53. – Kritisches weiter in GA 196,83, 85; GA 338,72f.; GA 195,18 – QR 210; GA 199,250f.; siehe auch GA 31,319 (mit der positiven Würdigung eines echten Journalisten).

299 *Strakosch,* Lebenswege, I, S. 101; in der Ausgabe von 1994: S. 74f. – Am Abend des 20.1.1923 sprach Steiner über die Wahrhaftigkeit und über Zeitungsnachrichten als «Gespenster» (GA 259,92 – QR 302.4,9).

300 Über die «esoterischen Hintergründe der elektronischen Medien» schrieb Bedeutendes und Erschütterndes *Prokofieff, Sergej O.,* Von der Beziehung zu Rudolf Steiner, S. 132ff.

301 Faust, I, Zeilen 115f. – Siehe auch *Goethe* in einem Gespräch mit *Eckermann* am 2.1.1824: «Es kommt zwar durch das schlechte, größtenteils negative ästhetisierende und kritisierende Zeitungswesen eine Art Halbkultur in die Massen, allein dem hervorbringenden Talent ist es ein böser Nebel, ein fallendes Gift, das den Baum seiner Schöpfungskraft zerstört vom grünen Schmuck der Blätter bis in das tiefste Mark und die verborgenste Faser.» (*Eckermann,* a.a.O., S. 467f.) – Siehe auch *Schmidt-Brabant,* Die sieben Stufen der Einweihung, S. 30f.

302 *Schiller,* Das Mädchen von Orleans, Werke, I, S. 460 (erstes Zitat); *Schiller,* Currus virum miratus inanes, Werke, I, S. 283 (zweites Zitat).

303 GA 337b,245 – QR 257.

304 Umfassend *Herrmann,* Rundfunkrecht, S. V et passim; D.121.

305 A.3; zur «Stumpfheit» der Menschen GA 130,129ff.

306 Die neuere Zeit, S. 67f.

307 *Goethe,* Faust, I, Zeilen 285f. – Eine deutliche Charakterisierung nun auch im Urteil des BVerfG vom 11.9.2007 (Rn 117; www.bundesverfassungsgericht.de).

308 Siehe auch GA 346,121ff.

309 Zu all diesen Fernseh- und Hörfunk-Themen hat sich der Verfasser im Laufe der Jahrzehnte in zahlreichen Publikationen geäußert: Lehrbuch *Rundfunkrecht* mit mehreren hundert Seiten, München 1994, und 2. Auflage, 2004 (dort z.B. § 2.162ff., § 22.1ff., 81ff., 108 a–h mit «Sieben Geboten für Journalisten»); Habilitationsschrift «Fernsehen und Hörfunk in der Verfassung der Bundesrepublik Deutschland», Tübingen 1975; «Das Fernsehen im Blick auf die Menschenwürde», in: Das Goetheanum vom 28.10.2001, und Weiteres, nachzulesen auch im Literaturverzeichnis unter www.rechtsleben.net. Zu der Frage, ob das Publikum, ob wir alle, Schuld an der Qualität der Medien haben, schon *Herrmann,* Rundfunkrecht, § 22.11. – Auch in der Wochenschrift «Das Goetheanum» sind die

Massenmedien immer wieder Thema interessanter Beiträge: mehrere Artikel in Nr. 6 vom 4. Februar 2005; *Scheurle, Jürgen,* Medienproblem und Sinnesschulung, in: Das Goetheanum, 18, 1997, S. 241ff.; *Neider, Andreas,* Das Weltenschicksal in meiner Hand?, in: Das Goetheanum, 37, 2006, S. 1ff. (zu Internet und Computer, die auf dem Weg seien, die Leitmedien Film und Fernsehen abzulösen). – Daten und Sachverhalte des Fernsehkonsums werden in den monatlichen «Media-Perspektiven» publiziert, die ARD und ARD-Werbung herausgeben; z. B. *van Eimeren, Birgit / Ridder, Christa-Maria,* Trends in der Nutzung und Bewertung der Medien 1970 bis 2005, in: MP, 10, 2005, S. 490ff., mit ausführlichen Tabellen; *Zubayr, Camille / Gerhard, Heinz,* Tendenzen im Zuschauerverhalten, in: MP, 3, 2006, S. 125ff.; *Feierabend, Sabine / Klingler, Walter,* Was Kinder sehen, in: MP, 4, 2007, S. 200ff. – Jährlich erscheint von den Media-Perspektiven eine informationsreiche Broschüre «Basisdaten» (www.media-perspektiven.de). Vorzügliche, umfassende Informationen auch in den Jahrbüchern von ARD und ZDF.

310 Angaben in den eben genannten *«Basisdaten»* für 2006. – Zu den Massenmedien auch *Buddemeier, Heinz,* Illusion und Manipulation, Die Wirkung von Film und Fernsehen auf Individuum und Gesellschaft; *Patzlaff, Rainer,* fernsehtüchtig oder fernsehsüchtig?, Wege zu einem selbstbestimmten Sehen; *ders.,* Medienmagie oder die Herrschaft über die Sinne; *Postman, Neil,* Wir amüsieren uns zu Tode, Urteilsbildung im Zeitalter der Unterhaltungsindustrie; *ders.,* Das Technopol, Die Macht der Technologien und die Entmündigung der Gesellschaft; *Wunden, Wolfgang* (Hrsg.), Wahrheit als Medienqualität; *Rehbinder, Manfred* (Hrsg.), Ethik als Schranke der Programmfreiheit im Medienrecht, Festschrift für Günter Herrmann zum 70. Geburtstag, Baden-Baden 2002; weiter: *Spitzer, Manfred,* Vorsicht Bildschirm!, sowie mehrere Artikel in «Nervenheilkunde», z. B. Nr. 1 und 8, 2005 («Fernsehen und Bildung» – mit oft erschütternden Feststellungen); *Zippelius,* Allgemeine Staatslehre, § 28 IV; *Bock, Emil,* Apokalypse, S. 98ff.; *Stolte, Dieter,* Wie das Fernsehen das Menschenbild verändert; dort S. 199: «[...] der Mensch ist mehr als Quote [...]». *Jürgen Bertram,* ein langjähriger Mitarbeiter des NDR, schildert eindrucksvoll mit vielen Beispielen und Zitaten den Niedergang und die Boulevardisierung des Fernsehens (Mattscheibe, 2. Auflage, Frankfurt/Main 2006); *Stern/Sachs/Dietlein,* Das Staatsrecht der Bundesrepublik Deutschland, Band IV/1, §§ 108, 110; *Buermann, Uwe,* Aufrecht durch die Medien, Flensburg 2007. – Manches «Fernsehprogramm» gefällt sich in sekundenbruchteil-langen Bild- und Tonfetzen in sog. *Videoclips:* Ein «Sportfernsehen» denaturiert sich durch Sex-Videoclips auf Sportplätzen – eine offensichtliche Perversion des Sports als Ertüchtigung von Leib und Seele. – Soweit Teile des heutigen Fernsehens als Wiederholung des *panem et circenses* (= Brot und Spiele) im dekadenten Rom erscheinen, siehe auch *Sichelschmidt,* Wie im alten Rom, S. 53ff. et passim. Siehe außerdem die Literatur in den folgenden Anmerkungen.

311 Zentrale Befunde der aktuellen Repräsentativbefragung deutscher Journalisten von *Siegfried Weischenberg* und *Maja Malik* in: Media-Perspektiven, 7, 2006, S. 346ff., sowie ausführlich in: *Weischenberg/Malik/Scholl,* Die Souffleure der Mediengesellschaft, Report über die Journalisten in Deutschland.

312 Zu dem Thema «Gewalt und Fernsehen» eindrucksvoll und erschreckend: *Grossman, Dave / DeGaetano, Gloria*, Wer hat unseren Kindern das Töten beigebracht?, Ein Aufruf gegen Gewalt in Fernsehen, Film und Computerspielen; *Buddemeier, Heinz*, Medien und Gewalt; *Kunczik, Michael*, Gewalt und Medien; *Merten, Klaus*, Gewalt durch Gewalt im Fernsehen? – Zur sog. Wirkungsforschung *Bilandzic, Helena*, in: *Pürer*, Handbuch, S. 487ff.; *Merten, Klaus* (Hrsg.), Die Wirklichkeit der Medien; *Noelle-Neumann, Elisabeth*, Die Schweigespirale, Öffentliche Meinung – Unsere soziale Haut; *Schenk, Michael*, Medienwirkungsforschung; *Wilmar, Frits*, Wie wirken Rundfunk und Fernsehen auf Kinder?; *Buddemeier, Heinz*, Illusion und Manipulation, Die Wirkung von Film und Fernsehen auf Individuum und Gesellschaft; *Patzlaff, Rainer*, fernsehtüchtig oder fernsehsüchtig?, Wege zu einem selbstbestimmten Sehen; *ders.*, Medienmagie oder die Herrschaft über die Sinne; *Bühler, Walther*, Mit dem Bildschirm leben?; *Herrmann*, Rundfunkrecht, § 2.149ff.

313 Dazu *Rosenfelder, Andreas*, «Der Terror ist in der Idealwelt angekommen», in: FAZ vom 23.1.2007, S. 33; Titelgeschichte «Der digitale Maskenball. Zweites Leben im Internet»; in: Der Spiegel, 8, vom 17.2.2007; *Hopf, Kristina / Braml, Birgit*, Virtuelle Kinderpornographie vor dem Hintergrund des Online-Spiels Second Life, in: ZUM 2007, S. 354ff.

314 D.107. – Zu den empfohlenen «Nebenübungen» B.7. – Lesenswert und erschütternd *Spitzer, Manfred*, a. a. O.

315 Zu Suggestionen, die uns von anderen vermittelt werden, GA 53,463 – QR 45.34. Siehe auch GA 53,468.

316 www.medizinfo.com; auch www.hilfe24.de.

317 *Maletzke, Gerhard*, in: Rundfunk und Fernsehen, 1962, S. 1. – Der fernsehende Mensch mit Bierflasche, Salzstangen und Fernbedienung in der Hand gehört ja seit Jahren zum Gemeingut der Karikatur. Diese äußerlich starre Haltung mit dem oft starren Blick («Glotzen») führt auch zu Schädigungen des physischen Körpers. Dazu ausführlich und eindringlich *Spitzer, Manfred*, Vorsicht Bildschirm! *Spitzer* spricht davon, dass «Bildschirme im Jahr 2020 – vorsichtig aus den bekannten Daten berechnet – jährlich etwa 40000 zusätzliche und vermeidbare Tote aufgrund von Herzinfarkten, Zuckerkrankheit und Schlaganfällen sowie Lungenkrebs» verursachen werden (Innentitel; Weiteres a. a. O., S. XII, 13ff. et passim). Hierzu auch *Patzlaff*, Der gefrorene Blick, passim. – Eine Seminararbeit an der Ludwig-Maximilian-Universität München *(Nicole Balbisi)* nannte 2005 als Forschungsergebnisse u. a.: «Beim Fernsehen wurde eine massive Verringerung der Augenaktivität durch eine Verminderung der Saccaden festgestellt. – Im Vergleich zum Kinobild sind die Pupillen beim Fernsehen signifikant geringer geöffnet. Die Pupillenweite wird als Anzeiger für die Gehirnaktivität und Wachheit gedeutet. – Wegen des eingeschränkten Blickfeldes […] kommt es zu einem völligen Stillstand der Akkommodation der Augen. Fernsehen reduziert die natürliche Sinnestätigkeit doppelt.» – Erschütternd sind auch die Informationen über die (Nicht-)Entwicklung der Nervensysteme bei Kindern und jungen Menschen aufgrund zu frühen oder übertriebenen Fernsehkonsums in der Titelgeschichte in: Der Spiegel, 20, 2007, S. 42ff.

318 Informationen über den Presserat www.presserat.de. – Zum Thema «Presse und Staat» ist schwerlich die Anmerkung zu unterdrücken, dass weder der Staat noch eine politische Partei je ein vernünftiges Presse-Produkt geschaffen haben (und dies sicher nicht, weil Staat und Parteien sich aus Gründen der Dreigliederung zurückhalten würden ...).

319 Siehe dazu Urteil des BVerfG vom 11.9.2007 (Rn 126; oben Anm. 307); *Herrmann*, Rundfunkrecht, §§ 9 und 13. – Diese Finanzierung der öffentlich-rechtlichen Rundfunkanstalten ist selbstständiger als die der Universität.

320 Dazu eindrucksvoll Urteil des BVerfG vom 11.9.2007 (Rn 117ff.; oben Anm. 307). – Zu besonderen Aspekten des Privatfernsehens auch *Herrmann*, in: Das Goetheanum, 44, 2001 vom 28.10.2001, S. 803.

321 GA 59,119, ähnlich S. 123; auch GA 10,26. – Zu Zeit-Vertreib und Zerstreuung auch A.4.

322 GA 181,62.

323 Zum Einschlafen nach dem Lesen eines Romans GA 130,107ff.; dort auch S. 326.

324 www.tagesschau.de am 17.12.2006; siehe auch das Zitat C.119.

325 GA 348,211.

326 Übersichten und zugleich Orientierung über die Inhalte im Standard-Kommentar *Palandt*, BGB, Verlag C. H. Beck, München, in jährlich neuer Auflage.

327 Vortrag vom 16.2.1919, GA 189,30 – QR 140.7. Weiter dazu in mehreren Vorträgen seit Januar 1919, GA 188,166 – QR 129.18; GA 188,212 – QR 131.1; GA 328,39f. – QR 134.15ff.; GA 328,91ff. – QR 138.13ff.; siehe auch GA 332a,94. – D.22.

328 Zur Verknüpfung mit «Vertrauen», «ver-trauen» siehe GA 337b,139 – QR 236.10. Vgl. auch «trauen», «Trauung» als ein bestimmter Vertragstyp.

329 GA 199,211f. – QR 251.3. – Zur Rhythmik des *do ut des* C.82 und D.193; E.28.

330 Zu den Wesensgliedern B.6 und E.15ff.

331 § 1353 BGB. – Zur Solidarität in der Ehe siehe Bundesverfassungsgericht, 28.2. 2007 (1 BvL 5/03; Rn 37f.; www.bundesverfassungsgericht.de).

332 §§ 119, 122 BGB. – Über «Irrtum und Irresein» ein Vortrag vom 28.4.1910, GA 59,203.

333 Etwa *Palandt/Heinrichs*, Rn 58ff. vor § 249 BGB. – Rudolf Steiner sprach auch von *Handlungen*, die *bewusst-gewollt* sind, und solchen, die *misslingen*. Dazu sowie zur Menschenkunde von Steiner bei dem thematisch insoweit reichhaltigeren Strafrecht (D.160, 169).

334 Zur historischen Entwicklung des Eigentumsrechtes siehe etwa GA 31,251ff. – QR 19; GA 51,78 – QR 35.4; GA 51,111 – QR 37; GA 51,135 – QR 39.1; GA 186,258ff. – QR 127.3ff.; GA 305,191 – QR 295.4. – Zum Eigentum bei Steiner siehe *Leber, Stefan* (Hrsg.), Eigentum, Die Frage nach der Sozialbindung des Eigentums an Boden und Unternehmen; *Schweppenhäuser, Hans Georg*, Die Macht des Eigentums.

335 Vortrag am 15.3.1919, GA 189,144 – QR 150,6ff.; ähnlich wiederholt am 19.3.1919, GA 329,102f. – QR 152.7; 2.4.1919, GA 329,131f. – QR 157.17f.; 25.4.1919, GA 330,96ff. – QR 166.14. – Anmerkung: Die urheberrechtliche Schutzfrist beträgt nunmehr allgemein 70 Jahre ab dem Tod des Urhebers (z.B. § 64 Urheberrechtsgesetz).

336 GA 23,109 (kursiv wie im Original). Siehe auch GA 23,125f. – QR 169,66f. – Drei Jahre später, in seinem Oxforder Vortrag «Der Mensch in der sozialen Ordnung: Individualität und Gemeinschaft» am 29.8.1922, bezieht sich Steiner bei der Erörterung des Kapitalismus und der Kapitalverwaltung auf seine früheren Ausführungen (GA 305,234f. – QR 297.27).

337 GA 51,77f. – QR 35.4. – Im Feuer des mündlichen Vortrags wurden freilich die beiden unterschiedlichen Begriffe manchmal in etwa synonym verwendet: GA 186,259 – QR 127.3; GA 193,50 – QR 137.4; GA 328,87 – QR 138.3; GA 189,144 – QR 150.5ff. – Zu erwähnen ist noch ein Wort von Steiner: «Besitz schläfert ein; Notwendigkeit, im Leben zu kämpfen, weckt auf.» (GA 186,102 – QR 122,9)

338 GA 23,118 – QR 169.81.

339 GA 337a,79 – QR 178.11f. – Siehe auch GA 334,208ff. – QR 238.2ff.

340 *a. Grund und Boden, Grundbesitz:* GA 54,183ff. – QR 48.3ff.; GA 186,237 – QR 127; am 16.6.1920, GA 337a,195 – QR 242 (auch bei *Spitta,* Soziale Frage und Anthroposophie, S. 175ff.); GA 340,99 – QR 289.7; GA 305,189 – QR 295.2; GA 305,213f. – QR 296.21ff.

b. Grundrente: GA 189,111 – QR 145.26; GA 337a,227 – QR 242.33.

c. Hypothekenrecht: GA 328,184 – QR 136.12f.; eine persönliche Erfahrung von Rudolf Steiner in einem Brief: GA 39,317f.

d. Juristische Person: GA 331,79 – QR 175.14: Der Begriff der «juristischen Persönlichkeit» müsse in Zukunft verschwinden.

e. Leihen: GA 340,87ff. – QR 288: Leihen im volkswirtschaftlichen Kreislauf mit Schenken und Zahlen.

341 Bemerkenswert, dass im Jahre 1925 die Juristenfakultät der Universität Leipzig eine an Rudolf Steiner orientierte strafrechtliche Dissertation angenommen und «mit Auszeichnung» bewertet hat: *Hörler, Franz Otto,* Das Wesen der Strafe, Grundlegung zu einer Strafrechtserneuerung; als Buch erschienen in Basel, 1927; Teilabdruck in: Individualität, 1/2, 1927.

342 GA 328,92 – QR 138.13. Auch GA 189,39 – QR 140.7; GA 328,118f. – QR 142.12; GA 332a,94.

343 In: Flensburger Hefte, 27, S. 24f. – Weiter dazu *Denzlinger,* in: Flensburger Hefte, 27, S. 137ff., sowie D.170ff.; auch D.65ff.

344 Dazu Steiner in einer Fragebeantwortung am 25.2.1919, GA 328,134 – QR 142.21ff. – Heute normieren Art. 103 Abs. 2 GG und § 1 StGB diesen Grundsatz. Siehe auch *Jescheck/Weigend,* Lehrbuch des Strafrechts, Allgemeiner Teil, S. 132, 407; D.150, 165.

345 §§ 185ff. StGB: Beleidigung, üble Nachrede, Verleumdung eines anderen, Verunglimpfung des Andenkens Verstorbener. – Über den Beleidigungsprozess *Werbeck* siehe GA 260a,544 – QR 326. – Zwei historische Reminiszenzen: 1. Wenn im klassischen Rom jemand öffentlich ein Spottgedicht anstimmte oder ein Schmähgedicht verfasste, das einem anderen zur Unehre oder Schande gereichte, drohte ihm nach dem Zwölftafelgesetz die Todesstrafe (Tafel 8.1.b; *Düll, Robert,* Das Zwölftafelgesetz, S. 47). – 2. *Johann Valentin Andreä* schildert in der «Chymischen

Hochzeit des Christian Rosencreutz», dass diejenigen, die unwahre Bücher mit einem einen anderen schmähenden Inhalt verfassten, besonders scharf bestraft würden *(Baan, Bastiaan,* a.a.O., S. 86ff.).

346 Vortrag vom 2.6.1906, GA 94,64 – QR 50; ähnlich GA 93a,151; GA 94,137; GA 95,23 – QR 51.3; GA 95,124. – Weiterführung dieser Gedanken im Vortrag vom 4.6.1908, GA 102,205 – QR 61: «Geisteswissenschaftlich betrachtet, ist die Lüge eine Art Mord.» Steiner sprach dort weiter über Lügen und Verleumdungen aus Konvention, Gesellschafts- und Parteirücksichten sowie über Auswirkungen von Lügen und Verleumdungen auf den physischen Leib. Und: Schlechte Gesetze können schlimme Wirkungen auf den Ätherleib haben.

347 GA 95,159. – Weiter ähnlich GA 102,205 – QR 61; GA 125,192ff., 206ff. – Wichtig auch: «Alle Heuchelei, Unwahrheit, Verleumdung bleibt wie ein Abdruck im physischen Leibe vorhanden.» (GA 98,105) – Zum Thema «Lüge» siehe auch Flensburger Hefte, 88, II, 2005, mit einer Fülle von Interviews, Ansichten und Materialien. – Siehe auch C.99.

348 Dazu schon C.76.

349 Dazu D.159f.; *Jescheck/Weigend,* Lehrbuch des Strafrechts, Allgemeiner Teil, S. 23ff., 209ff., 421ff.; *Schönke/Schröder,* Rn 28ff. vor §§ 13ff. StGB. – Einen interessanten Streifzug durch die Geschichte des Strafrechtslebens gibt *Wolfgang Schild* in seinem Interview in: Flensburger Hefte, 27, S. 49ff.; siehe auch *Hörler, Franz Otto,* Das Wesen der Strafe, 1927.

350 Bundesverfassungsgericht 24.5.2006 (1 BvR 49/00 u.a), Rn 48 der Veröffentlichung in: www.bundesverfassungsgericht.de. – Ausführlich *Jescheck/Weigend,* Lehrbuch des Strafrechts, Allgemeiner Teil, S. 23ff., 407ff.; dort S. 27f. zum *Grundsatz der Humanität,* der Grundlage aller Kriminalpolitik sein solle (D.179).

351 *Schönke/Schröder,* Rn 110 vor §§ 13ff. StGB. – Außerdem dazu *Jeschek/Weigend,* Lehrbuch des Strafrechts, Allgemeiner Teil, S. 407ff. («Schuldgrundsatz und Willensfreiheit»). – Dieser Grundsatz realisiert sich auch im Ausschluss eines Schuldvorwurfs, wenn der Angeschuldigte zum Zeitpunkt der Tat in seiner Entscheidung nicht frei war *(mente captus* = seiner Sinne nicht mächtig, unzurechnungsfähig, im Vollrausch).

352 GA 4,145ff. – QR 11.8ff. – Zur «Philosophie der Freiheit» siehe *Prokofieff, Sergej O.,* Anthroposophie und «Die Philosophie der Freiheit»; *Dietz, Karl-Martin* (Hrsg.), Rudolf Steiners «Philosophie der Freiheit»; *Kracht, Thomas* (Hrsg.), Erfahrung des Denkens, Zum Studium der «Philosophie der Freiheit», Band 1; *Kracht, Thomas* (Hrsg.), Erkennen und Wirklichkeit, Zum Studium der «Philosophie der Freiheit», Band 2; *Zumdick, Wolfgang,* «Der Tod hält mich wach», Joseph Beuys – Rudolf Steiner, Grundzüge ihres Denkens, S. 17ff. et al.; *Greiner-Vogel, Hedwig,* Erkenntnisdramatik an der Schwelle, Studien zu Rudolf Steiners Philosophie der Freiheit; *Husemann, Friedwart,* Die «Theosophie» im Spiegel der «Philosophie der Freiheit», in: Nachrichten für Mitglieder, 25, 2004, S. 1ff. – Siehe auch den Sonderband GA 4a: Dokumente zur «Philosophie der Freiheit». – Zu den Fragen der Entscheidungsfreiheit auch C.63; D.153, 159ff., 165; E.26.

353 E.20. – Treffend auch *Böckenförde*, Recht, Staat, Freiheit, S. 42ff.

354 GA 53,464 – QR 45.35.

355 So ein Bericht über diesen Vortrag «Genie, Irrsinn und Verbrechertum» in Beitr-GA, 99/100, S. 12ff., 15. – Wie wichtig es ist, die «Seelen der heranwachsenden Menschen» in einer positiv-fruchtbaren Weise zu bilden, wurde schon an mehreren Stellen angemerkt; siehe z. B. zu den Wirkungen der Massenmedien D.110, auch D.167. – Zum Zweck des Strafens auch GA 166,88 – QR 81.5. – Zweifel an der oft so selbstverständlich hingenommenen Berechtigung irdischen Strafens offenbart Steiner wohl auch mit dem langen Zitat aus *Thomas Morus'* Utopia; GA 173,122 – QR 88. – Zum Thema ausführlich und auf Rudolf Steiner bezogen *Hörler, Franz Otto*, Das Wesen der Strafe, 1927. – Zum Stehlen und Requirieren GA 166,87 – QR 81.3; GA 340,115 – QR 290.3. – Über seine Praxis als Strafrichter, auch über Strafzumessung und Strafzwecke, berichtet *Ernst-Martin Krauss* in seinem Interview in: Flensburger Hefte, 27, S. 6ff.; auch D.144.

356 Siehe etwa die Texte von *Pius XII., Anselm von Feuerbach, Friedrich Nietzsche* u. a. mit einer Einleitung in *Hoerster, Norbert* (Hrsg.), Recht und Moral, S. 214ff.; ausführlich *Jeschek/Weigend*, Lehrbuch des Strafrechts, Allgemeiner Teil, S. 2ff., 60ff. – Gute Übersicht über die verschiedenen Straftheorien und Strafzwecke bei *Kutter/Roßner*, a. a. O., S. 138. – Eine neue, moderne Variante bringt die moderne Hirnforschung mit der Frage, inwieweit der Mensch Herr eigener Entschlüsse sei; dazu etwa *Singer, Wolf,* Der Beobachter im Gehirn; *ders.,* Ein neues Menschenbild; *Roth, Gerhard,* Schnittstelle Gehirn; auch *Storch, Maja,* Das Geheimnis kluger Entscheidungen. Weiteres C.63, D.151, 165.

357 *Schönke/Schröder*, Rn 23ff. vor §§ 13ff. StGB. Siehe dazu schon *Hörler, Franz Otto,* Das Wesen der Strafe, 1927, S. 93ff.

358 Zu den inneren Tatbestandsmerkmalen beim Mord D.162ff.

359 *Schönke/Schröder*, Rn 4 und 24ff. zu § 22 StGB, Rn 3ff. zu § 26 StGB.

360 GA 143,95, auch dort S. 91; auch C.26 und D.148.

361 Dazu *Schönke/Schröder*, Rn 41 vor §§ 13ff. StGB.

362 GA 166,86 – QR 81.2; auch GA 293,69 – QR 194.17ff. sowie GA 4,20.

363 *Schönke/Schröder*, Rn 40 vor §§ 13ff. StGB.

364 GA 4,164 – QR 11.31.

365 Zu den Wesensgliedern und zu Folgerungen für Recht und Gerechtigkeit E.15ff.

366 Zu den Tötungsdelikten etwa *Schönke/Schröder,* vor und zu den §§ 211ff. StGB.

367 GA 4,167 – QR 11.38, weiter GA 4,212. – Zur «Habgier» GA 192,180 (wo Rudolf Steiner einen Zusammenhang mit Ahriman herstellte); humorvoll: GA 102,194.

368 Zu «Beweggründen» ausführlich Rudolf Steiner in seiner «Philosophie der Freiheit», z. B. GA 4,25, 174, 202f. – QR 11.5, 7. – Am 26.3.1912 berichtete Steiner einen Mordfall besonderer Art: Ein Pfarrer hatte einem Ehemann die Frau abspenstig gemacht; zwei Freunde bringen diesen Ehemann um, weil sie «dem Pfarrer etwas Gutes tun wollten» (GA 133,48f.).

369 Zur Heimtücke *Schönke/Schröder*, Rn 22ff. zu § 211 StGB. – Bemerkenswert sind

die Ausführungen von Rudolf Steiner über die «Heimtücke», die in der *geistigen Welt* ausgelebt durchaus «uns weiterbringende», «uns vervollkommnende Eigenschaften» hätte: «Dass der Mensch das Geistige verkehrt im Sinnlichen anwendet, das führt zu seinem Bösen.» (GA 63,247) – «Wenn das Ich entfesselt wird, so entwickelt es [...] Eigenschaften wie Heimtücke [...].» (GA 174,133)

370 Zu «verbrecherischen Naturen» GA 153,40 – QR 71; siehe auch D.161.

371 Dazu etwa *Schönke/Schröder,* Rn 48ff. vor §§ 13ff. StGB; *Jescheck/Weigend,* Lehrbuch des Strafrechts, S. 232ff.

372 Das ist anders als im Zivilrecht, wo es auch Gefährdungshaftung (ohne Verschulden) gibt; D.131, auch D.150. – Zum strafrechtlichen Schuldbegriff und seinen anthropologischen Grundlagen ausführlich *Jescheck/Weigend,* Lehrbuch des Strafrechts, Allgemeiner Teil, S. 405ff.; auch *Lüderssen,* a. a. O., S. 68ff. (auch mit einer Stellungnahme zur modernen Hirnforschung). – Das Flensburger Heft 86, 2004 ist dem Thema gewidmet: «Schuld ... immer nur die anderen?» Dort finden sich für unser Thema durchaus einschlägige Äußerungen von *Wolfgang Thierse, Michael Engelhard, Ernst-Martin Krauss, Günther Dellbrügger* u. a.

373 *Jescheck/Weigend,* Lehrbuch des Strafrechts, S. 54f.; *Schönke/Schröder,* Rn 105 vor §§ 13ff. StGB.

374 GA 164,68 – QR 79; auch C.86, 90.

375 Siehe hierzu §§ 16ff. StGB. – Beim sog. *entschuldigenden Notstand* (§ 35 StGB) ist regelmäßig bewusstes Handeln festzustellen, das aber wegen der besonderen Notstandssituation als strafrechtlich nicht vorwerfbar gewertet wird.

376 D.160. – Zur Geschichte der sog. erfolgsqualifizierten Delikte siehe *Jescheck/Weigend,* Lehrbuch des Strafrechts, Allgemeiner Teil, S. 261.

377 Rechtsgrundlagen dafür sind in Deutschland vor allem das Gerichtsverfassungsgesetz (GVG), die Strafprozessordnung (StPO) und das Jugendgerichtsgesetz (JGG). Zum Thema siehe *Roxin, Claus,* Strafverfahrensrecht. – Zur Rechtsfolge «Strafe» auch *Jescheck/Weigend,* Lehrbuch des Strafrechts, Allgemeiner Teil, S. 739ff.; dort S. 869ff. zur «Strafzumessung».

378 Zur Entwicklung des staatlichen Strafanspruchs siehe z. B. *Lüderssen,* a. a. O., S. 50f. – Zum Zivilprozess, bei dem sich zwei oder mehr Personen in einem bürgerlichrechtlichen Streit gegenüberstehen, D.69, 123f.

379 D.66; *Krauss,* in: Flensburger Hefte, 27, S. 24f.

380 *Ernst-Martin Krauss* spricht insoweit von «Zukunftsmusik». *Krauss* hält aber eine Wahl des Richters für ein «Zwischenstadium zu dem eigentlich christlichen Stadium, in dem Gesetze nicht mehr nötig sind.» (In: Flensburger Hefte, 27, S. 33f.); zu diesem Gedanken auch C.128ff.

381 GA 96,27 – QR 49.2. – Sonst hat Steiner mehrfach erklärt, dass Gedanken zum Karma der Prozessbeteiligten im irdischen Prozess keine Rolle spielen (C.21ff., 29, 85ff.).

382 GA 259,89 – QR 302. – Ähnlich sprach *Goethe* schon davon, «wie die Menschen von einer ganz einfachen und leicht zu erörternden Sache die widersprechendsten Ansichten haben und behaupten können.» (Dichtung und Wahrheit, Erster Teil, 2. Buch, HA IX, S. 65)

383 GA 259,62 – QR 300. – Zur Unmöglichkeit eines Wahrheitsbeweises bei Verbalinjurien siehe GA 260a,544 – QR 326.

384 GA 23,139. Zum Strafvollzug auch GA 332a,107f. – QR 204.51ff. – Gegen die aus fiskalischen Gründen geäußerten neueren Überlegungen, den Strafvollzug zu privatisieren, siehe auch *Willenbruch, Klaus / Bischoff, Kristina,* Verfassungsrechtliche Zulässigkeit der Privatisierung des Maßregelvollzugs, in: NJW 2006, S. 1776. – Auch *Wolfgang Schild* sprach sich in seinem Interview gegen eine Privatisierung von Gefängnissen aus: «höchstwahrscheinlich ein Irrweg» (Flensburger Hefte, 27, S. 73).

385 *Jescheck/Weigend,* Lehrbuch des Strafrechts, Allgemeiner Teil, S. 27f.

386 BVerfGE 35,202 (sog. Lebach-Urteil); weiter BVerfGE 45,187, 238; 98,169, 200; ausführlich nunmehr Urteil vom 31.5.2006, BVerfGE 116,69, 85; NJW 2006, S. 2093. – § 2 StrafVollzugsG erklärt die Resozialisierung als Vollzugsziel. – Weitere Hinweise z. B. unter www.der-jugendrichter.de.

387 Dazu ausführlich die verschiedenen Interviews über verdienstvolle Aktivitäten im Flensburger Heft Nr. 27; siehe auch die übernächste Anmerkung.

388 GA 34,390 – QR 31.4; siehe auch das Zitat oben D.152.

389 Über konkrete Projekte berichten *Marietta Biermann* und *Dabzul von Zabeltau* in: Flensburger Hefte, 27, S. 75ff., 83ff.; siehe auch *Bauer, Götz,* Hinter tausend Schlössern, Interview in: Flensburger Hefte, 27, S. 108. Weiter *Seibold, Siegfried,* Rückblick auf eine Laientätigkeit im Strafvollzug, in: Anthroposophie, Mitteilungen aus der Anthroposophischen Arbeit in Deutschland, Michaeli 2005, S. 268ff.

390 Nach einer Ermahnung durch das Bundesverfassungsgericht am 31.5.2006 (BVerfGE 116,69) haben die Länder angesetzt, den *Jugend*-Strafvollzug zu reformieren und dabei auch Ausbildung und «Sozialtherapie» eine größere Bedeutung beizumessen; FAZ vom 13.1.2007, S. 4, sowie Der Tagesspiegel vom 26.6.2007 mit dem Ausspruch der Berliner Justizsenatorin *Gisela von der Aue:* «Bildung kommt vor Arbeit.»

391 GA 332a,152 – QR 205.4.

392 Hervorgehoben seien hier der «Nationalökonomische Kurs» mit dem «Nationalökonomischen Seminar» (GA 340 und 341; QR 287–294), außerdem die «Kernpunkte der sozialen Frage» (GA 23 – QR 169). Weitere interessante Aussagen in GA 332a,77f. – QR 204 und GA 83,302ff. – QR 206. – Das seinerzeit modernaktuelle Thema «Betriebsräte» hat Steiner mehrfach leidenschaftlich erörtert; z. B. GA 24,441ff. – QR 171; GA 331,25ff. – QR 173; GA 331,54ff. – QR 175; GA 331,164ff. – QR 188; GA 331,275ff. – QR 189; dazu ausführlich BeitrGA, 103, zusammengestellt und kommentiert von *Walter Kugler.* – Im Laufe der Jahrzehnte ist zu den Gedanken und Anregungen von Steiner zum Thema Wirtschaft eine umfängliche Sekundärliteratur entstanden. Siehe die im Literaturverzeichnis genannten Werke von *Schweppenhäuser, Suhr, Herrhausen, Glasl;* außerdem *Leber, Stefan* (Hrsg.), Die wirtschaftlichen Assoziationen; *ders.,* Eigentum; *Herrmannstorfer, Udo,* Schein-Wirtschaft; *Vogel, Lothar,* Die Verwirklichung des Menschen im sozialen Organismus, S. 15ff.; *Strawe, Christoph,* Solidarische Ökonomie, in: Sozialimpulse, 4, 2006, S. 5ff. (aktuelle Newsletter: BueroStrawe@sozialimpulse.de).

393 Dazu GA 23,61ff. – QR 169.12ff.; GA 83,306ff. – QR 286.33ff.; GA 192,40 – QR 165.5; GA 329,68ff. – QR 151.1ff.; GA 330,27ff.; GA 332a,78. – Auch *Albert Schweitzer* hat sich gegen ein Wirtschaften durch den Staat gewandt; Wir Epigonen, S. 355ff. – Siehe auch D.22, 32.

394 Zu einer EG-Verordnung über Traktorensitze D.12.

395 Dazu *Henrich, Rolf*, Der vormundschaftliche Staat, Vom Versagen des real existierenden Sozialismus; *Biedenkopf, Kurt*, Die Ausbeutung der Enkel, S. 12ff., et al.

396 Z. B. GA 333,21ff.; GA 332a,166. Siehe auch D.135.

397 GA 332a,80ff. – QR 204.4ff.

398 Dazu etwa der Artikel «Big Spender» in: Der Spiegel, 15, 2007, S. 66ff.

399 Im meso-sozialen Bereich, in den Gemeinden, kann man die gut geölt-funktionierende Verquickung von Wirtschaft und öffentlicher Verwaltung besonders hautnah beobachten: Gemeinderatsbeschlüsse über Bauvorhaben stehen dort selten im Gegensatz zu den Möglichkeiten und den Bedürfnissen der örtlichen Bauwirtschaft, deren Unternehmer im Gemeinderat sitzen (und dort oft bei Bauaufträgen zugunsten des eigenen Unternehmens mitstimmen). – Ein historisches Beispiel für die Beeinflussung der Majoritäten durch die Wirtschaft in GA 332a,87 – QR 204.27.

400 GA 330,316: Zu den unterschiedlichen Quellen für das Gehalt eines Lehrers – heute aus dem Steueraufkommen des Staates, später aus dem Wirtschaftsleben.

401 *Tim Schröder* berichtet in Max-Planck-Forschung, 4, 2006, S. 64, unter dem Titel «Wie aus Wissen Wirtschaft wird» über die «Max-Planck-Innovation», die Technologie-Transfer-Stelle der Max-Planck-Gesellschaft. – *Roman Herzog* beschreibt als historisches Beispiel, wie der Bedarf der Wirtschaft nach (Geschäfts-)Urkunden im Zweistromland und in Kreta die Entwicklung einer Schrift für die Geschäftsabläufe gefördert hat (Staaten der Frühzeit, S. 82).

402 Übersichten auch hierzu z. B. in: *Creifelds, Carl*, Rechtswörterbuch (mit CD-ROM). – Interessantes Tatsachen-Material bieten die Jahresberichte des Bundeskartellamtes (www.bundeskartellamt.de).

403 Z. B. GA 330,152f. – QR 172.10ff.; siehe auch GA 332a,89 – QR 204.31ff.

404 Zur Brüderlichkeit im Wirtschaftsleben GA 23,88f.; auch GA 330,279. Siehe auch D.17ff. sowie D.190f. – Zum Vertrauen siehe *Bos, Lex*, Vertrauen schenken, Soziale Aufbaukräfte. – *Nico Stehr* gab seiner «Gesellschaftstheorie» den bemerkenswerten Titel «Die Moralisierung der Märkte» (2007).

405 GA 332a,88f. – QR 204.29f.; auch GA 305,208 – QR 296.13; GA 330,279.

406 GA 83,304. Außerdem GA 23,88f.; GA 337b,166 – QR 255; GA 24,61ff.; GA 81, 113 mit dem Hinweis, dass aus Assoziationen «vor allem die gesunde Preisbildung hervorgeht». – Mehrheitsbeschlüsse sollen nach Rudolf Steiner im Wirtschaftsleben – ebenso wie im Geistesleben – keinen Platz haben; oben D.97.

407 Siehe dazu die Aussage von Rudolf Steiner, das Rechtsleben sei ein *Sich-Verabreden, ein Sich-Verständigen*; GA 199,211f. – QR 251.3. Dies spiegelt zugleich die natürliche Erfahrung, dass es in den Wirtschaftsbereichen täglich in unterschiedlichsten Formen Rechtsleben gibt (auch D.23).

408 GA 34,213 – QR 32; B.11. – Siehe auch *Rösch, Ulrich / Steel, Richard* (Hrsg.), «Das tun, was noch nicht da war!», Ein Lesebuch zu Rudolf Steiners Sozialem Hauptgesetz; *Eisenhut, Stephan*, Trennung von Arbeit und Einkommen, in: Die Drei, 4, 2007, S. 62; *Brunner, Thomas*, a.a.O., S. 49ff.: «Friedrich Schiller und Rudolf Steiners Soziales Hauptgesetz», sowie die bei B.5, 11 und D.22 genannten Werke.

409 Als einen Schritt in diese Richtung verstehen sich die Impulse für ein «Grundeinkommen», das jeder Mensch unabhängig von seiner Arbeitsleistung erhalten soll. Dazu aktuell verschiedene Publikationen im Internet: www.unternimm-die-zukunft.de, www.grundeinkommen.info, www.zukunft-grundeinkommen.de, www. iniative-grundeinkommen.ch u. a. – Wiederholte Publikationen im Rundbrief Sozialimpulse von *Dr. Christoph Strawe*, z. B. Nr. 3, September 2006. – Außerdem *Werner, Götz W.*, Ein Grund für die Zukunft: das Grundeinkommen (mit Literaturhinweisen und Links); *ders.*, Wirtschaft – das Füreinander-Leisten; *Werner, Götz W. / Hardorp, Benediktus*, Bedingungsloses Einkommen. Ein Weg aus Arbeitslosigkeit und Bevormundung?; *Ehlers, Kai*, Grundeinkommen für alle – Sprungbrett in eine integrierte Gesellschaft; *Hardorp, Benediktus*, Soziale Grundlage menschlicher Freiheit, in: Das Goetheanum, 42, 2006, S. 1; mehrere Beiträge in der Wochenschrift Das Goetheanum, 46, 2005, S. 1ff.; *Ehringhaus, Henner*, Utopie oder Realität von morgen?, in: Das Goetheanum, 48, 2005, S. 1ff.; *Steiner, Bernhard*, in: Das Goetheanum, 11, 2006, S. 5ff.; *Zehnter, Hans-Christian*, Der Wille zum Grundeinkommen, in: Das Goetheanum, 39, 2006, S. 1 (und weitere Beiträge in diesem Heft); *Schmidt, Enno*, Epidemische Verbreitung, Symposium zum Grundeinkommen, in: Die Drei, 4, 2006, S. 75ff.; *Rätz, Werner / Paternoga, Dagmar / Steinbach, Werner*, Grundeinkommen: bedingungslos (mit Überblick über die unterschiedlichen Wurzeln dieses Impulses); *Kiedaisch, Albrecht*, Grundeinkommen statt Reform des Kapitalismus? Eine sympathische Idee und ihre fatalen Folgen, in: Die Drei, 2, 2007, S. 49ff. – Über den Zukunftskongress zu Michaeli 29.9.–1.10.2006 im Goetheanum ein Bericht von *Bernhard Steiner* in: Das Goetheanum, 42, 2006, S. 5. – Außerdem *Rösch, Ulrich* (Hrsg.), Grundeinkommen für jeden Menschen, Dornach 2007.

410 GA 330,36 – QR 163.8: Gesetzliche Regelung der Arbeitsruhe, um am Geistesleben teilnehmen zu können. GA 331,276 – QR 189.5: Verteilung zwischen geistiger und physischer Arbeit. – Auch *Boos, Roman*, Dreigliederung des sozialen Organismus, S. 12; *Smit, Jörgen*, Soziales Üben, S. 68ff.; *Lievegoed, B. C. J.*, Dem einundzwanzigsten Jahrhundert entgegen, S. 68ff. – Über die Spezialisierung und Differenzierung der Berufsarbeit hat Steiner im vierten Vortrag der Reihe «Das Karma des Berufes des Menschen in Anknüpfung an Goethes Leben» am 12.11.1916 gesprochen; GA 172,78 – QR 87. – Zum Streben der Frau, einen Beruf zu haben wie der Mann, hat sich Steiner schon im Dezember 1889 geäußert (BeitrGA 61/62, S. 5ff. – QR 6; D.45). – Zu Unterscheidungen zwischen Berufsarbeit und anderen Tätigkeiten (die wir heute als Hobby, Freizeitbeschäftigung oder Sport bezeichnen) etwa GA 332a,54 – QR 203.12.

411 Zur Tarifautonomie BVerfGE 100,271. – In der üblichen «Verquickung» von Staats- und Wirtschaftsleben sieht Steiner auch den Grund für den *Streik*, der in einen

gesunden sozialen Organismus nicht hineinpasse (GA 330,72 – QR 164.14). Zum Thema Streik schon D.10. – Eine immer wieder aktuelle Bemerkung findet sich in den «Kernpunkten der sozialen Frage»: Die Arbeitenden werden von dem durch ihre Arbeit Geleisteten umso weniger haben, je mehr für die Nicht-Verdienenden abfließen muss (GA 23,128 – QR 169.86). Zur Altersversicherung auch GA 338,84 – QR 268.

412 Zu Notwendigkeit und Freiheit im Berufsleben nennt Rudolf Steiner als Beispiel den Landbriefträger; GA 166,75, 78 – QR 80.10f. – Siehe auch GA 305,235; GA 330,66f.; GA 83,305. – Zur «Arbeit» als Kern der Orientierung im «umgekehrten Kultus» siehe *Wilkens, H.*, Individualität und Menschheit, S. 235ff. – Zum Thema Grundeinkommen D.193 mit Anmerkung 409.

413 GA 186,50 – QR 120.1f. – Dazu ausführlich *Schweppenhäuser, Hans Georg*, Das kranke Geld; außerdem *Suhr, Dieter*, Das alternde Geld, Das Konzept Rudolf Steiners aus geldtheoretischer Sicht; *Vogel, Lothar*, Die Verwirklichung des Menschen im sozialen Organismus, S. 40ff.; *Schily, Otto*, Flora, Fauna und Finanzen, Über die Wechselbeziehung von Natur und Geld; *Häfner, Gerald*, Vom Sterben und Werden des Rechts, in: Die Drei, 11, 2000, S.15.

414 Eine Grundaussage: GA 23,87 – QR 169.57. – Zu Steuern außerdem GA 24,451 – QR 224.23; GA 337a,227f. – QR 242.33; GA 295,81. – GA 328,185: Der Genießer muss in jedem Fall die Steuer bezahlen. – GA 332a,61: Vorschlag einer Ausgabensteuer: Kapital solle besteuert werden, wenn es in den Wirtschaftsprozess übergeführt wird. – GA 332a,161f.: Zitat eines Denkers mit der Überlegung, das Besteuern solle die menschliche Sittlichkeit fördern; Beispiel Perlenkette. – Siehe auch das Interview mit *Otto Schily* in: Das Goetheanum, 6, 2007, S. 1ff. – Zur Erbschaftsteuer D.140.

415 GA 24,460. – Auch *Leinhas, Emil*, Aus der Arbeit mit Rudolf Steiner, S. 165ff., 223 (dort auch Text der Leitgedanken). – Hierzu und zu den verschiedenen Unternehmens-Gründungen im Jahre 1920: *Lindenberg, Christoph*, Chronik, S. 425ff.

416 GA 330,70ff. – QR 164.9ff.; auch GA 153, 174f.; GA 190,55 – QR 154.4: Produktion in dem Maße, in dem konsumiert werden kann. – Am 2.2.1919 hat Steiner diese Möglichkeit verneint (GA 188,243 – QR 132.9).

417 Zu nennen ist hier zunächst die *Universität Witten/Herdecke*, die in ihrem primär auf Medizin ausgerichteten Profil auch *Recht für Wirtschaftswissenschaftler* anbietet und u.a. einen Lehrstuhl für Bürgerliches Recht, Handels- und Wirtschaftsrecht unterhält. Näheres unter www.uni-wh.de. – Die *Alanus-Hochschule* in Alfter bei Bonn ist eine seit November 2002 staatlich anerkannte *Hochschule für Kunst und Gesellschaft*. Sie bietet fünf künstlerische Studiengänge an. Das Kunststudium wird durch geistes- und kulturwissenschaftliche Lehrveranstaltungen ergänzt: «Die Entwicklung der Persönlichkeit steht gleichrangig neben einer soliden fachlichen Qualifikation.» Seit Januar 2006 gibt es zum ersten Mal in Deutschland eine Professorin für Eurythmie; seit 1.1.2007 ist auch der bekannte Eurythmist *Werner Barford* Honorarprofessor in Alfter. Im Oktober 2006 kam ein sechster Studiengang «Betriebswirtschaftslehre» hinzu; Meldungen von *Claudia*

Zanker in: Die Drei, 7, 2006, S.109 sowie in: Anthroposophie weltweit – Mitteilungen Deutschland, IV, 2006, 238, S. 359ff.; Bericht von *Jens Heisterkamp*, in: info3, 11, 2006, S.6. Dem Kollegium des Instituts für Pädagogik gehört auch ein Professor mit Schwerpunkt Schulrecht und Reformpädagogik an. Informationen: www.alanus.edu. – Am 1.10.2000 begann die *Bucerius Law School* – Hochschule für Rechtswissenschaft – in Hamburg ihren Studienbetrieb. Den Schwerpunkt bildet das Wirtschaftsrecht. Näheres: www.law-school.de. Siehe auch das Gespräch zwischen der Bayerischen Justizministerin *Beate Merk* und dem Präsidenten der Bucerius Law School *Karsten Schmidt* in SZ, 274, vom 28.11.2005, S. 10. – Im Oktober 2002 haben 25 führende deutsche Unternehmen und Institutionen die *esmt European School of Management and Technology* gegründet. Weiteres www.esmt. org. – Der postgradualen Aus- und Weiterbildung ist die Dresden International University (DIU) gewidmet; siehe www.dresden-international-university.com. – Die *Max-Planck-Gesellschaft,* die freilich weitgehend staatsfinanziert ist, betreibt seit Jahrzehnten auch für rechtswissenschaftliche Forschungsgebiete mehrere vorzügliche MPG-Institute. Übersichten in den Jahresberichten der Max-Planck-Gesellschaft; auch D.92. Aktuell: www.mpg.de. – Abhängigkeiten zwischen Staat und Rechtswissenschaft in der Geschichte schildert hochinteressant, fundiert und ausführlich *Holtz, Sabine,* Bildung und Herrschaft, passim.

418 A.9. – *«Formale Wissenschaft»:* GA 337b,139, 145 – QR 236.18f.; nunmehr auch in GA 73a,160. – Am 24.3.1920 sprach Rudolf Steiner von den «historischen Wissenschaften», zu denen «zum Beispiel auch die Rechtswissenschaft zu rechnen ist» (GA 73a,27). – *Hans Georg Schweppenhäuser* nennt ein Kapitel seines bedeutenden Buches «Das soziale Rätsel»: «Vom Ende der Rechtswissenschaft zum Anfang der Rechtswirklichkeit»; a. a. O., S. 207ff.

419 Dazu etwa *Radbruch/Zweigert,* Einführung, S. 282, und *Rüthers,* Rechtstheorie, Rn 280ff. – beide mit dem Vers von *Friedrich von Logau:* «Ob der rechte Rechtsverstand / je sei worden wem bekannt, / ist zu zweifeln: allem Meinen / will stets was zuwider scheinen. / Ist also, was zweifelhaft, / schwerlich eine Wissenschaft.» – Außerdem *Lüderssen,* a. a. O., S. 88 mit Hinweis auf *Ballweg, Ottmar,* Rechtswissenschaft und Jurisprudenz, Basel 1970. – Bekannt und lebhaft kolportiert ist der Ausspruch von *Julius Hermann von Kirchmann:* «Drei berichtigende Worte des Gesetzgebers und ganze Bibliotheken werden zu Makulatur.» (a. a. O., S. 29) – Der geistvolle Vortrag *Kirchmanns* von 1848 über «Die Wertlosigkeit der Jurisprudenz als Wissenschaft» enthält insgesamt viel Nachdenkenswertes. Dazu auch *Haft, Fritjof,* Waagschale der Justitia, S. 218ff.

420 Neben diesem offiziellen Rechtsstudium hat sich ein florierender Markt mit privaten Repetitoren gebildet, die die jungen Juristen gezielt und oft wirksam auf die Examina vorbereiten. – Zu neueren Entwicklungen einer Rechtsausbildung an privaten Universitäten und Hochschulen D.204. – Das Thema «Reform der Juristenausbildung» ist seit Jahrzehnten ein Dauerbrenner und bringt in periodischen Schüben ungeahnte Mengen an Vorschlägen und Maßnahmen hervor; z. B. Bundesgesetz vom 11.7.2002 (BGBl. I S. 2592). Siehe auch *Derleder, Peter,* Staatsexa-

men und Berufsqualifikation – Was leisten eigentlich die Justizprüfungsämter?, in: NJW 2005, S. 2834; eindrucksvoll *Martinek, Michael*, Das Juristische Manifest, Zehn Thesen zur Revolution des juristischen Studiums im 21. Jahrhundert, in: ZRP 1998, S. 201. – Auch «Europa» hat sich des Themas angenommen, um bis zum Jahre 2010 einen «gemeinsamen europäischen Hochschulraum» zu schaffen; über den sog. «Bologna-Prozess» *Pfeiffer, Thomas*, und *Jeep, Jens*, in: NJW 2005, S. 2281, sowie www.bmbf.de. Siehe auch *Huber, Peter M.*, in: ZRP 2007, S. 188, und *Goll, Ulrich*, in: ZRP 2007, S. 190.

421 GA 53,447, 461ff. – QR 45. – Zu diesem Vortrag «Die Juristische Fakultät und die Anthroposophie» vom 18.5.1905 siehe anlässlich des 100. Jahrestages *Verfasser* in: «Das Goetheanum» Nr. 20 – 21/2005, S.12. – Weitere Äußerungen von Steiner zum (Rechts-)Studium: GA 31,302f. – QR 23.2f.: Juristen seien die Leute mit der «allergeringsten Bildung»; GA 166,88 – QR 81.5; GA 23,11ff. – QR 169.1, 3; zum Schreiben von Dissertationen: GA 197,200f. – QR 262.23; GA 158,182 – QR 76.5. – *Johann Wolfgang von Goethe*, der ja auch ein Jurastudium genossen hat, sagte am 12.3.1828 zu Eckermann: «So zum Beispiel kann ich nicht billigen, dass man von den studierenden künftigen Staatsdienern gar zu viele [!] theoretisch-gelehrte Kenntnisse verlangt, wodurch die jungen Leute vor der Zeit geistig wie körperlich ruiniert werden. [...] Und dann, bedarf es denn im Leben eines Staatsdieners in Behandlung der Menschen, nicht auch der Liebe und des Wohlwollens?» (*Eckermann*, a. a. O., S. 594) – Über Theologiestudenten äußerte Steiner, die jungen Leute fühlten sich nach ihrem Studium «nicht in der Lage, der Verantwortlichkeit, die sie gegenüber ihrer Aufgabe empfinden, gerecht zu werden» (GA 343,9f.). – Zur Bedeutung der Sprache für das Rechtsleben – und damit auch für das Jura-Studium – D.12.

422 GA 293,206; siehe auch GA 24,244 – QR 223.17 sowie E.31.

423 *Schweitzer*, Wir Epigonen, S. 283ff.

424 Nach *Kopp*, a. a. O., S. 10.

425 Dazu D.66 und das Zitat von *Albert Schweitzer* D.210.

426 GA 53,452ff. – QR 45. – Steiner forderte auch eine ordentliche Gymnasialschulung (GA 53,453). Siehe auch die Zitate D.93. Steiner sprach auch von einer «Mathesis der Jurisprudenz»; dazu Kapitel E. – Heute etwa *Kriele*, Rechtsphilosophie, S. 1; *Böckenförde*, Geschichte, S. 373f.

427 Bemerkenswert das Verdikt des Nobelpreisträgers *Prof. Dr. Theodor W. Hänsch*, der nach seiner Rückkehr aus den USA mit einer Portion schwarzen Humors über die deutsche Universität sagte: «Die entschieden stur nach irgendwelchen Regeln, ohne Einsicht und Verstand, das war mir ganz fremd. [...] Die deutsche Universität könnte gut funktionieren ohne Forscher und Studenten.» (Max-Planck-Forschung, Das Wissenschaftsmagazin der Max-Planck-Gesellschaft, 4, 2005, S. 77)

428 *Jhering*, Scherz und Ernst in der Jurisprudenz, S. 70ff. – Zum Wiener Professor *Adolf Exner* GA 53,455f. – QR 45.20.

429 Zwei abschreckende Beispiele aus der jüngeren Vergangenheit: Ein Jura-Professor lehnt die Prüfung einer Kandidatin, die im dritten Monat schwanger ist, mit

der Bemerkung ab, er könne «nicht zwei Personen auf einmal prüfen». Derselbe Professor fragt einen Kandidaten nach dem Erscheinungsbild eines vor dem Fenster stehenden Baumes. Antwort: «Der ist kahl». Der Professor: «Und wenn der wieder grün ist, können Sie wiederkommen.» – Zum Thema Prüfungen hat Rudolf Steiner in einem Aufsatz «Der Universitätsunterricht und die Erfordernisse der Gegenwart» geschrieben: «Bei den Prüfungen [...] frage man nicht, was jemand während seiner Studienzeit getrieben hat, sondern was er leisten kann.» (GA 31,235 – QR 16) – Anmerkung dazu: Dieser Vorschlag setzt voraus, dass man in einer Prüfung ohne Kenntnis der Studienleistungen die Leistungen und die Leistungsfähigkeit des Kandidaten genauso gut feststellen kann wie zusammen mit einem Nachweis bestimmter Leistungen während des Studiums. Das aber erscheint nicht so sicher. Denn in einer mündlichen Prüfung kann der eine Kandidat aus Nervosität vielleicht sein Wissen nicht sachgerecht ausbreiten, während der andere eloquent über Lücken seines Studiums hinwegzutäuschen vermag.

430 *Lievegoed,* Dem 21. Jahrhundert entgegen, S. 57. – Zu dem Thema «Schiller und das Recht» siehe die begeisternde Arbeit von *Klaus Lüderssen,* «Dass nicht der Nutzen des Staats Euch als Gerechtigkeit erscheine». – Zur «königlichen Kunst» im sozialen Leben GA 93,281ff.

431 GA 35,9. – Außerdem GA 51,199; GA 100,170; GA 53,211; GA 53,286; GA 99,158; GA 83,47, auch GA 83,94f.; Vortrag vom 19.1.1905 in Düsseldorf, in: Was in der Anthroposophischen Gesellschaft vorgeht, Nachrichten für deren Mitglieder vom 5.8.1945; zitiert in: «Kleine Chronik der Anthroposophie in Düsseldorf», herausgegeben von *Reifenberg, Ute,* und *Helbig, Manfred,* Düsseldorf 2005, S. 32. – Zu Mathematik und Zahl als Symbol der Gerechtigkeit auch C.4.

432 31.12.1922, GA 219,177, 204 mit Transkription S. 210. – Für den Vortrag selbst ist eine Äußerung dieses Gedankens nicht überliefert.

433 GA 56,9ff.; GA 53,459 – QR 45.25.

434 GA 53,459 – QR 45.24. – Im Jahre 1931 hat die Mathematisch-Astronomische Sektion am Goetheanum einen Band «Mathesis – Beiträge zur Weiterbildung der Mathematik und verwandter Gebiete im Sinne der Geisteswissenschaft» herausgegeben, der, mit einem bemerkenswerten Vorwort von *Dr. Elisabeth Vreede* eingeleitet, eine Fülle heute noch interessanter Artikel enthält.

435 In früheren Büchern oder Fachlexika findet man Erklärungen wie: «*Mathesis universalis* (griech.-lat.: ‹allumfassende Lehre›), bei *Husserl* und in der von ihm abhängigen Phänomenologie die Bezeichnung für den Erkenntnisgehalt sämtlicher formaler Wissenschaften (Logik, Mathematik, Mengenlehre, Beziehungslehre), namentlich ihrer obersten Sätze oder Axiome» (Der Große Brockhaus, 12. Band, 3. Auflage, Leipzig 1932); «*Mathesis universalis* (griech.-lat.: ‹universale Wissenschaft›), auf Descartes und Leibniz zurückgehende Bezeichnung des Gesamtgebiets aller formalen Wissenschaften» *(Schischkoff, Georgi* [Hrsg.], Philosophisches Wörterbuch, 22. Auflage, Stuttgart 1991); «Die Mathesis universalis (griech.: *mathesis,* Wissenschaft, und lat. *universalis,* allumfassend). Descartes' und Leibniz' Bezeichnung für das Ideal einer Einheitswissenschaft nach dem Vorbild der Ma-

thematik. Die *mathesis universalis* soll es ermöglichen, von bestimmten grundlegenden Vernunftwahrheiten aus auf allen Gebieten der Erkenntnis folgerichtige Schlüsse zu ziehen.» *(Hügli, A. / Lübcke, P.* [Hrsg.], Philosophielexikon, Reinbek 1991); «Generalisierte Mathematik nicht-mathematischer Gegenstände» (so *Max Bense* nach *Peckhaus,* a. a. O., S. 30). Zur *Mathesis universalis* außerdem *Müller, M. / Halder, A.,* Philosophisches Wörterbuch, Freiburg u. a. 1988, S. 189. – Siehe auch die nächste Anmerkung.

436 Das griechische Wort *máthesis* bedeutet Lernen, Erkennen, Lehre, Belehrung; *mathetés* ist der Schüler, der Jünger. – Das Wort «Mathesis» erscheint in neuerer Zeit im Titel der Reihe «Mathesis universalis», deren Band 1 «Dürers Gestaltlehre der Mathematik und der bildenden Künste» 1948 in Halle/Saale erschienen ist. – «Mathesis, Naturphilosophie und Arkanwissenschaft im Umkreis Friedrich Christoph Oetingers (1702–1782)» war Thema einer internationalen Fachtagung an der Universität Tübingen vom 9.–11.10.2002. Im Jahre 2005 erschien ein Resümee dieser Tagung, herausgegeben von *Eberhard Zwink, Sabine Holtz* und *Gerhard Betsch.* – Im Jahre 2000 wurde dem Tübinger Wissenschaftstheoretiker *Matthias Schramm* eine Festschrift mit dem Titel «*Mathesis*» gewidmet. Darin finden sich insbesondere Arbeiten zu philosophischen und wissenschaftsgeschichtlichen Themen, von der Logik und Mathematik bis zu Astronomie und Physik.

437 Zu einem musikalischen Geheimnis des Platonischen Weltenjahres «Die Zahl 70» siehe *Glöckler, Georg und Michaela,* in: Das Goetheanum, 1995, S. 729; nunmehr auch in *Husemann, Armin J.* (Hrsg.), Menschenwissenschaft durch Kunst, S. 186ff. – Zum Rhythmus weiter E.28.

438 GA 332a,79 – QR 204.1. – Zu dem mit «Grundwahrheit» korrespondierenden «Urphänomen» C.104ff.

439 «Zur Bioethik: Wann ist der Mensch ein Mensch?» ist der Untertitel des interessanten Bandes «Individualität und Eingriff», den *Johannes Denger* herausgegeben hat und der bedeutende Artikel von *Günther Dellbrügger, Karl-Martin Dietz, Michaela Glöckler, Wolfgang Schad, Johannes Wirz* u. a. enthält.

440 GA 182,145, 151 – QR 111.19.

441 Zu diesem Thema auch D.108. – Zur *Ich-Organisation* Vortrag vom 3.1.1924, GA 316,30. – Zur Menschenwürde C.113; D.36ff.

442 GA 104,161. – Zum «Ich» siehe auch den bedeutenden Bologna-Vortrag vom 8.4.1911; GA 35,111, 138ff.; *Steiner, Rudolf,* Das gespiegelte Ich, Der Bologna-Vortrag – die philosophischen Grundlagen der Anthroposophie, hrsg. von *Andreas Neider,* Dornach 2007.

443 GA 88,85.

444 C.127ff.; D.88. – Siehe auch GA 58,281.

445 Siehe z. B. die Wiedergabe eines Medaillons von Raffael im Vatikan in GA 292, II Nr. 207: «Justitia, vierte Kardinaltugend», schwingt ein (offenbar zweischneidiges) Schwert. Dazu der Text in GA 292, I, S. 84. – Siehe auch A.13; B.14; C.122.

446 Dazu D.127, 159f., 168. – Zu den Seelenkräften GA 4, 149ff. – QR 11.8ff.; GA 332a,82 sowie die Auto-Referate «Kosmologie, Religion und Philosophie» (GA 25); außer-

dem «Von Seelenrätseln», GA 21,150ff. – QR 98.2ff. – Ausführlich *Leber, Stefan,* Kommentar, Band I, S. 183ff., 467ff., Band II, S. 19ff., 32ff., 38ff. et al.; *Kiersch, Menschenkunde; Kracht, Thomas,* Erfahrungen des Denkens. – Auf die enge Verbindung zwischen dem Erzengel Michael und der Entwicklung des menschlichen Denkens weist *Karl-Martin Dietz* hin (Wenn Herzen beginnen, Gedanken zu haben, S. 20ff.). – Weiter zum Denken: GA 2, 21, 43ff.; GA 9,32ff., 172ff. et al.; GA 189,139ff. – QR 150.14ff.; Vortrag vom 18.1.1909, «Praktische Ausbildung des Denkens» (GA 108,256), auch in *Kugler, Walter,* Einführung, S. 13ff. – Siehe auch GA 152,52: Rudolf Steiner sprach für die Zukunft von «aktiven und passiven Denkern». Dazu *Heyer, Karl,* Die neuere Zeit, S. 43. – Zum Denken als «Erkennen der Welt»: GA 4,80ff.; Auszug auch abgedruckt in: *Kugler,* Einführung, S. 51ff. – *Renatus Ziegler* untersucht in seinem neuen fruchtbaren Buch «Intuition und Erfahrung – Erkenntnis und Freiheit zwischen Gegenwart und Ewigkeit» «die Natur des menschlichen Denkens und seine Rolle beim Erkennen und Handeln» (so der erste Satz über Absicht und Aufbau, a.a.O., S. 13). – Wie eine Aufforderung zum Denken liest sich auch ein Satz von Steiner im zweiten Anhang zur Philosophie der Freiheit: «Wer nur mit den Sinnen zu genießen versteht, der kennt die Leckerbissen des Lebens nicht.» (GA 4,269) – Zu den überraschend vielfältigen Beziehungen zwischen *Fühlen* und *Recht* sowie zum *Rechtsgefühl,* das bei Steiner eine große Rolle spielt, bereits C.55ff. – Hier sei auch an *Antoine de Saint-Exupérys* «Der kleine Prinz» erinnert: «Man sieht nur mit dem Herzen gut!» – Zu Willen und Wollen auch mehrere Leitsätze, z.B. Nrn. 91ff. (GA 26,73).

447 GA 194,204; auch C.51, 84ff., 121; D.196.

448 GA 40,140 – QR 211.

449 GA 26,63.

450 Zum «Herzdenken»: *Sease, Virginia,* «Zur Bildung des Herzdenkens» (Jahresthema 2005/06) in: Anthroposophie weltweit, 2, 2005, S. 9. – Siehe auch Nachrichten für Mitglieder, 36, 2005, S. 1. – Sehr gut: *Dietz, Karl-Martin,* Wenn Herzen beginnen, Gedanken zu haben. – «Herzdenken» mag auch zur Lösung der – auch von der allgemeinen Forschung erörterten – Frage beitragen, wie Handlungsentschlüsse im Menschen zustande kommen: ein Problemkreis, der noch weiterer Gedankenarbeit bedarf (dazu auch C.63; D.151ff., 165).

451 Im Vortrag vom 15.3.1917 (GA 66,113) hat Rudolf Steiner diese Dreigliederung des Menschenwesens zum ersten Mal dargestellt; *Lindenberg, Christoph,* Chronik, S. 382; dazu auch GA 260,303 (Anmerkung zu S. 62). – Zur Dreigliederung des Menschen grundlegend *Vogel, Lothar,* Der dreigliedrige Mensch, Morphologische Grundlagen einer allgemeinen Menschenkunde; *Kranich, Ernst-Michael,* Der innere Mensch; *Leber, Stefan,* Kommentar, Band III, S. 31ff., 224ff., 561ff. et al.; *Unger, Carl,* Versuch einer positiv-apologetischen Erarbeitung anthroposophischer Geisteswissenschaft, Schriften, Band II, S. 176ff.; ausführliche Zusammenstellung von hierfür bedeutsamen Steiner-Texten bei *Selg, Peter,* Texte zur Medizin, Teil I, S. 233ff.

452 Zum Rhythmus zwischen Tod und neuer Geburt GA 219,66f. – Zum *rhythmós* als Ausdruck des Lebendigen siehe *Rittelmeyer/Klünker,* a. a. O., S. 33ff.; auch *Bühler,* Pentagramm, S. 46ff. – Auch die chinesische Polarität Yin und Yang bildet ein Rhythmus-Paar. – Voller Anregungen sind das Heft von *Michaela Glöckler,* Kraftquelle Rhythmus, sowie das Kapitel «Der Rhythmische Organismus» bei *Vogel, Lothar,* Der dreigliedrige Mensch, S. 243ff. – Auch C.83.

453 Etwa GA 353,58. – Siehe dazu, mit einer netten Anekdote beginnend, *Barkhoff, Wilhelm,* Wandlungen des Rechtsbewusstseins, in: *Barkhoff, Wilhelm Ernst* u. a. (Hrsg.), Das gefährdete Ich, Der Mensch in der Krise des Erkennens, S. 71ff.

454 Dies spiegelt sich in der urheberrechtlichen Einschätzung, dass Urteile und Gutachten bei einer entsprechenden eigenschöpferischen Gestaltung «an sich» Werke im Sinne des Urheberrechts sind und nur aufgrund der Ausnahmevorschrift § 5 UrhG faktisch keinen Urheberschutz genießen. – In dieser künstlerischen Seite der Rechtskultur spiegelt sich auch die Verwandtschaft zwischen Rechtskultur und Musik – beide getragen vom Rhythmus in der Menschenbrust. Zu erinnern ist auch an die Erkenntnis von Rudolf Steiner, dass sich das Denken aus der Musik entwickelt hat (E.7f.).

Abkürzungen

a. a. O.	am angegebenen Ort
BBG	Bundesbeamtengesetz
BeitrGA	Beiträge zur Rudolf Steiner Gesamtausgabe (Nummer, Seite)
BGB	Bürgerliches Gesetzbuch
BGBl.	Bundesgesetzblatt (Jahrgang, Band, Seite)
BGH	Bundesgerichtshof
BGHSt	Entscheidungen des Bundesgerichtshofes in Strafsachen (Band, Seite)
BORA	Berufsordnung der Rechtsanwälte
BRAO	Bundesrechtsanwaltsordnung
BVerfG	Bundesverfassungsgericht
BVerfGE	Entscheidungen des Bundesverfassungsgerichts (Band, Seite)
BVerwG	Bundesverwaltungsgericht
DDR	Deutsche Demokratische Republik
Dig.	Digesten (Teil des «Corpus Iuris Civilis»)
DRiG	Deutsches Richtergesetz
DRiZ	Deutsche Richterzeitung (Jahrgang, Seite)
EG	Europäische Gemeinschaft
EGZPO	Einführungsgesetz zur Zivilprozessordnung
EStG	Einkommensteuergesetz
et al.	et alii = und andere (Stellen)
EU	Europäische Union
EWG	Europäische Wirtschaftsgemeinschaft
FAZ	Frankfurter Allgemeine Zeitung
GA	Gesamtausgabe der Werke von Rudolf Steiner (Band, Seite; siehe auch Literaturverzeichnis)
GG	Grundgesetz für die Bundesrepublik Deutschland vom 23.5.1949
GmbH	Gesellschaft mit beschränkter Haftung
GrS	Großer Senat (des Bundesgerichtshofes)
GWB	Gesetz gegen Wettbewerbsbeschränkungen (Kartellgesetz)
HA	Hamburger Ausgabe Goethes Werke, 14. Auflage, München 1989 (Band, Seite)
HDD	Hard Disk Drive; hier: die Gesamtausgabe der Werke von Rudolf Steiner (GA) auf einer externen Festplatte (Rudolf Steiner Verlag, Dornach)
Hrsg.	Herausgeber
iwd	Informationsdienst des Instituts der deutschen Wirtschaft Köln
KG	Kommanditgesellschaft
MP	Media-Perspektiven (Jahrgang, Seite)
NDR	Norddeutscher Rundfunk
NJW	Neue Juristische Wochenschrift (Jahrgang, Seite)
NZ	Notizzettel (im Rudolf Steiner Archiv, Dornach)
OSZE	Organisation für Sicherheit und Zusammenarbeit in Europa

pr.	primo, erster Halbsatz
QPäd	Texte zur Pädagogik (➤ Literatur: Kiersch, Johannes; Nummer der Quelle und Randnummer)
QR	Quellen für ein neues Rechtsleben (➤ Literatur: Herrmann, Günter; Nummer der Quelle und Randnummer)
RGZ	Entscheidungen des Reichsgerichts in Zivilsachen (Band, Seite)
Rn	Randnummer
StGB	Strafgesetzbuch
StVZO	Straßenverkehrszulassungsordnung
SZ	Süddeutsche Zeitung
UWG	Gesetz gegen den unlauteren Wettbewerb
VVDStRL	Veröffentlichungen der Vereinigung der Deutschen Staatsrechtslehrer (Band, Seite)
WRV	Weimarer Reichsverfassung (1919)
ZRP	Zeitschrift für Rechtspolitik (Jahrgang, Seite)
ZUM	Zeitschrift für Urheber- und Medienrecht (Jahrgang, Seite)

Literaturverzeichnis

Werke von Rudolf Steiner

In diesem Buch sind folgende Bände der Rudolf-Steiner-Gesamtausgabe (GA) des Rudolf Steiner Verlags, Dornach/Schweiz, zitiert: GA-Nr. – Titel – ggf. Erstveröffentlichung – Auflage – Erscheinungsjahr:

Abteilung A. Schriften

I. Werke

1 Einleitungen zu Goethes Naturwissenschaftlichen Schriften, Zugleich eine Grundlegung der Geisteswissenschaft (Anthroposophie) (1884–1897), 4. Auflage, 1987

2 Grundlinien einer Erkenntnistheorie der Goetheschen Weltanschauung, mit besonderer Rücksicht auf Schiller (1886), 7. Auflage, 1979

3 Wahrheit und Wissenschaft. Vorspiel einer «Philosophie der Freiheit» (1892), 5. Auflage, 1980

4 Die Philosophie der Freiheit. Grundzüge einer modernen Weltanschauung (1894), 16. Auflage, 1995

4a Dokumente zur «Philosophie der Freiheit», 1994

5 Friedrich Nietzsche, ein Kämpfer gegen seine Zeit, 4. Auflage, 2000

6 Goethes Weltanschauung, 8. Auflage, 1990

7 Die Mystik im Aufgange des neuzeitlichen Geisteslebens und ihr Verhältnis zur modernen Weltanschauung, 6. Auflage, 1987

8 Das Christentum als mystische Tatsache und die Mysterien des Altertums, 9. Auflage, 1989

9 Theosophie, Einführung in übersinnliche Welterkenntnis und Menschenbestimmung (1904), 31. Auflage, 1987

10 Wie erlangt man Erkenntnisse der höheren Welten? (1904/5), 24. Auflage, 1993

12 Die Stufen der höheren Erkenntnis (1905–1908), 7. Auflage, 1993

13 Die Geheimwissenschaft im Umriss (1910), 30. Auflage, 1989

18 Die Rätsel der Philosophie, 9. Auflage, 1985

21 Von Seelenrätseln (1917), 5. Auflage, 1983

23 Die Kernpunkte der sozialen Frage in den Lebensnotwendigkeiten der Gegenwart und Zukunft (1919), 6. Auflage, 1976

24 Aufsätze über die Dreigliederung des sozialen Organismus und zur Zeitlage 1915–1921, 2. Auflage, 1982

25 Drei Schritte der Anthroposophie, Philosophie – Kosmologie – Religion, 4. Auflage, 1999

26 Anthroposophische Leitsätze (1924/1925), 10. Auflage, 1998

II. Gesammelte Aufsätze

31 Gesammelte Aufsätze zur Kultur- und Zeitgeschichte 1887–1901, 3. Auflage, 1989

32 Gesammelte Aufsätze zur Literatur 1884–1902, 3. Auflage, 2004

34 Lucifer – Gnosis. Grundlegende Aufsätze zur Anthroposophie und Berichte aus den Zeitschriften «Luzifer» und «Lucifer – Gnosis» 1903–1908, 2. Auflage, 1987

35 Philosophie und Anthroposophie, Gesammelte Aufsätze 1904–1923, 2. Auflage, 1984

36 Der Goetheanumgedanke inmitten der Kulturkrisis der Gegenwart (1921–1925), 1961

III. Veröffentlichungen aus dem Nachlass

39 Briefe, Band II, 1890–1925, 2. Auflage, 1987

40 Wahrspruchworte, 9. Auflage, 2005

Abteilung B. Vorträge

I. Öffentliche Vorträge

51 Über Philosophie, Geschichte und Literatur, Darstellungen an der «Arbeiterbildungsschule» und der «Freien Hochschule» in Berlin (1901–1905), 1983

53 Ursprung und Ziel des Menschen, Grundbegriffe der Geisteswissenschaft, 2. Auflage, 1981

54 Die Welträtsel und die Anthroposophie, 2. Auflage, 1983

55 Die Erkenntnis des Übersinnlichen in unserer Zeit und deren Bedeutung für das heutige Leben, 2. Auflage, 1983

56 Die Erkenntnis der Seele und des Geistes, 2. Auflage, 1985

57 Wo und wie findet man den Geist?, 2. Auflage, 1984

58 Metamorphosen des Seelenlebens – Pfade der Seelenerlebnisse, Erster Teil, 1984

59 Metamorphosen des Seelenlebens – Pfade der Seelenerlebnisse, Zweiter Teil, 1984

60 Antworten der Geisteswissenschaft auf die großen Fragen des Daseins, 2. Auflage, 1983

63 Geisteswissenschaft als Lebensgut, 2. Auflage, 1986

66 Geist und Stoff, Leben und Tod, 2. Auflage, 1988

72 Freiheit – Unsterblichkeit – Soziales Leben, Vom Zusammenhang des Seelisch-Geistigen mit dem Leiblichen des Menschen, 1990

73 Die Ergänzung heutiger Wissenschaften durch Anthroposophie, 2. Auflage, 1987

73a Fachwissenschaften und Anthroposophie, 2005

74 Die Philosophie des Thomas von Aquino, 4. Auflage, 1993

77a Die Aufgabe der Anthroposophie gegenüber Wissenschaft und Leben, Darmstädter Hochschulkurs, 1997

79 Die Wirklichkeit der höheren Welten, 2. Auflage, 1988

81 Erneuerungs-Impulse für Kultur und Wissenschaft, Berliner Hochschulkurs, 1994

188 Der Goetheanismus, ein Umwandlungsimpuls und Auferstehungsgedanke, 3. Auflage, 1982

189 Die soziale Frage als Bewusstseinsfrage, Die geistigen Hintergründe der sozialen Frage, Band I, 3. Auflage, 1980

190 Vergangenheits- und Zukunftsimpulse im sozialen Geschehen, Die geistigen Hintergründe der sozialen Frage, Band II, 3. Auflage, 1980

191 Soziales Verständnis aus geisteswissenschaftlicher Erkenntnis, Die geistigen Hintergründe der sozialen Frage, Band III, 3. Auflage, 1989

192 Geisteswissenschaftliche Behandlung sozialer und pädagogischer Fragen, 2. Auflage, 1991

193 Der innere Aspekt des sozialen Rätsels, 4. Auflage, 1989

194 Die Sendung Michaels, Die Offenbarung der eigentlichen Geheimnisse des Menschenwesens, 4. Auflage, 1994

195 Weltsilvester und Neujahrsgedanken, 3. Auflage, 1986

196 Geistige und soziale Wandlungen in der Menschheitsentwickelung, 2. Auflage, 1992

197 Gegensätze in der Menschheitsentwickelung, West und Ost, Materialismus und Mystik, Wissen und Glauben, 3. Auflage, 1996

199 Geisteswissenschaft als Erkenntnis der Grundimpulse sozialer Gestaltung, 2. Auflage, 1985

200 Die neue Geistigkeit und das Christus-Erlebnis des zwanzigsten Jahrhunderts, 3. Auflage, 1980

202 Die Brücke zwischen der Weltgeistigkeit und dem Physischen des Menschen, Die Suche nach der neuen Isis, der göttlichen Sophia, 4. Auflage, 1993

211 Das Sonnenmysterium und das Mysterium von Tod und Auferstehung, 2. Auflage, 1986

219 Das Verhältnis der Sternenwelt zum Menschen und des Menschen zur Sternenwelt, 6. Auflage, 1994

223 Der Jahreskreislauf als Atmungsvorgang der Erde und die vier großen Festeszeiten, Die Anthroposophie und das menschliche Gemüt, 7. Auflage, 1990

224 Die menschliche Seele in ihrem Zusammenhang mit göttlich-geistigen Individualitäten, 3. Auflage, 1992

225 Drei Perspektiven der Anthroposophie, Kulturphänomene geisteswissenschaftlich betrachtet, 2. Auflage, 1990

228 Initiationswissenschaft und Sternenerkenntnis, 3. Auflage, 2002

231 Der übersinnliche Mensch, anthroposophisch erfasst, 4. Auflage, 1999

236 Esoterische Betrachtungen karmischer Zusammenhänge, Zweiter Band, 6. Auflage, 1988

240 Esoterische Betrachtungen karmischer Zusammenhänge, Sechster Band, 5. Auflage, 1992

255b Die Anthroposophie und ihre Gegner 1919–1921, 2003

257 Anthroposophische Gemeinschaftsbildung, 4. Auflage, 1989

259 Das Schicksalsjahr 1923 in der Geschichte der Anthroposophischen Gesellschaft, 1991

260 Die Weihnachtstagung zur Begründung der Allgemeinen Anthroposophischen Gesellschaft 1923/24, 5. Auflage, 1994

260a Die Konstitution der Allgemeinen Anthroposophischen Gesellschaft und der Freien Hochschule für Geisteswissenschaft, Der Wiederaufbau des Goetheanum, 2. Auflage, 1987

262 Rudolf Steiner / Marie Steiner-von-Sivers: Briefwechsel und Dokumente 1901–1925, 2. Auflage, 2002

263/1 Rudolf Steiner / Edith Maryon, Briefwechsel, 1990

267 Seelenübungen, 2. Auflage, 2001

268 Mantrische Sprüche, 1999

270 I und II   Esoterische Unterweisungen für die erste Klasse der Freien Hochschule für Geisteswissenschaft am Goetheanum 1924, 2. Auflage, 1999

III. Vorträge und Kurse zu einzelnen Lebensgebieten

280 Methodik und Wesen der Sprachgestaltung, 4. Auflage, 1983

284 Bilder okkulter Siegel und Säulen, 3. Auflage, 1993

286 Wege zu einem neuen Baustil, 3. Auflage, 1982

292 Kunstgeschichte als Abbild innerer geistiger Impulse, 3. Auflage, 2000

293 Allgemeine Menschenkunde als Grundlage der Pädagogik (I), 9. Auflage, 1992

295 Erziehungskunst, Seminarbesprechungen und Lehrplanvorträge (III), 4. Auflage, 1984

296 Die Erziehungsfrage als soziale Frage, Die spirituellen, kulturgeschichtlichen und sozialen Hintergründe der Waldorfschul-Pädagogik, 4. Auflage, 1991

297 Idee und Praxis der Waldorfschule, 1998

297a Erziehung zum Leben, Selbsterziehung und pädagogische Praxis, 1998

298 Rudolf Steiner in der Waldorfschule, 2. Auflage, 1980

305 Die geistig-seelischen Grundkräfte der Erziehungskunst, Spirituelle Werte in Erziehung und sozialem Leben, 3. Auflage, 1991

328 Die soziale Frage, 1977

329 Die Befreiung des Menschenwesens als Grundlage für eine soziale Neugestaltung, Altes Denken und neues soziales Wollen, 1985

330 Neugestaltung des sozialen Organismus, 2. Auflage, 1983

331 Betriebsräte und Sozialisierung, Diskussionsabende mit den Arbeiterausschüssen der großen Betriebe Stuttgarts, 1989

332a Soziale Zukunft, 2. Auflage, 1977

333 Gedankenfreiheit und soziale Kräfte, Die sozialen Forderungen der Gegenwart und ihre praktische Verwirklichung, 2. Auflage, 1985

334 Vom Einheitsstaat zum dreigliedrigen sozialen Organismus, 1983

335 Die Krisis der Gegenwart und der Weg zu gesundem Denken, 2005

337a Soziale Ideen – Soziale Wirklichkeit – Soziale Praxis, Band I: Frage- und Studienabende des Bundes für Dreigliederung des sozialen Organismus in Stuttgart, 1999

337b Soziale Ideen – Soziale Wirklichkeit – Soziale Praxis, Band II: Diskussionsabende des Schweizer Bundes für Dreigliederung des sozialen Organismus, 1999

338 Wie wirkt man für den Impuls der Dreigliederung des sozialen Organismus?, Zwei Schulungskurse für Redner und aktive Vertreter des Dreigliederungsgedankens, 4. Auflage, 1986

339 Anthroposophie, soziale Dreigliederung und Redekunst, Orientierungskurs für die öffentliche Wirksamkeit mit besonderem Hinblick auf die Schweiz, 3. Auflage, 1984

340 Nationalökonomischer Kurs, Aufgaben einer neuen Wirtschaftswissenschaft, Band I, 5. Auflage, 1979

341 Nationalökonomisches Seminar, Aufgaben einer neuen Wirtschaftswissenschaft, Band II, 3. Auflage, 1986

342 Vorträge und Kurse über christlich-religiöses Wirken, I, 1993

343 Vorträge und Kurse über christlich-religiöses Wirken, II, 1993

344 Vorträge und Kurse über christlich-religiöses Wirken, III, 1994

346 Vorträge und Kurse über christlich-religiöses Wirken, V, 2. Auflage, 2001

348 Über Gesundheit und Krankheit, Grundlagen einer geisteswissenschaftlichen Sinneslehre, 4. Auflage, 1997

350 Rhythmen im Kosmos und im Menschenwesen, Wie kommt man zum Schauen der geistigen Welt?, 3. Auflage, 1991

353 Die Geschichte der Menschheit und die Weltanschauungen der Kulturvölker, 2. Auflage, 1988

Abteilung C. Das künstlerische Werk

K 1–16/52–56   Das malerische Werk, 2007

K 45 Das graphische Werk, 2005

Außerhalb der GA

Christian Morgenstern – der Sieg des Lebens über den Tod, Esoterische Betrachtungen, Dornach 1935

Gedanken während des Krieges, Für Deutsche und diejenigen, die nicht glauben, sie hassen zu müssen, Berlin 1915, in: *Boos, Roman,* Rudolf Steiner während des Weltkrieges, Dornach [1933]

Notizen für einen Vortrag am 29.12.1889 in Hermannstadt, in: BeitrGA, 61/62, S.5ff.

Vortrag vom 12.11.1910, in: BeitrGA, 45, S. 2ff.

Vortrag vom 19.1.1894, in: BeitrGA, 99/100, S. 12ff.

Das Wesen des Menschen, hrsg. von *Taja Gut,* Dornach 2003

Die Erziehung des Kindes, hrsg. von *Cornelius Bohlen,* Dornach 2003

Selbstzeugnisse, Autobiographische Dokumente, hrsg. von *Walter Kugler,* Dornach 2007

Das gespiegelte Ich, Der Bologna-Vortrag – die philosophischen Grundlagen der Anthroposophie, hrsg. von *Andreas Neider,* Dornach 2007.

WERKE ANDERER AUTOREN

Abendroth, Walter, Rudolf Steiner und die heutige Welt, Ein Beitrag zur Diskussion um die menschliche Zukunft, Hamburg 1977

Adomeit, Klaus, Rechts- und Staatsphilosophie, Band I: Antike Denker über den Staat, 3. Auflage, Heidelberg 2001; Band II: Rechtsdenker der Neuzeit, 2. Auflage, Heidelberg 2002

Attali, Jacques, Brüderlichkeit, Eine notwendige Utopie im Zeitalter der Globalisierung, Stuttgart 2003

Baan, Bastian, Johann Valentin Andreä, Die Chymische Hochzeit des Christian Rosencreutz, Stuttgart 2001

Baditz, Nora Stein von, Aus Michaels Wirken, 6. Auflage, Stuttgart 1988

Baravalle, Hermann von, Die Geometrie des Pentagramms und der Goldene Schnitt, 4. Auflage Stuttgart 1985

Barkhoff, Wilhelm Ernst, Wandlungen des Rechtsbewusstseins, in: *Barkhoff, Wilhelm Ernst* u. a. (Hrsg.), Das gefährdete Ich, Der Mensch in der Krise des Erkennens, Stuttgart 1980

Bauer, Götz, Hinter tausend Schlössern, Interview in: Flensburger Hefte, 27, S. 108

Baumann, Adolf, ABC der Anthroposophie, Ein Wörterbuch für jedermann, 3. Auflage, Schaffhausen 1998

Baur, Fritz / Walter, Gerhard, Einführung in das Recht der Bundesrepublik Deutschland, 6. Auflage, München 1992

Beck, Walter, Rudolf Steiner – das Jahr der Entscheidung, Dornach 1984

Beiträge zur Rudolf Steiner Gesamtausgabe, Nr. 45, 61/62, 88, 93/94, 99/100, 103

Bell, Daniel, Die nachindustrielle Gesellschaft, 2. Auflage, Frankfurt/Main, New York 1976

Bell, Daniel, Die Zukunft der westlichen Welt, Kultur und Technologie im Widerstreit, Frankfurt/Main 1976

Beltle, Erika / Vierl, Kurt (Hrsg.), Erinnerungen an Rudolf Steiner, Stuttgart 2001

Bertram, Jürgen, Mattscheibe, Vom Niedergang des Fernsehens, 2. Auflage, Frankfurt/Main 2006

Beutelspacher, Albrecht / Petri, Bernhard, Der Goldene Schnitt, 2. Auflage, Heidelberg, Berlin, Oxford 1996

Biedenkopf, Kurt, Die Ausbeutung der Enkel, Plädoyer für die Rückkehr zur Vernunft, 3. Auflage, Berlin 2006

Biesantz, Hagen / Klingborg, Arne, Das Goetheanum, Der Bau-Impuls Rudolf Steiners, Dornach 1978

Bischoff, Christina, Verfassungsrechtliche Zulässigkeit der Privatisierung des Maßregelvollzugs, in: NJW 2006, S. 1776

Bock, Emil, Apokalypse, Betrachtungen über die Offenbarung des Johannes, Stuttgart 1982

Bock, Emil, Briefe, Stuttgart 1968

Bock, Emil, Das Evangelium, Betrachtungen zum Neuen Testament, 2. Auflage, Stuttgart 1995

Bock, Emil, Michaelisches Zeitalter, Die Menschheit vor dem Zeitgewissen, 2. Auflage, Stuttgart 1995

Bock, Emil, Moses und sein Zeitalter, Beiträge zur Geistesgeschichte der Menschheit, Band 2, 8. Auflage, Stuttgart 1996

Bock, Emil, Zeitgenossen, Weggenossen, Wegbereiter, Stuttgart 1959

Böckenförde, Ernst-Wolfgang, Geschichte der Rechts- und Staatsphilosophie, Antike und Mittelalter, Tübingen 2002

Böckenförde, Ernst-Wolfgang, Recht, Staat, Freiheit, Studien zur Rechtsphilosophie, Staatstheorie und Verfassungsgeschichte, Frankfurt/Main 1991

Bodack, Karl-Dieter, Rechtsleben als spirituelle Aufgabe, in: Das Goetheanum, 41, 2005, S. 1

Bodack, Karl-Dieter, Wenn das Rechtsleben unentwickelt ist, wird die Schule unmenschlich!, in: Das Goetheanum, 36, 2002, S. 647

Boos, Roman (Hrsg.), Rudolf Steiner während des Weltkrieges, Dornach [1933]

Boos, Roman, Die Dreigliederung des sozialen Organismus und der Staat, Nach einem Vortrag in Stuttgart gehalten am 27. April 1921, Stuttgart 1921

Boos, Roman, Die Dreigliederungs-Idee, das Goetheanum und das Dreigliederungs-Ideal im Lebensgang Rudolf Steiners und im Schicksal der Welt, Münchenstein, Lörrach [1929]

Boos, Roman, Vom Grundstein des Christentums, Münchenstein 1928

Bos, Lex, Christus-Wirken im Sozialen, Dornach 1996

Bos, Lex, Leitbilder für Sozialkünstler, Zwanzig Vorträge über Sozialpädagogik aus anthroposophischer Sicht, Dornach 1996

Bos, Lex, Vertrauen schenken, Soziale Aufbaukräfte, Dornach 1998

Bos, Lex, Was ist Dreigliederung des sozialen Organismus?, Dornach 1984

Brüll, Dieter, Der anthroposophische Sozialimpuls – ein Versuch seiner Erfassung, Schaffhausen 1984

Brüll, Dieter, Republikanisch *und* demokratisch, in: Erziehungskunst, 1988, S. 39

Brunner, Thomas, Friedrich Schiller, Die Kunst als Weg zur menschenwürdigen Gesellschaft, Wangen, Cottbus, Leipzig 2005

Buchleitner, Karl, Wer macht die Realität?, Das Schicksal der Dreigliederungsidee, Schaffhausen 1989

Buddemeier, Heinz / Schneider, Peter, Waldorfpädagogik und staatliche Schule, Stuttgart, Berlin 2005

Buddemeier, Heinz, Illusion und Manipulation, Die Wirkung von Film und Fernsehen auf Individuum und Gesellschaft, 2. Auflage, Stuttgart 1996

Bühler, Walther, Das Pentagramm und der Goldene Schnitt als Schöpfungsprinzip, Stuttgart 1996

Bühler, Walther, Mit dem Bildschirm leben, Bad Liebenzell 1982

Burkart, Axel, Rudolf Steiner Buch, Texte aus seinen wichtigsten Werken, Kreuzlingen, München 2003

Campenhausen, Axel von, Staatskirchenrecht, 3. Auflage, München 1996

Capelle, Wilhelm, Die Vorsokratiker, Stuttgart 1968

Creifelds, Carl, Rechtswörterbuch, 19. Auflage, München 2007

Deggeller, Lore, Platoniker und Aristoteliker in der Gegenwart, Dornach 2004

Dellbrügger, Günther (zusammen mit *Brigitte Barz*), Pfingsten, Bildmappe, Stuttgart 1991

Denger, Johannes (Hrsg.), Individualität und Eingriff, Zur Bioethik, Wann ist der Mensch ein Mensch?, Stuttgart 2005

Denzlinger, Karl-Heinz, Auf der Suche nach dem Rechtsstaat Mitteleuropas, Dornach 1990

Denzlinger, Karl-Heinz, Dornenreicher Weg zur selbstbestimmten Moralität, Interview in: Flensburger Hefte, 27, S. 137

Derleder, Peter, Staatsexamen und Berufsqualifikation, Was leisten eigentlich die Justizprüfungsämter?, in: NJW 2005, S. 2834

Di Fabio, Udo, Die Kultur der Freiheit, München 2005

Dietz, Karl-Martin (Hrsg.), Rudolf Steiners «Philosophie der Freiheit», Eine Menschenkunde des höheren Selbst, Stuttgart 1994

Dietz, Karl-Martin / Messmer, Barbara (Hrsg.), Grenzen erweitern – Wirklichkeit erfahren, Perspektiven anthroposophischer Forschung, Stuttgart 1998

Dietz, Karl-Martin, Dialogische Schulführung an Waldorfschulen, Heidelberg 2006

Dietz, Karl-Martin, Wenn Herzen beginnen, Gedanken zu haben, 2. Auflage, Stuttgart 2005

Düll, Robert, Das Zwölftafelgesetz, 7. Auflage, Zürich 1997

Eckermann, Johann Peter, Gespräche mit Goethe in den letzten Jahren seines Lebens, 3. Auflage, München 1988

Ehlers, Kai, Grundeinkommen für alle – Sprungbrett in eine integrierte Gesellschaft, Dornach 2006

Eimeren, Birgit van / Christa-Maria Ridder, Trends in der Nutzung und Bewertung der Medien 1970 bis 2005, in: Media-Perspektiven (MP), 10, 2005, S. 490

Eisenhut, Stephan, Trennung von Arbeit und Einkommen, in: Die Drei, 4, 2007, S. 62

Engisch, Karl, Einführung in das juristische Denken, 10. Auflage, Stuttgart 2005

Esterl, Dietrich, Was bedeutet Anthroposophie für die Waldorfschule?, Stuttgart 2000

Esterl, Dietrich, Welche Abschlüsse gibt es an Waldorfschulen?, Stuttgart 1997

Ewertowski, Ruth, Von einem, der Recht haben wollte, in: Die Drei, 11, 2000, S. 41

Fait, Barbara, Auf dem Weg zum Grundgesetz: Verfassungskonvent Herrenchiemsee 1948, Haus der Bayerischen Geschichte, Augsburg 1998

Fant, Ake / Klingborg, Arne / Wilkes, A. John, Die Holzplastik Rudolf Steiners in Dornach, 2. Auflage, Dornach 1981

Fränkl-Lundborg, Otto, Was ist Anthroposophie?, Dornach 1972

Frei, Dieter W., Menschengemäße Politik, Die soziale Herausforderung, Dornach 1988

Gädeke, Friedrich, Meditative Studien zum Lukas-Evangelium – Das Evangelium nach Lukas, Hannover 1988

Gädeke, Rudolf F., Die Gründer der Christengemeinschaft, Ein Schicksalsnetz, Dornach 1992

Gädeke, Wolfgang, Anthroposophie und die Fortbildung der Religion (zusammen mit *Gädeke, Johannes Wilhelm*, und *Gädeke, Rudolf*), Flensburg 1990

Gallwas, Hans-Ullrich, Die Privatschulfreiheit im Bonner Grundgesetz, Heidenheim an der Brenz 1963

Glasl, Friedrich / Lievegood, Bernard, Dynamische Unternehmensentwicklung, 3. Auflage, Bern, Stuttgart 2004

Glasl, Friedrich, Das Unternehmen der Zukunft, Moralische Intuition in der Gestaltung von Organisationen, Stuttgart 1994

Gleide, Corinna / Gleide, Ralf, Zur Christus-Wirksamkeit im sozialen Leben, Wie entsteht soziale Entwicklungskraft?, Dornach 2006

Glöckler, Michaela, Kraftquelle Rhythmus, Hilfen im Alltagsstress, Bad Liebenzell 2006

Glöckler, Michaela und *Georg*, Die Zahl 70, in: Das Goetheanum, 1995, S. 729

Goethe, Johann Wolfgang von, Goethes Werke, Textkritisch durchgesehen und kommentiert von Erich Trunz, Hamburger Ausgabe in 14 Bänden, 14. Auflage, München 1989ff. (zitiert als HA, Band und Seite)

Götte, Wenzel Michael (Hrsg.), Praxis der Waldorfpädagogik, Themen aus dem Gesamtwerk, Band 21, Stuttgart 2004

Greger, Reinhard, Güterichter – ein Erfolgsmodell, in: ZRP 2006, S. 229

Greiner-Vogel, Hedwig, Erkenntnisdramatik an der Schwelle, Studien zu Rudolf Steiners «Philosophie der Freiheit», Dornach 1993

Grimm, Dieter, Die Verfassung und die Politik, Einsprüche in Störfällen, München 2001

Grinten, Franz Joseph van der / Kugler, Walter / Zumdick, Wolfgang, Joseph Beuys – Rudolf Steiner, Dornach 2007

Groß, Thomas, Selbstverwaltung der Gerichte als Voraussetzung ihrer Unabhängigkeit, in: DRiZ 2003, S. 298

Grossman, Dave / DeGaetano, Gloria, Wer hat unseren Kindern das Töten beigebracht?, Ein Aufruf gegen Gewalt in Fernsehen, Film und Computerspielen, Stuttgart 2002

Gut, Taja, «Aller Geistesprozess ist ein Befreiungsprozess», Der Mensch Rudolf Steiner, Dornach 2000 (auch als Hörkassette)

Häfner, Gerald / Strawe, Christoph / Zuegg, Robert, Zur Charta der Grundrechte der Europäischen Union, in: Die Drei, 11, 2000, S. 25

Häfner, Gerald, Vom Sterben und Werden des Rechts, Leben und Handeln im Rechtsleib der Gesellschaft, in: Die Drei, 11, 2000, S. 15

Haft, Fritjof, Aus der Waagschale der Justitia, Ein Lesebuch aus 2000 Jahren Rechtsgeschichte, München 2001

Hahn, Herbert, Begegnungen mit Rudolf Steiner, Stuttgart 1991

Halfen, Roland, Aktives Sehen und moralische Phantasie, Entdeckungen in der Graphik Rudolf Steiners, in: Die Drei, 12, 2005, S. 31

Hammacher, Wilfried, Die Grundelemente der Sprachgestaltung und Schauspielkunst nach Rudolf Steiner, Zwei Bände, Dornach 2005

Hamm-Brücher, Hildegard, In guter Verfassung? Nachdenken über die Demokratie in Deutschland, München 2006

Hardorp, Benediktus, Anthroposophie und die sozialen Herausforderungen, Dornach 1994

Hardorp, Benediktus, Anthroposophie und Dreigliederung, Das soziale Leben als Entwicklungsfeld des Menschen, Stuttgart 1986

Hardorp, Benediktus, Soziale Grundlage menschlicher Freiheit, in: Das Goetheanum, 42, 2006, S. 1

Hartmann, Otto J., Menschenkunde, 3. Auflage, Frankfurt/Main 1979

Hartmann, Otto J., Der Mensch als Selbstgestalter seines Schicksals, Lebenslauf und Wiederverkörperung, 11. Auflage, Frankfurt/Main 1984

Hartmann, Otto Julius, Medizinisch-pastorale Psychologie, Frankfurt/Main 1952

Hasler, Hans, Das Goetheanum, Eine Führung durch den Bau, seine Umgebung und seine Geschichte, Dornach 2005

Häußler, Heinz Georg / Kniebe, Georg, Michael, Walther Kniebe und sein Denkmal «Michael Hilf!», Dornach 1984

Heisterkamp, Jens, Was ist Anthroposophie?, Einladung zur Entdeckung des Menschen, Dornach 2000

Helbig, Manfred / Reifenberg, Ute, Kleine Chronik der Anthroposophie in Düsseldorf, Düsseldorf 2004

Hemleben, Johannes, Rudolf Steiner in Selbstzeugnissen und Bilddokumenten, Hamburg 1963

Hendler, Reinhard / Mager, Ute, Die Universität im Zeichen von Ökonomisierung und Internationalisierung, in: VVDStRL, 65. Band, S. 238

Henrich, Rolf, Der vormundschaftliche Staat, Vom Versagen des real existierenden Sozialismus, Reinbek 1989

Herrhausen, Alfred, Denken – Ordnen – Gestalten, Reden und Aufsätze, herausgegeben von *Kurt Weidemann*, 5. Auflage, Berlin 1992

Herrmann, Günter, Das Fernsehen im Blick auf die Menschenwürde, Zugleich ein aktueller Beitrag zum Privatfernsehen, in: Das Goetheanum, 44, 2001. S. 803ff.

Herrmann, Günter, Achten und schützen, Die Würde des Menschen: ein Rundfunkrecht [so die redaktionelle Überschrift für rundfunkrechtliche Anmerkungen zu der Fernsehsendereihe «Big Brother»], in: epdmedien, 17, 2000, S. 6

Herrmann, Günter, Das Recht menschlich impulsieren, in: Das Goetheanum, 20–21, 2005, S. 12

Herrmann, Günter, Fernsehen und Hörfunk in der Verfassung der Bundesrepublik Deutschland, Tübingen 1975

Herrmann, Günter (Hrsg.), Quellen für ein neues Rechtsleben und für eine menschliche Gesellschaft, Anthroposophie und Jurisprudenz, Rudolf Steiner Quellentexte für die Wissenschaften, Band 1, Dornach 2000 (zitiert als QR mit Quellen- und Randnummer)

Herrmann, Günter, Rundfunkrecht, Fernsehen und Hörfunk mit Neuen Medien, München 1994; 2. Auflage (mit *Lausen, Matthias*), München 2004

Herrmannstorfer, Udo, Individualität und Staat, Dreigliederung des sozialen Organismus, eine aktuelle Zeitforderung, Bad Liebenzell 1990

Herrmannstorfer, Udo, Schein-Wirtschaft, Arbeit, Boden, Kapital und die Globalisierung der Wirtschaft, 3. Auflage, Stuttgart 1997

Herzog, Roman, Staaten der Frühzeit, Ursprünge und Herrschaftsformen, München 1988

Heumann, H. G., Handlexikon zu den Quellen des römischen Rechts, Jena 1895

Heyer, Karl, Die neuere Zeit, 3. Auflage, Stuttgart 1986

Hiebel, Friedrich, Entscheidungszeit mit Rudolf Steiner, Erlebnis und Begegnung, 2. Auflage, Dornach 1987

Hippel, Fritz von, Die Perversion von Rechtsordnungen, Tübingen 1955

Hippel, Fritz von, Ideologie und Wahrheit in der Jurisprudenz, Frankfurt/Main 1973

Hoerster, Norbert (Hrsg.), Recht und Moral, Texte zur Rechtsphilosophie, Stuttgart 1998

Hoffmann-Riem, Wolfgang, Ganzheitliche Verfassungsrechtslehre und Grundrechtsdogmatik, Dieter Suhrs Kampf um eine neues Paradigma der Rechtswissenschaft, in: Fragen der Freiheit, 219, 1992, S. 4

Hofmann, Hasso, Die Grundrechte 1789 – 1949 – 1989, in: NJW 1989, S. 3177

Holtz, Sabine, Bildung und Herrschaft, Zur Verwissenschaftlichung politischer Führungsschichten im 17. Jahrhundert, Leinfelden-Echterdingen 2002

Hörler, Franz Otto, Das Wesen der Strafe, Grundlegung zu einer Strafrechtserneuerung, Basel 1927; Teilabdruck in: Individualität, 1/2, 1927

Hufen, Friedhelm / Vogel, Johann Peter (Hrsg.), Keine Zukunftsperspektiven für Schulen in freier Trägerschaft? Rechtsprechung und Realität im Schutzbereich eines bedrohten Grundrechts, Berlin 2006

Hügli, A. / Lübcke, P. (Hrsg.), Philosophielexikon, Reinbek 1991

Humboldt, Wilhelm von, Ideen zu einem Versuch, die Grenzen der Wirksamkeit des Staats zu bestimmen, mit einem Nachwort von *Dietrich Spitta,* Stuttgart 1962

Husemann, Armin J. (Hrsg.), Menschenwissenschaft durch Kunst, Die plastisch-musikalisch-sprachliche Menschenkunde, Stuttgart 2007

Husemann, Friedwart, Die «Theosophie» im Spiegel der «Philosophie der Freiheit», in: Anthroposophische Gesellschaft in Deutschland, Nachrichten für Mitglieder, 25, 2004, S. 1

Hüther, Gerald, Wo genau passiert es?, Die vergebliche Suche der Hirnforscher nach der Region, in der das Bewusstsein entsteht, in: Die Drei, 1, 2006, S. 52

Jeep, Jens, Der Bologna-Prozess als Chance, in: NJW 2005, S. 2281

Jeschek, Hans-Heinrich / Weigend, Thomas, Lehrbuch des Strafrechts, Allgemeiner Teil, 5. Auflage, Berlin 1996

Jhering, Rudolf von, Recht und Sitte, München [1924]

Jhering, Rudolf von, Scherz und Ernst in der Jurisprudenz, Darmstadt 1988, Nachdruck der 13. Auflage, Leipzig 1924

Kačer, Gundhild, Das Gewissen in der Darstellung Rudolf Steiners, in: Anthroposophie, Mitteilungen aus der anthroposophischen Arbeit in Deutschland, Johanni 2006, S. 131

Kamphaus, Franz, Ein Dialog mit dem Islam, in: FAZ vom 2.2.2007, S. 9

Käppner, Joachim / Probst, Robert (Hrsg.), Befreit. Besetzt. Geteilt, Deutschland 1945–1949, München 2006

Karpen, Ulrich, Die 15. Legislaturperiode: Fortgesetzter Versuch notwendiger Reformen, in: ZRP 2005, S. 199

Karpen, Ulrich, Wachhund [Über den Plan eines Normenkontrollrates], in: FAZ vom 11.7.2006, S. 7

Kaufmann, Arthur / Hassemer, Winfried (Hrsg.), Einführung in Rechtsphilosophie und Rechtstheorie der Gegenwart, 6. Auflage, Heidelberg 1994

Kelsen, Hans, Was ist Gerechtigkeit?, Stuttgart 2000

Kemper, Carl, Der Bau, Studien zur Architektur und Plastik des Ersten Goetheanum, herausgegeben von *Hilde Raske,* 3. Auflage, Stuttgart 1984

Kiersch, Johannes (Hrsg.), Texte zur Pädagogik, Anthroposophie und Erziehungswissenschaft, Rudolf Steiner Quellentexte für die Wissenschaften, Band 2, Dornach 2004 (zitiert als QPäd mit Nummer der Quelle und Randnummer)

Kiersch, Johannes, Die Waldorfpädagogik, Eine Einführung in die Pädagogik Rudolf Steiners, 9. Auflage, Stuttgart 2004

Kiersch, Johannes, Einführung und Kommentar zu Rudolf Steiner: «Allgemeine Menschenkunde», Dornach 1995

Kiersch, Johannes, Fragen an die Waldorfschule, Flensburg 1991

Kiersch, Johannes, Fremdsprachen in der Waldorfschule, Rudolf Steiners Konzept eines ganzheitlichen Fremdsprachen-Unterrichts, Stuttgart 1992

Kiersch, Johannes, Zur Entwicklung der Freien Hochschule für Geisteswissenschaft, Die Erste Klasse, Dornach 2005

Kiewitz, Christl, Juristisch verurteilt – moralisch geadelt, Michael Kohlhaas als Protagonist des alten und zugleich des neuen Denkens, in: Die Drei, 10, 2005, S. 30

Kirchhof, Paul, Das Gesetz der Hydra, Gebt den Bürgern ihren Staat zurück!, München 2006

Kirchhof, Paul, Der sanfte Verlust der Freiheit, Für ein neues Steuerrecht – klar, verständlich, gerecht, München, Wien 2004

Kirchhof, Paul, Die Erneuerung des Staates – eine lösbare Aufgabe, Freiburg im Breisgau 2006

Kirchmann, Julius Hermann von, Die Wertlosigkeit der Jurisprudenz als Wissenschaft, 2. Auflage, Heidelberg 2000, Reprint der Ausgabe Berlin 1848

Kirchner-Bockholt, Margarete und *Erich,* Die Menschheitsaufgabe Rudolf Steiners und Ita Wegman, 2. Auflage, Dornach 1981

Klein, Helmut E., Privatschulen in Deutschland, Köln 2007

Kloepfer, Michael, Verfassungsdenken in Schillers «Don Carlos», in: NJW 2006, S. 560

Kloss, Heinz, Selbstverwaltung des Geisteslebens, Frankfurt/Main 1981

Knaur, Peter, Das philosophische Werk von Dieter Suhr, in: Fragen der Freiheit, 211, Bad Boll 1991, S. 40

Kollert, Günter, Die Apokalypse des Denkens, Zur Krise des Intellekts, Dornach 2005

Kopp, Hans W., Verschleiernde Rechtssprache, hrsg. vom Institut für Rechtspolitik an der Universität Trier, 2004

Kracht, Thomas (Hrsg.), Erfahrung des Denkens, Zum Studium der «Philosophie der Freiheit», Band 1, Stuttgart 1996

Kracht, Thomas (Hrsg.), Erkennen und Wirklichkeit, Zum Studium der «Philosophie der Freiheit», Band 2, Stuttgart 2001

Krampen, Ingo, Die Menschenwürde bleibt unantastbar!, in: NJW 2006, Heft 31, Editorial

Krampen, Ingo, Mediation und Freie Gerichtsbarkeit, Wege zu einer neuen Streitkultur, in: Die Drei, 11, 2000, S. 34

Kranich, Ernst-Michael, Der innere Mensch und sein Leib, Eine Anthropologie, Stuttgart 2003

Krauss, Ernst-Martin, Immer wieder strecke ich meine Hand aus, Interview in: Flensburger Hefte, 27, S. 6

Kriele, Martin, Grundprobleme der Rechtsphilosophie, Münster, Hamburg, London 2003

Krück von Poturzyn, M. J. (Hrsg.), Wir erlebten Rudolf Steiner, Erinnerungen seiner Schüler, 5. Auflage, Stuttgart 1977

Krüger, Bruno, Leben und Schicksal, Vom Weg eines Wahrheitssuchers, Freiburg 1993

Krüger, Manfred, Michael, Imaginationen eines Erzengels, Dornach 2007

Kugler, Walter (Hrsg.), Rudolf Steiner, Ausgewählte Texte, Einführung in die Anthroposophie, Dornach 1988

Kugler, Walter / Rösch, Ulrich, Rudolf Steiner – Barometer des Fortschritts – Gesetze des sozialen Lebens, Dornach 2006

Kugler, Walter, Rudolf Steiner – Drei Ansprachen an die Jugend, Dornach 2006

Kugler, Walter, Rudolf Steiner und die Anthroposophie, Wege zu einem neuen Menschenbild, Köln 1991

Kugler, Walter, Selbstverwaltung als Gestaltungsprinzip eines zukunftsorientierten Schulwesens, dargestellt am Beispiel der Freien Waldorfschule, Stuttgart 1981

Kühn, Hans, Dreigliederungszeit, Rudolf Steiners Kampf für die Gesellschaftsordnung der Zukunft, Dornach 1978

Kunczik, Michael, Gewalt und Medien, 4. Auflage, Köln, Weimar, Wien 1998

Larenz, Karl, Methodenlehre der Rechtswissenschaft, 6. Auflage, Berlin, Heidelberg u. a. 1991

Laudert, Andreas, Würde, Wie wir Menschlichkeit bewahren, Dornach 2005

Lauer, Hans Erhard, Das Gesetz der Evolution und die Zukunft des Menschen, Eine Antwort auf die Frage unseres Jahrhunderts, Freiburg im Breisgau 1970

Lauer, Hans Erhard, Die Krisis der Wissenschaft und die Anthroposophie, Stuttgart 1921

Lauer, Hans Erhard, Rudolf Steiners Lebenswerk, Ein einführender Überblick über die Begründung der Anthroposophie, Basel 1926

Lauer, Hans Erhard, Weltenwort und Menschensprache, Eine entwicklungsgeschichtliche Studie, Dornach 1972

Lavecchia, Salvatore, Anthroposophie und die Auferstehung des Platonismus, in: Mitteilungen aus der anthroposophischen Arbeit in Deutschland, 239, I, 2007, S. 20

Le Bon, Gustave, Psychologie der Massen, 15. Auflage, Stuttgart 1982

Leber, Stefan (Hrsg.), Christentum – Anthroposophie – Waldorfschule, Waldorfpädagogik im Umfeld konfessioneller Kritik, 3. Auflage, Stuttgart 1987

Leber, Stefan (Hrsg.), Der Mensch in der Gesellschaft, Die Dreigliederung des sozialen Organismus als Urbild und Aufgabe (mit Beiträgen von *Christoph Lindenberg, Diet-*

rich Spitta, Benediktus Hardorp, Wilhelm Schmundt, Hans Georg Schweppenhäuser
u. a.), Stuttgart 1977

Leber, Stefan (Hrsg.), Der Staat, Aufgaben und Grenzen, Beiträge zur Überwindung struktureller Vormundschaft im Rechtsleben (mit Beiträgen von *Christoph Strawe, Michael Kirn, Martin Kriele, Jürgen Erdmenger, Günter Röschert, Dietrich Spitta* u. a.), Stuttgart 1992

Leber, Stefan (Hrsg.), Die wirtschaftlichen Assoziationen, Beiträge zur Brüderlichkeit im Wirtschaftsleben, Stuttgart 1987

Leber, Stefan (Hrsg.), Eigentum, Die Frage nach der Sozialbindung des Eigentums an Boden und Unternehmen (mit Beiträgen von *Axel Janitzki, Heinz Genswein, Jobst von Heynitz, Dietrich Spitta, Christoph Strawe, Benediktus Hardorp* u. a.), Stuttgart 2000

Leber, Stefan (Hrsg.), Waldorfschule heute, Einführung in die Lebensformen einer Pädagogik, Stuttgart 1994

Leber, Stefan, Die Sozialgestalt der Waldorfschule, Ein Beitrag zu den sozialwissenschaftlichen Anschauungen Rudolf Steiners, Stuttgart 1974

Leber, Stefan, Kommentar zu Rudolf Steiners Vorträgen über Allgemeine Menschenkunde als Grundlage der Pädagogik, Band I: Der seelische Gesichtspunkt, Stuttgart 2002; Band II: Der geistige Gesichtspunkt, Stuttgart 2002; Band III: Der leibliche Gesichtspunkt, Stuttgart 2002

Leber, Stefan, Selbstverwirklichung, Mündigkeit, Sozialität, Eine Einführung in die Idee der Dreigliederung des sozialen Organismus, Stuttgart 1978

Lehrs, Ernst, «Republikanisch, nicht demokratisch», in: Erziehungskunst, 1988, S. 33

Lehrs, Ernst, «Republikanisch, nicht demokratisch», in: Mitteilungen Deutschland, 18. Jahrgang, Heft 3, Michaeli 1956, Nummer 37, S.110

Leinhas, Emil, Aus der Arbeit mit Rudolf Steiner, Sachliches und Persönliches, Basel 1950

Leist, Manfred, Eltern und Lehrer, Ihr Zusammenwirken in den sozialen Prozessen der Waldorfschule, 2. Auflage, Stuttgart 1986

Lievegoed, B. C. J., Dem einundzwanzigsten Jahrhundert entgegen, 5. Auflage, Frankfurt/ Main 1991

Lin, Jean-Claude (Hrsg.), Wirken im Zeichen von Kunst, Wissenschaft und Religion (mit Beiträgen von *Michael Debus, Florin Lowndes, Frank Berger, Jean-Claude Lin* u. a.), Stuttgart 1999

Lindenau, Christof, Soziale Dreigliederung, Der Weg zu einer lernenden Gesellschaft, Ein Entwurf zum anthroposophischen Sozialimpuls, 2. Auflage, Stuttgart 1989

Lindenberg, Christoph, Die Struktur der öffentlichen Meinung, Themen und ihre Handhabung, in: Die Drei, 9, 1977, S. 512

Lindenberg, Christoph, Motive der Weihnachtstagung im Lebensgang Rudolf Steiners, Stuttgart 1994

Lindenberg, Christoph, Rudolf Steiner, Eine Chronik, Stuttgart 1988

Lindenberg, Christoph, Rudolf Steiner, mit Selbstzeugnissen und Bilddokumenten, Hamburg 1992

Lindenberg, Christoph, Rudolf Steiner, Eine Biographie, Band I: 1861–1914, Stuttgart 1997; Band II: 1915–1925, Stuttgart 1997

Lüderssen, Klaus, «Dass nicht der Nutzen des Staats Euch als Gerechtigkeit erscheine», Schiller und das Recht, Frankfurt/Main, Leipzig 2005

Lutterbeck, Ernst, Anthroposophie verstehen, Eine Einführung nach persönlichen Erfahrungen, Paderborn 1997

Maletzke, Gerhard, Passivität durch Fernsehen?, in: Rundfunk und Fernsehen, 1961, S. 1

Mann, Thomas, Bekenntnisse des Hochstaplers Felix Krull, Stuttgart, Zürich, Salzburg 1954

Martinek, Michael, Das Juristische Manifest, Zehn Thesen zur Revolution des juristischen Studiums im 21. Jahrhundert, in: ZRP 1998, S. 201

Mathematisch-Astronomische Sektion der Freien Hochschule für Geisteswissenschaften am Goetheanum, Dornach (Schweiz) (Hrsg.), Mathesis, Beiträge zur Weiterbildung der Mathematik und verwandter Gebiete im Sinne der Geisteswissenschaft, Stuttgart, Den Haag, London 1931

Maunz, Theodor / Dürig, Günter, Grundgesetz, Kommentar, München 2006 (Loseblattwerk)

McLuhan, Marshall, Das Medium ist Massage, Frankfurt/Main, Berlin, Wien 1984

Meffert, Ekkehard (Hrsg.), Kultus und Erkenntnis, Vom erkennenden Verstehen des christlichen Kultus, Stuttgart 2006

Merten, Klaus (Hrsg.), Die Wirklichkeit der Medien, Opladen 1994

Merten, Klaus, Gewalt durch Gewalt im Fernsehen?, Opladen, Wiesbaden 1999

Mitteis, Heinrich / Lieberich, Heinz, Deutsche Rechtsgeschichte, 19. Auflage, München 1992

Mittelstaedt, Peter / Vollmer, Peter u. a., Philosophia Naturalis, 37, Frankfurt/Main 2000

Mögle-Stadel, Stephan, Menschheit an der Schwelle, Globalisierungs-Krise und Weltwirtschaftsdiktatur, Stuttgart 2003

Mücke, Johanna / Rudolph, Alwin Alfred, Erinnerungen an Rudolf Steiner und seine Wirksamkeit an der Arbeiter-Bildungsschule in Berlin 1899–1904, Basel 1989

Müller, M. / Halder, A., Philosophisches Wörterbuch, Freiburg im Breisgau u. a. 1988

Münch, Ingo von, Die Würde des Menschen im deutschen Verfassungsrecht, in: Recht – Staat – Gemeinwohl, Festschrift für Dietrich Rauschning, Köln u. a. 2001, S. 27

Münch, Ingo von, Sprechen und Schweigen im Recht, in: NJW 2002, S. 1995

Nachrichten der Rudolf Steiner Nachlassverwaltung, Nr. 10, 24/25 und 31

Neider, Andreas, Das Weltenschicksal in meiner Hand?, in: Das Goetheanum, 37, 2006, S. 1

Noelle-Neumann, Elisabeth, Die Schweigespirale, Öffentliche Meinung – Unsere soziale Haut, 6. Auflage, München 2001

Oppermann, Thomas, Europarecht, 3. Auflage, München 2005

Osten, Manfred, «Alles velizoferisch» oder Goethes Entdeckung der Langsamkeit, Zur Modernität eines Klassikers im 21. Jahrhundert, Frankfurt/Main, Leipzig 2003

Ott, Ludwig, Grundriss der katholischen Dogmatik, 10. Auflage, Freiburg, Basel, Wien 1981

Palandt, Bürgerliches Gesetzbuch, Beck'scher Kurzkommentar, 66. Auflage, München 2007

Patzlaff, Rainer, Der gefrorene Blick, Physiologische Wirkungen des Fernsehens und die Entwicklung des Kindes, 3. Auflage, Stuttgart 2004

Patzlaff, Rainer, Fernsehtüchtig oder fernsehsüchtig?, Wege zu einem selbstbestimmten Sehen, Bad Liebenzell 2000

Patzlaff, Rainer, Medienmagie oder die Herrschaft über die Sinne, 3. Auflage, Stuttgart 1999

Peckhaus, Volker, Logik, Mathesis universalis und allgemeine Wissenschaft, Leibniz und die Wiederentdeckung der formalen Logik im 19. Jahrhundert, Berlin 1997

Pfeiffer, Thomas, Wird der Juristenausbildung der Bologna-Prozess gemacht?, in: NJW 2005, S. 2281

Pfordten, Dietmar von der (Hrsg.), Rechtsphilosophie, Freiburg im Breisgau, München 2002

Plato, Bodo von (Hrsg.), Anthroposophie im 20. Jahrhundert, Ein Kulturimpuls in biografischen Porträts, Dornach 2003 (www.biographien.kulturimpuls.org)

Plato, Bodo von, Zur Entwicklung der Anthroposophischen Gesellschaft, Ein historischer Überblick, Stuttgart 1986

Postman, Neil, Das Technopol, Die Macht der Technologien und die Entmündigung der Gesellschaft, 3. Auflage, Frankfurt/Main 1992

Postman, Neil, Wir amüsieren uns zu Tode, Urteilsbildung im Zeitalter der Unterhaltungsindustrie, 2. Auflage, Frankfurt/Main 1985

Prodi, Paolo, Eine Geschichte der Gerechtigkeit, Vom Recht Gottes zum modernen Rechtsstaat, München 2003

Prokofieff, Sergej O., Anthroposophie und «Die Philosophie der Freiheit», Dornach 2006

Prokofieff, Sergej O., Der Jahreskreislauf als Einweihungsweg zum Erleben der Christus-Wesenheit, 3. Auflage, Stuttgart 1996

Prokofieff, Sergej O., Die Begegnung mit dem Bösen und seine Überwindung in der Geisteswissenschaft, Der Grundstein des Guten, Dornach 1999

Prokofieff, Sergej O., Die Beziehung des späteren Tomberg zu Rudolf Steiner und zur Anthroposophie, Dornach 2003

Prokofieff, Sergej O., Die okkulte Bedeutung des Verzeihens, 2. Auflage, Stuttgart 1992

Prokofieff, Sergej O., Rudolf Steiner und die Grundlegung der neuen Mysterien, Stuttgart 1986

Prokofieff, Sergej O., Von der Beziehung zu Rudolf Steiner, Das Mysterium der Grundsteinlegung, Dornach [2006]

Prokofieff, Sergej O., Was ist Anthroposophie? Dornach 2004

Pürer, Heinz, Publizistik- und Kommunikationswissenschaft, Ein Handbuch, unter Mitarbeit von *Helena Bilandzic,* Konstanz 2003

Radbruch, Gustav / Zweigert, Konrad, Einführung in die Rechtswissenschaft, 13. Auflage, Stuttgart 1980

Radbruch, Gustav, Rechtsphilosophie, 3. Auflage, Leipzig 1932, Studienausgabe von *Ralf Dreier* und *Stanley L. Paulson* (Hrsg.), Heidelberg 1999

Rätz, Werner / Paternoga, Dagmar / Steinbach, Werner, Grundeinkommen: bedingungslos, Hamburg 2005

Ratzinger, Joseph – Benedikt XVI., Jesus von Nazareth, Erster Teil: Von der Taufe im Jordan bis zur Verklärung, Freiburg im Breisgau, Basel, Wien [2007]

Rawls, John, Eine Theorie der Gerechtigkeit, Frankfurt/Main 1979

Rechtsleben und soziale Zukunftsimpulse, Von der Dreigliederungsidee Rudolf Steiners zur Volksgesetzgebung, Flensburger Hefte, 25, Flensburg 1989

Redeker, Konrad, Auf der Suche nach besserer Gesetzgebung, in: NJW 2002, S. 2756

Rehbinder, Manfred (Hrsg.), Ethik als Schranke der Programmfreiheit im Medienrecht, Festschrift für Günter Herrmann zum 70. Geburtstag, Baden-Baden 2002

Rehbinder, Manfred, Rechtssoziologie, 4. Auflage, München 2000

Riessler, Paul, Altjüdisches Schrifttum außerhalb der Bibel, 4. Auflage, Freiburg, Heidelberg 1979

Rittelmeyer, Christian / Klünker, Heike, Lesen in der Bilderschrift der Empfindungen, Erziehung und Bildung in der klassischen griechischen Antike, Stuttgart 2005

Rittelmeyer, Friedrich (Hrsg.), Vom Lebenswerk Rudolf Steiners, Eine Hoffnung neuer Kultur, 2. Auflage, München 1921

Rittelmeyer, Friedrich, Meine Lebensbegegnung mit Rudolf Steiner, 11. Auflage, Stuttgart 1987

Rittersbacher, Karl (Hrsg.), Elemente der Erziehungskunst, Themen aus dem Gesamtwerk, Band 12, 2. Auflage, Stuttgart 1994

Roder, Florian, Die Kunst der Seele, Schritte auf dem Schulungsweg, Stuttgart 2003

Roder, Florian, Die Mondknoten im Lebenslauf, Stuttgart [2005]

Roder, Florian, Zusammentreffen der Gegensätze, in: Das Goetheanum, 47, 2005, S. 8

Rösch, Ulrich (Hrsg.), Grundeinkommen für jeden Menschen, Dornach 2007

Rösch, Ulrich / Steel, Richard (Hrsg.), «Das tun, was noch nicht da war!», Ein Lesebuch zu Rudolf Steiners sozialem Hauptgesetz, Dornach 2006

Röschert, Günter, Die Kunst des Rechts, Zur Sozialästhetik des öffentlichen Lebens, Stuttgart 1981

Roßner, Ingrid / Kutter, Sieglinde, Recht und Gerechtigkeit, Abitur-Wissen Ethik, Freising 2000

Roth, Gerhard, Schnittstelle Gehirn, Zwischen Geist und Welt, Bern 1996

Roth, Harald, Hermannstadt, Kleine Geschichte einer Stadt in Siebenbürgen, Köln, Weimar, Wien 2006

Rüthers, Bernd, Das Ungerechte an der Gerechtigkeit, Defizite eines Begriffs, 2. Auflage, Zürich, Osnabrück 1993

Rüthers, Bernd, Die unbegrenzte Auslegung, Zum Wandel der Privatordnung im Nationalsozialismus, 6. Auflage, Tübingen 2005

Rüthers, Bernd, Entartetes Recht, Rechtslehren und Kronjuristen im Dritten Reich, 2. Auflage, München 1989

Rüthers, Bernd, Rechtstheorie, München 1999

Rüthers, Bernd, VW: Gemeinsamer Verrat an der Mitbestimmung?, in: NJW 2007, S. 195

Salzwedel, Jürgen, Staatsaufsicht in der Verwaltung, in: VVDStRL, 22. Band, S. 206

Sam, Martina Maria, Im Ringen um eine neue Sprache, Dornach 2004

Sandkühler, Martin (Hrsg.), Sankt Michael – der Gottesheld, Stuttgart 2004

Schad, Wolfgang, Erziehung ist Kunst, Pädagogik aus Anthroposophie, 3. Auflage, Stuttgart 1994

Schenk, Michael, Medienwirkungsforschung, 2. Auflage, Tübingen 2002

Scheurle, Jürgen, Medienproblem und Sinnesschulung, in: Das Goetheanum, 18, 1997, S. 241

Schild, Wolfgang, Im Zwielicht der Vergangenheit, Interview in: Flensburger Hefte, 27, S. 49

Schiller, Friedrich, Sämtliche Werke, 8. Auflage, München 1987

Schiller, Friedrich, Über die ästhetische Erziehung des Menschen, mit Einleitung und Nachwort von *Heinz Zimmermann,* 3. Auflage, Stuttgart 2004

Schiller, Paul Eugen, Der anthroposophische Schulungsweg, Ein Überblick, 2. Auflage, Dornach 1990

Schischkoff, Georgi (Hrsg.), Philosophisches Wörterbuch, 22. Auflage, Stuttgart 1991

Schmidt-Brabant, Manfred / Sease, Virginia, Alte und neue Mysterien, Geheimnisse des Christentums, Dornach 2002

Schmidt-Brabant, Manfred, Die sieben Stufen der Einweihung, Goethes «Faust» als Urbild der modernen Initiation, Dornach 1996

Schmidt-Brabant, Manfred, Michael-Gedanken und Drachen-Kräfte, Anregungen zu einem künftigen Michael-Fest, 2. Auflage, Dornach 1996

Schmundt, Wilhelm, Der soziale Organismus in seiner Freiheitsgestalt, Dornach 1968

Schneider, Marcus (Hrsg.), Rudolf Steiner, Grundlage und Zielsetzung der Waldorfschule, Dornach 2003

Scholz & friends (Hrsg.), Lore's Law, mit einem Nachwort von *Kurt Biedenkopf,* Frankfurt 2005

Schoot, Albert van der, Die Geschichte des Goldenen Schnitts, Stuttgart 2005

Schroeder, Hans-Werner, Die Christengemeinschaft, Entstehung – Entwicklung – Zielsetzung, 2. Auflage, Stuttgart 2001

Schulte, Martin / Ruffert, Matthias, Grund und Grenzen der Wissenschaftsfreiheit, in: VVDStRL, 65. Band, S. 110

Schwarze, Jürgen, Der Schutz der Grundrechte durch den EuGH, in: NJW 2005, S. 3459

Schweitzer, Albert, Aus meinem Leben und Denken, Leipzig 1947

Schweitzer, Albert, Die Ehrfurcht vor dem Leben, Grundtexte aus fünf Jahrzehnten, 6. Auflage, München 1991

Schweitzer, Albert, Kultur und Ethik, 8. Auflage, München 1951

Schweitzer, Albert, Verfall und Wiederaufbau der Kultur, 10. Auflage, München 1951

Schweitzer, Albert, Wir Epigonen, Kultur und Kulturstaat, herausgegeben von *Ulrich Körtner* und *Johannes Zürcher,* München 2005

Schweizer, Rainer J. / Kahl, Wolfgang, Sprache als Kultur- und Rechtsgut, in: VVDStRL, 65. Band, S. 346

Schweppenhäuser, Hans Georg, Das kranke Geld, Vorschläge für eine soziale Geldordnung von morgen, Frankfurt/Main 1982

Schweppenhäuser, Hans Georg, Das soziale Rätsel in den Wandlungen der Individuen und der Gesellschaften der Neuzeit, Dornach 1985

Schweppenhäuser, Hans Georg, Der reine Staat, Gedanken im Zusammenhang mit einer Studie von Kurt Wolzendorff, Berlin 1969

Schweppenhäuser, Hans Georg, Die Macht des Eigentums, Auf dem Weg in eine neue soziale Zukunft, Stuttgart 1970

Sease, Virginia (Hrsg.), Esoterik der Weltreligionen, Dornach 2001

Sease, Virginia / Schmidt-Brabant, Manfred, Denker, Heilige, Ketzer, Geisteswege des Mittelalters, Dornach 2005

Seibold, Siegfried, Rückblick auf eine Laientätigkeit im Strafvollzug, in: Mitteilungen aus der Anthroposophischen Arbeit in Deutschland, Michaeli 2005, S. 268

Selg, Peter, Die Kultur der Selbstlosigkeit – Rudolf Steiner, das Fünfte Evangelium und das Zeitalter der Extreme, Dornach 2006

Selg, Peter (Hrsg.), Texte zur Medizin, Anthroposophie und Heilkunst, I: Physiologische Menschenkunde, Dornach 2004; II: Pathologie und Therapie, Dornach 2004, Rudolf Steiner Quellentexte für die Wissenschaften, Band 3 und 4

Sendler, Horst, Ge- und erfundene Sprüche und Widersprüche [über Recht und Gerechtigkeit], in: ZRP 1998, S. 378

Sichelschmidt, Gustav, Wie im alten Rom, Dekadenzerscheinungen damals und heute, 7. Auflage, Kiel 1990

Singer, Wolf, Der Beobachter im Gehirn, Essays zur Hirnforschung, Frankfurt/Main 2002

Singer, Wolf, Ein neues Menschenbild, Gespräche über Hirnforschung, Frankfurt/Main 2003

Smit, Jörgen, Soziales Üben, Wege zu neuen Einsichten und Fähigkeiten, 2. Auflage, Dornach 1991

Solovjeff, Wladimir, Zwölf Vorlesungen über das Gottmenschentum, Mit einer Einführung von Dr. Rudolf Steiner, Stuttgart 1921

Spielberger, Fritz, Krebs verhindern, Boll 1999

Spitta, Dietrich, Die Staatsidee Wilhelm von Humboldts, Berlin 2004

Spitta, Dietrich, Menschenbildung und Staat, Das Bildungsideal Wilhelm von Humboldts angesichts der Kritik des Humanismus, Stuttgart Berlin 2006

Spitta, Dietrich, Privatrecht – Öffentliches Recht – Strafrecht, Skizzenhafter Beitrag zu einer anthroposophischen Rechtslehre, in: *Leber, Stefan* (Hrsg.), Der Mensch in der Gesellschaft, Stuttgart 1977

Spitta, Dietrich (Hrsg.), Soziale Frage und Anthroposophie, Themen aus dem Gesamtwerk, Band 13, Stuttgart 1985

Spitzer, Manfred, Vorsicht Bildschirm! Elektronische Medien, Gehirnentwicklung, Gesundheit und Gesellschaft, 3. Auflage, Stuttgart, Düsseldorf, Leipzig 2005

Stein, Ekkehart, Staatsrecht, 20. Auflage, Tübingen 2007

Stehr, Nico, Die Moralisierung der Märkte, Frankfurt/Main 2007

Steinmann, Jean, Johannes der Täufer in Selbstzeugnissen und Bilddokumenten, Hamburg 1960

Stern, Klaus / Sachs, Michael / Dietlein, Johannes, Das Staatsrecht der Bundesrepublik Deutschland, Band IV/1: Die einzelnen Grundrechte, Der Schutz und die freie Entfaltung des Individuums, München 2006

, Dieter, Wie das Fernsehen das Menschenbild verändert, München 2004

Storch, Maja, Das Geheimnis kluger Entscheidungen, Von somatischen Markern, Bauchgefühl und Überzeugungskraft, München 2005

Stracke, Viktor, Das Geistgebäude der Rosenkreuzer, 2. Auflage, Dornach 2006

Strakosch, Alexander, Lebenswege mit Rudolf Steiner, Strasbourg, Zürich 1947; Zusammenfassung der Teile I und II: Dornach 1994

Strate, Gerhard, Recht oder Rivalität?, Zum Ungehorsamkeitsaufruf des 3. BGH-Strafsenats, in: NJW 2006, S. 1480

Strawe, Christoph, Solidarische Ökonomie, in: Sozialimpulse, 4, 2006, S. 5ff.

Strawe, Christoph, Soziale Dreigliederung, Chance für eine neue Bewegung in einem sich wandelnden Europa, Dornach 1989

Strawe, Christoph, Weniger Staat, mehr Demokratie – Überwindung struktureller Vormundschaft und neue Politik, in: *Leber, Stefan* (Hrsg.), Der Staat, Stuttgart 1992, S. 55

Streit, Jakob, Albertus Magnus, Am Wendekreis des abendländischen Denkens, Stuttgart 1982

Suhr, Dieter, Das alternde Geld, Das Konzept Rudolf Steiners aus geldtheoretischer Sicht, Schaffhausen 1988

Suhr, Dieter, Die Gesetzliche Krankenversicherung (GKV) im Lichte des Grundgesetzes, in: Fragen der Freiheit, 238, S. 5

Suhr, Dieter, Entfaltung der Menschen durch die Menschen, Berlin 1976

Suhr, Dieter, Gesell und Steiner im Lichte der neuen Geldtheorie, in: Fragen der Freiheit, 204, S. 57

Suhr, Dieter, Strukturen verantworteter Freiheit, in: Fragen der Freiheit, 241, S. 3

Turgenieff, Assja, Erinnerungen an Rudolf Steiner und die Arbeit am ersten Goetheanum, 3. Auflage, Stuttgart 1993

Unger, Carl, Aus der Sprache der Bewusstseinsseele, Schriften, Band III, 4. Auflage, Stuttgart 1981

Unger, Carl, Die Autonomie der philosophischen Bewusstseins, Die Grundlehren der Anthroposophie, Zur vernunftgemäßen Verarbeitung der Geisteswissenschaft Rudolf Steiners, Schriften, Band I, Stuttgart 1964

Unger, Carl, Versuch einer positiv-apologetischen Erarbeitung anthroposophischer Geisteswissenschaft, Aus der anthroposophischen Bewegung und Gesellschaft, Esoterisches, Schriften, Band II, Stuttgart 1966

Vietor-Fischer, Jutta, Epiphanias, in: Bildmappe Epiphanias (zusammen mit *Barz, Brigitte*), Stuttgart 1994

Vogel, Diether, Selbstbestimmung und soziale Gerechtigkeit, Die freiheitliche Ordnung von Kultur, Staat und Wirtschaft, Schaffhausen 1990

Vogel, Johann Peter, Anfragen der Waldorfschule an die Schulwesen- und Schulbetriebsverfassung, in: *Bohnsack, F. / Kranich, E.-M.* (Hrsg.), Erziehungswissenschaft und Waldorfpädagogik, Weinheim, Basel 1990, S. 335

Vogel, Johann Peter, Entschleierte Zahlen, in: Erziehungskunst, 2005, S. 173

Vogel, Lothar, Der dreigliedrige Mensch, Morphologische Grundlagen einer allgemeinen Menschenkunde, 3. Auflage, Dornach 1992

Vogel, Lothar, Die Verwirklichung des Menschen im sozialen Organismus, Sozialanthropologische Studien zum Kultur-, Rechts- und Wirtschaftsleben, Eckwälden 1973

Volkssouveränität und Volksgesetzgebung, Die Kernpunkte der Demokratiefrage, Teil I, Flensburger Hefte, Sonderheft 5, Flensburg 1990

Waage, Peter Normann, Eine herausfordernde Begegnung, Schmuel Hugo Bergman und Rudolf Steiner, Dornach 2006

Walter, Bruno, Von den moralischen Kräften der Musik, 2. Auflage, Dornach 1996

Walz, Hans Hermann / Schrey, Heinz Horst, Gerechtigkeit in biblischer Sicht, Zürich, Frankfurt/Main 1955

Warm, Hartmut, Die Signatur der Sphären, Von der Ordnung im Sonnensystem, Hamburg 2001

Wedemeyer, Inge von, Die Goldenen Verse des Pythagoras, Lebensregeln zur Meditation, 5. Auflage, Heilbronn 2001

Wehr, Gerhard, Die sieben Weltreligionen, Kreuzlingen, München 2002

Wehr, Gerhard, Rudolf Steiner zur Einführung, Hamburg 1994

Wehr, Gerhard, Rudolf Steiner, Wirklichkeit, Erkenntnis und Kulturimpuls, Freiburg im Breisgau 1982

Weischenberg, Siegfried / Malik, Maja / Scholl, Armin, Die Souffleure der Mediengesellschaft, Report über die Journalisten in Deutschland, Konstanz 2006

Weizsäcker, Richard von (im Gespräch mit *Jan Roß*), «Was für eine Welt wollen wir?», Berlin 2005

Werner, Götz W. / Hardorp, Benediktus, Bedingungsloses Einkommen, Ein Weg aus Arbeitslosigkeit und Bevormundung?, Bad Liebenzell 2006

Werner, Götz W., Ein Grund für die Zukunft: das Grundeinkommen, Stuttgart 2006

Werner, Götz W., Wirtschaft – das Füreinander-Leisten, Karlsruhe 2004

Werner, Uwe, Anthroposophen in der Zeit des Nationalsozialismus (1933–1945), unter Mitwirkung von *Christoph Lindenberg*, München 1999

Wesel, Uwe, Recht, Unrecht und Gerechtigkeit, Von der Weimarer Republik bis heute, München 2003

Wilhelmi, Kurt, Eine Stimme für die Demokratie, in: Die Drei, 5, 2006, S. 77

Wilkens, Heten, Individualität und Menschheit, Rudolf Steiners Entwurf einer Freiheitsgesellschaft, Stuttgart 1987

Willenbruch, Klaus / Bischoff, Kristina, Verfassungsrechtliche Zulässigkeit der Privatisierung des Maßregelvollzugs, in: NJW 2006, S. 1776

Willoweit, Dietmar, Deutsche Verfassungsgeschichte, Vom Frankenreich bis zur Teilung Deutschlands, München 1992

Wilmar, Frits, Wie wirken Rundfunk und Fernsehen auf Kinder?, 2. Auflage, Stuttgart 1974

Witzenmann, Herbert, Die Prinzipien der Allgemeinen Anthroposophischen Gesellschaft als Lebensgrundlage und Schulungsweg, 2. Auflage, Dornach 1984

Witzenmann, Herbert, Vom vierfachen Quell lebendigen Rechts, 3. Auflage, Dornach 1984

Wolff, Hans J. / Bachof, Otto / Stober, Rolf, Verwaltungsrecht, Band I: 12. Auflage, München 2007; Verwaltungsrecht, Band II: 6. Auflage, München 2000

Wolzendorff, Kurt, Der reine Staat, Skizze zum Problem einer neuen Staatsepoche, Tübingen 1921; abgedruckt in *Schweppenhäuser, H. G.,* Der reine Staat, Berlin 1969

Wortmann, Michael, Wir erlebten ihn noch – Rudolf Steiner, Borchen 2002

Wulf, Berthold, Thomas von Aquin, Doctor Angelicus, Stuttgart 1982

Wunden, Wolfgang (Hrsg.), Wahrheit als Medienqualität, Frankfurt/Main 1996

Zehnter, Hans-Christian, Der Wille zum Grundeinkommen, in: Das Goetheanum, 39, 2006, S. 1

Ziegler, Renatus, Intuition und Ich-Erfahrung, Erkenntnis und Freiheit zwischen Gegenwart und Ewigkeit, Stuttgart 2006

Zimmermann, Heinz / Schmidt, Robin, Anthroposophie studieren, Dornach 1998

Zimmermann, Heinz, Freie Hochschule für Geisteswissenschaft heute, in: Anthroposophische Gesellschaft in Deutschland, Nachrichten für Mitglieder, 44, 2006

Zimmermann, Heinz, Vom Sprachverlust zur neuen Bilderwelt des Wortes, Dornach 1995

Zippelius, Reinhold / Würtenberger, Thomas, Deutsches Staatsrecht, 31. Auflage, München 2005

Zippelius, Reinhold, Allgemeine Staatslehre (Politikwissenschaft), 14. Auflage, München 2003

Zippelius, Reinhold, Das Wesen des Rechts, Eine Einführung in die Rechtsphilosophie, 5. Auflage, München 1997

Zippelius, Reinhold, Geschichte der Staatsideen, 9. Auflage, München 1994

Zippelius, Reinhold, Im Irrgarten der Gerechtigkeit, Mainz, Stuttgart 1994

Zippelius, Reinhold, Rechtsphilosophie, 4. Auflage, München 2003

Zubayr, Camille / Gerhard, Heinz, Tendenzen im Zuschauerverhalten, in: Media-Perspektiven (MP), 3, 2006, S. 125

Zuegg, Robert, Grundrechte als Schutz- und Entwicklungsraum gelebter Menschlichkeit, Materialien zur Zürcher Verfassungsreform, Band 5, Zürich 2000, S. 37

Zumdick, Wolfgang, «Der Tod hält mich wach», Joseph Beuys – Rudolf Steiner, Grundzüge ihres Denkens, 3. Auflage, Dornach 2006

Zumdick, Wolfgang, Rudolf Steiner und die Künstler, Dornach 2005

Register

Genannt werden die Randnummern.
Für Stichwörter, die häufig vorkom-
men, werden nur Hauptfundstellen
angegeben.

A̲bbild, Abglanz (Recht als – der
  Gerechtigkeit) B.17; C.39, 43,
  91ff., 121; E.14; auch C.2
Abgeordnete C.115ff.; D.21, 29, 51
  ⇀ Parlament
Affekt(handlung) B.6; D.1, 161; E.18
agápe (Liebe) D.49
Ahriman A.3, 13; C.10, 35f., 40, 74f.;
  D.11, 54f., 163, 205
Alanus–Hochschule D.204
Altar D.68
Alte C.18, 116
Altersversicherung D.195
Ältestenrat C.116
Amerika A.7; D.186
Anspruchsdenken C.83; D.48
Anstiftung (Strafrecht) D.157
Anthroposophie B.1ff.; D.78, 88
Anthroposophische Gesellschaft,
  Allgemeine – A.11; C.31
Antipathie D.66, 161
antisozial C.105
Arbeit D.192ff.
Arbeitskampf D.10, 195
Arbeitsrecht D.196
Aristoteles A.16; B.10; C.4, 9ff., 18, 20
Assessorexamen D.207
Assoziationen D.22, 190f.
  ⇀ Wirtschaft
Astralleib B.6; D.66, 113ff., 127, 148,
  162ff.; E.15ff., 17ff., 22
  ⇀ Wesensglieder
Astralwelt B.16; C.77; D.148
  ⇀ geistige Welt

Ätherleib B.6; C.45, 54; D.1, 53, 115f.,
  127, 148, 155, 161; **E.15ff.,** 22
  ⇀ Wesensglieder
Aufsicht (über Schulen) D.98
Ausbildung D.93ff., 179f., 187,
  207ff. ⇀ Rechtsausbildung,
  Schule, Universität
Äußerungsfreiheiten D.35, 47, 50, 100ff.
Autorität, Autoritätsgefühl C.56, 117
Autoritätsgläubigkeit (gegen –) B.4

B̲aan, Bastiaan B.1
Bach, Carl Philipp Emanuel D.216
Bach, Johann Sebastian C.75; D.135
Badewannenfall A.13
Bank D.98, 186, 197f., 200
Bauch (Entscheidungen aus dem –
  heraus) C.63
Beamte C.98, 116; D.61f.
Beethoven D.33
Befähigte (Überlassung an –), Befähi-
  gung D.134f., 137, 196
Befristung des Eigentums D.133ff.; auch
  D.137 ⇀ Eigentum
Begabung D.81, 196
Bekenntnisfreiheit D.47, 50, 86f.
Beleidigung C.110, 130; D.39, 147, 155f.
Belgien D.71
Benedikt XVI. A.5; C.3, 14; D.49
Bequemlichkeit (des Denkens) A.3, 9;
  D.107
Bergpredigt C.13f.; E.20
Berichtigung (Reichspressegesetz) D.101
Beruf D.124, 179, 188, 194, 196, 210ff.
Beschlüsse, Beschlussfassung B.14;
  C.76f.; D.21, 75, 95, 97, 190
  ⇀ Geistesleben, Konferenzen
Besitz D.122, 132, 136, 141
Betriebsräte D.183

DER AUTOR

Prof. Dr. iur. Günter Herrmann, geboren 1931 in Leipzig. 1949 Abitur an der Thomasschule. Lehren als Reproduktionsfotograf und technischer Kaufmann. Studium der Rechtswissenschaft in Tübingen, Köln und Bonn. 1961 Promotion in Köln. 1966 Gründung des Instituts für Rundfunkrecht an der Universität Köln. 1974 Habilitation (Öffentliches Recht) in Mainz. Lehrtätigkeit an den Universitäten Bochum, Mainz, Berlin und München. 1961–1970 Syndikusanwalt beim Westdeutschen Rundfunk Köln (WDR). 1971–1986 Justitiar des WDR. 1986–1989 Intendant beim Sender Freies Berlin (SFB). Seit 1989 Fachschriftsteller und Rechtsanwalt in Buching/Allgäu.

Vorsitzender des Förderkreises beim Institut für Urheber- und Medienrecht, München; Mitherausgeber des Archivs für Urheber-, Film-, Funk- und Theaterrecht (UFITA); Mitglied der Rudolf Steiner Nachlassverwaltung, Dornach/Schweiz. Autor zahlreicher Publikationen und mehrerer Grundwerke zum Medienrecht: Fernsehen und Hörfunk in der Verfassung der Bundesrepublik Deutschland, Tübingen 1975; Rundfunkrecht, Fernsehen und Hörfunk mit neuen Medien, München 1994, 2. Auflage (mit Matthias Lausen) 2004 u. v. a. m. Herausgeber des Sammelbandes «Quellen für ein neues Rechtsleben aus dem Werk von Rudolf Steiner – Anthroposophie und Jurisprudenz», Rudolf Steiner Quellentexte für die Wissenschaften, Band 1, Dornach 2000.